황금비늘을 가진 물고기

황금비늘을 가진 물고기

초판3쇄   2012년 1월5일
저 자   박윤신
발행처   삼지사
발행인   이재명

등록번호   제406-2011-000021호
주 소   경기도 파주시 산남동 316번지
Tel   031)948-4502, 070-4273-4562 Fax 031)948-4508
홈페이지   www.samjisa.com

정 가   10,000원

잘못된 책은 구입하신 서점에서 교환해 드립니다.

황금비늘을 가진 물고기

박윤신 자서전

SAMJI BOOKS

글머리에서

　인생은 육십부터라고 노인들 격려하는 말이 있는데 이제 내 인생을 다시 시작해야 할 때가 다가오고 있습니다. 내가 경찰이라는 직업을 선택한 지도 33년이 되어가고 내년 6월이면 정년퇴직…….
　흐르는 세월의 무상함을 새삼 느낍니다. 아직도 마음은 철없던 어린 시절이고 꿈은 넉넉한 보름달같이 커져만 가는데 무엇부터 다시 시작해야 하는지 앞날을 걱정하는 마음은 예나 지금이나 막막하기만 합니다.
　기쁘고 즐거웠던 일, 슬프고 원망스러웠던 일에 울고 웃으며 하루하루 살아온 것이 어느덧 이렇게 머리에 하얀 서리가 내려앉은 나이가 되었습니다.
　눈을 감으면 머릿속에 주마등처럼 스쳐가는 아름다운 추억들이 있습니다. 정년을 앞두고 이런 추억들을 고스란히 담아 옛 친구들과 후배들에게 남기고 싶고, 또 연못 속에 사는 물고기들이 황금물고기로부터 받은 비늘 때문에 온 연못이 황금빛으로 빛나는 것처럼 내가 나누어주려고 하는 황금비늘들이 아름다운 이 세상을 살아가는 데 조금은 보탬이 되어 주기를 바라는 마음을 여기에 남기고자 합니다.

부천 중부 경찰서장 총경 박 윤 신

황금비늘을 가진 물고기

글 머리에서 _5

제1부 추억이 남긴 발자국 _9
    옛 생각 _11
    교복이 그리웠던 날 _19
    행복이 노크 하던 시절 _31
    탄광촌에서 _50

제2부 잃어버린 세월 _65
    상처가 남기고 간 것 _67
    세상이여 안녕! _76
    안개 낀 장충단 공원 _86
    술 취한 인생 _92
    살아있는 상록수(내 인생에 꿈을 담아) _100
    지상의 왕자 탱크 병 _119
    하사관 학교 훈련병 시절 _135
    잊지 못할 병영생활 _146
    가나안 농군학교 학생이 되다 _160
    구름아 걷혀라, 밝은 세상을 위해 _170

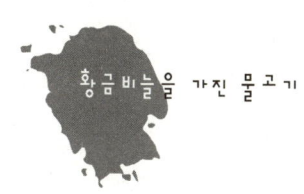

제3부 33년의 기나긴 여정 _ 185
    경찰이 되다 _ 187
    세종로 1번지(푸른 지붕 아래서) _ 194
    신혼생활 _ 204
    대통령 경호원 시절 _ 219
    부모님 살아생전에 _ 226
    우리 소장님 _ 237
    방범대원 길들이기 _ 262
    무궁화 꽃이 피었습니다 _ 273
    경감시험 수석 합격의 영광 _ 284
    쿠니 사격장에서 _ 295
    자만이라는 병 _ 307
    연천경찰서장을 다녀와서 _ 321
    자장면 서장님 _ 337
    박카스 서장님 _ 356
    황금비늘을 가진 물고기 _ 372
    글 끝자락에서 _ 383

1 추억이 남긴 발자국

어머니와 함께

초등학교 졸업

고교 시절

가정교사 시절

초등학교 친구들을 초대해서

옛 생각

　　　　　　내가 태어난 곳은 강원도 영월군 남면 토교리 문영월이다. 사방이 산으로 둘러싸여 있어 여름에도 오후 4시 반이면 해가 산등성이 뒤로 숨어버리는 깊은 산골짜기에 30여 호 초가집이 옹기종기 모여 있었다. 지금도 시내버스가 하루 두 번밖에 안 들어올 정도니 그야말로 두메산골이다.

　내가 4살이 되던 해에 6·25전쟁이 났는데 우리 집은 미처 피난도 못 가고 그곳에서 인민군을 맞았다고 한다. 그 이듬해 1·4후퇴 때 노래로도 유명한 박달재 밑에 외할머니가 살고 계시는 동네로 피란을 갔다가 돌아와 보니, 내가 태어난 동네는 폭격을 맞아 폐허가 되어 있었다. 할 수 없이 제천읍 흑석리에 있는 친척집에서 셋방살이를 하면서 둥지를 틀게 되었다.

　우리 집은 6대조 때부터 토교리에 살기 시작해 할아버지 생존시에는 그곳의 산과 들이 모두 우리 땅이었다고 한다. 영월군에서는 부자라고 소문이 났는데 할아버지가 친구와 금광개발을 하다가 그 많은 농토를 다 잃어버리고 6·25전쟁 때에는 겨우 생계를 유지할 정도의 농토만 남았다.

아버지는 맏아들로 태어나서 어릴 때부터 선생님을 고용해서 한학을 18년 동안 배우셨으니 농사일에 여간 서툰 것이 아니었다. 다른 집들이 보리나 콩 농사 수확을 한 가마니 하면 우리 집은 두 말밖에 수확을 못하다 보니 가난은 타고난 복이었으리라.

가난은 혹독하고 가혹한 시련이었다. 끼니를 거르는 것은 다반사이고 양식이 없어 들과 산에서 쑥이나 산나물을 뜯어다가 식사를 대신했고 심지어는 아카시아 꽃으로 끼니를 연명하는 날이 하루 이틀이 아니었다. 땔 나무가 없어 북풍한설 몰아치는 겨울이면 체온으로 추위를 이겨내어야 했다.

"저 아이가 왜 어머니 치마폭을 잡고 저 야단이누?"

봄이면 채소 씨앗을 나누어 주고, 가을 추수 때 곡식을 거둬가는 배추씨 파는 아주머니가, 밭에 일하러 나가시는 어머니 치마폭을 잡고 학교 보내달라고 졸라대는 나를 보고 하신 말씀이다.

"글쎄, 저놈이 막무가내로 학교를 보내달라고 조르니……."

"벌써 학교 갈 나이가 되었나? 그럼 보내지 않구."

"보낼 형편이 돼야지요."

"초등학교 보내는 데 무슨 형편 타령인가 그냥 보내면 되지."

"끼니도 제대로 못 챙기는데 사친회비 삼백 환을 내야 된다니 우리 형편에 무슨 돈이……."

어머니는 말을 잇지 못하고 치마폭으로 눈물을 훔치셨다.

"쯧쯧, 거 참 딱하게 되었구먼. 사친회비 삼백 환 때문에 저렇게 가고 싶어 하는 학교를 못 보내다니……. 내 마침 가진 돈이 있으니 내일이라도 당장 자식 놈 소원 풀어 주소. 돈은 형편이 되는 대로 갚고. 나머지 돈은 공책이라도 사주구려. 그냥 드릴 테니. 거참, 당신 똑똑한 아들 덕분에 오늘 장사는 헛했구려."

아주머니가 껄껄 웃으시며 건네준 돈으로 공책과 연필도 샀다. 그분 덕에 나는 여덟 살 되는 해 팔월에 뒤늦게 초등학교에 입학할 수 있었다.

초등학교에 입학한 나는 매일 즐겁기만 했다. 학교에서 점심시간이면 구호품으로 받은 우유로 죽을 끓여주는데 배고픔에 시달리던 나로서는 그 맛이 꿀맛 같았다. 같이 놀아 줄 친구가 없어서 뒷동산에 올라가 학교만 바라보곤 하다가 학교에 가니 친구들이 많아서 여간 기쁜 것이 아니었다. 학교가 끝나고 집으로 돌아올 때면 친구들과 매미랑 잠자리 잡겠다고 해가 지는 줄도 모르고 들판을 뛰어다녔다.

그런 생활이 너무 좋았다. 그래서 매일매일 학교가 얼마나 가고 싶었던지 첫닭이 우는 새벽에 일어나 교복을 입고 책보를 싸는 부산을 떨곤 했었다.

초등학교 동창들은 몇 달이나 늦게 입학한 나를 무척이나 아끼고 사랑해 주었다. 학교수업이 끝나면 나를 집으로 데려가 같이 놀다가 잠을 자고 이튿날 같이 학교에 등교하던 친구들이 많았고 심지어는 여자 동창 집에 가서 밤을 새워 공부를 한 적이 종종 있었다.

여름방학이면 원두막 구경도 시켜주고 달콤한 참외랑 수박을 쪼개 먹으며 원두막에서 잠을 자기도 했다. 찬우물 동네 용철이네 집에 놀러 갔을 때는 고구마밥을 먹고 위경련을 일으켜 십 리가 넘는 집까지 완송이랑 복근이 등에 업혀온 일도 있었다.

장난들도 심해서 때론 몰려다니며 남들이 애써 농사지은 옥수수, 감자, 콩 등을 몰래 캐어서 구워먹고 밭에 심어놓은 오이랑 토마토 등도 마구 떼서 먹어버리고는 시침을 떼기도 했다. 지금은 절도죄에 해당되지만 그 당시에는 시골인심이 좋아서 행여 발각이 되더라도 자식 사랑하는 마음으로 너그러이 용서를 해 주시곤 하였다.

***

47년이란 세월이 흘렀어도 머릿속에 고스란히 남아 있는 어린 추억들이 그리워 일부러 날짜(2007년 6월 2일)를 잡아 옛날 초등학교 동창들을 내가 근무하는 부천중부경찰서에 초대했다.

농사일에 찌들어서인지 혹은 세상 살기가 힘들어서인지 환갑이 훨씬 지난 듯한 얼굴엔 주름살이 많이도 생겼지만 그 얼굴 표정만은 어릴 때 천진난만했던 모습 그대로여서 무척이나 놀랐고 잠시나마 초등학교 시절로 다시 돌아간 것처럼 기쁘고 즐거웠다.

이날 수도권에 사는 정장화, 박용서, 이계순, 김명자, 신춘희, 김영자, 이금자, 심현순, 장규화, 박상순, 최순옥, 옥순자가 참석을 했고 시골고향에서 정국교, 박종성, 한복남, 이양우, 강한수, 김도원, 정순길, 원명호, 노병년, 이숙자, 김원옥과 멀리 양구에 사는 김영진도 참석을 해 나까지 모두 25명이 오랜만에 즐거운 하루를 보냈다.

두학초등학교 10회 동창은 처음 입학 당시에는 80명이 넘었는데 집안형편이 어려워 학교를 그만둔 동창이 많아 69명만 졸업을 했다. 그중에서 중학교는 남자 9명, 여자 5명이 갔고, 고등학교를 졸업한 동창은 남자 3명뿐이었다.

초등학교를 다닐 때 동창들을 따라 마을마다 안 가본 곳이 없어서인지 그날 동창들을 만나니 그들이 살았던 마을들이 생생하게 떠올랐다. 나는 잠시 눈을 감고 참석하지 않은 동창들의 얼굴을 머릿속에 그려 보았다. 원영규, 박영순, 김영순, 최진수, 이기운, 권영희, 엄옥남, 김용기, 유방하, 유진하, 김순자, 김동화, 김홍종, 이상윤, 홍순기, 박갑순, 우춘수, 표학수, 전봉학, 김금자, 최동학, 김금출, 이상윤, 김정배, 성승석, 이송자, 황태자, 김상일, 김순겸, 박순호, 김복근, 홍완송, 이용출, 이보현, 장용국, 최영순, 송병기, 김호근, 실순덕, 양만식, 김원호, 장수익, 정선자, 정재교남매, 서석복, 김덕종, 심인섭, 이현수, 반순옥, 강한수, 이성범, 경수문, 김택웅, 원복순, 안기종, 아재비 조카인 강성원, 강성복, 원금심……. 이들 중에 최진수, 이기운, 장용국, 김호근, 양만식, 김택웅, 성승석, 원금심은 벌써 세상을 떠났다.

왜 까마득한 옛날 추억들은 머릿속을 맴돌며 잊혀지지 않는 것일까? 풀지 못할 수수께끼는 마음속에 담아두고 그날은 동창을 만나는 기쁨에 흠뻑 빠져들었다.

***

　간간이 떠오르는 기억 말고도 누나의 얘기를 빌리면 어릴 때 나는 성질이 고집불통이었다고 한다. 우리 옆집은 논 100여 마지기나 짓는 부잣집이었는데 모내기나 타작을 할 때면 동네 아낙네들이 다 모여 점심이랑 새참을 준비하느라고 잔칫집 같았다고 한다. 그런 날이면 당연히 동네 아이들은 모두 어머니들을 따라와 평소에는 구경하기 어려운 꽁치랑 고등어 반찬에 포식을 하기가 일쑤였지만, 유독 나만은 아무리 불러도 가지 않았기 때문에 어머니는 음식을 집으로 가져오는 번거로움을 겪어야 했다.

　그뿐만 아니었다. 설날 세배를 갈 때에도 우리 집보다 잘사는 집에서는 음식은커녕 물 한 모금 마시지 않았다고 한다. 심지어 시집간 누나 집에서까지 음식을 먹는 일이 없고 아예 그 집 앞을 지날 때면 눈길 한 번 주지 않아 지금도 그때 일로 누나는 가슴에 멍이 들었다며 가슴을 펴 보이기까지 한다.

　더욱더 가관인 것은 나보나 훨씬 나이가 많은 선배에게 한 대라도 맞으면 잠을 못 자고 집에 있는 도끼든 지게 작대기든 닥치는 대로 들고 찾아가 끈질기게 항복을 받아냈다고 하니 지금 생각하면 가소롭기 이를 데 없는 행동이 아니었던가! 이렇듯 버릇없었던 나를 오늘이 있기까지 변함없는 우정으로 감싸 준 동창들에게 감사드리고 싶다.

***

　내가 중학교 시험을 치고 합격자 발표를 하던 날이다.

　"어머니 저 중학교 안 가도 돼요. 학교 앞 이발소에 사는 중재 형이 그러는데 검정고시 합격하면 중학교 졸업한 것으로 인정해 준대요. 강의록으로 공부해도 충분히 합격할 수 있다는데 없는 형편에 굳이 돈 내고 학교 다닐 필요가 뭐 있겠어요. 집에서 농사일 거들면서 열심히 공부해서 남들이 중학교 나온 것보다 더 훌륭한 사람이 될게요."

평소에도 말씀이 없으신 어머니가 말없이 두 뺨에 흘러내리는 눈물을 닦는 것을 보는 순간 나는 와락 눈물이 쏟아져 '엉엉' 소리 내어 울고 말았다.

우리 집 형편에 중학교는 엄두도 낼 수 없는데 입학시험 성적이 1등부터 5등까지는 입학금이 면제된다는 얘기를 듣고 주제 넘는 욕심을 부려 시험을 본 것이 화근이었다. 아침밥도 먹지 못한 채 십리를 가서 합격자 게시판을 보는 순간 나는 그만 힘없이 고개를 숙이고 말았다.

이게 무슨 청천 하늘에 날벼락이란 말인가. 열다섯 번째 이름, 아무리 눈을 닦고 다시 보아도 내 이름은 열다섯 번째였다.

"1등 아니면 5등이라도 하게 해 달라고 간절히 빌었건만 15등이라니 하늘도 무심하시지……."

합격했다고 기뻐 날뛰는 수험생들을 뒤로 한 채 늘어진 어깨를 추스르지도 못하고 힘없이 발길을 돌려야 했다.

몇날 며칠을 고민하시던 어머니는 동네에서 장리 쌀 한 가마니를 얻어서 나를 중학교에 입학시켜 주셨다. 그 돈으로 입학금 내고 나니 책을 살 돈이 없었다. 마침 같은 마을에 사는 이성희가 나보다 1년 먼저 중학교에 입학하였기에 그가 배우던 책을 얻을 수 있었다.

입학한 후 첫 월말고사 시험에서 전체 3등을 했다. 조회시간에 전교생이 보는 앞에서 장학금을 지급하였기에 금방 유명인사가 돼버렸다. 그 후에도 나는 매월 받은 장학금으로 학비 걱정을 하지 않고 중학교를 졸업할 수 있었다.

우리 집은 제천 시내에서 십여 리 떨어져 있었다. 익지도 않은 보리가 알알이 뒹구는 보리밥을 찬물에 말아 훌훌 마시고 학교를 가면 이내 배가 고팠다. 점심은 생각도 못하다 보니 집으로 돌아올 때에는 허기진 배를 움켜쥐고 또 십리 길을 걸어야 했다.

겨울에는 살이 에이는 듯 스치는 찬바람은 왜 그렇게도 속까지 떨게 만드는지 허리를 펼 수가 없었다. 마을 입구에 들어서면 성황당이 있고 그곳에선 시집간 누나가 사는 집이 멀리 보인다. 초라한 모습을 행여 누나에게 들킬까봐 신발 끈을 동여맨 다음 곁눈질 한 번 하지 않고 곧장 집으로 달려오곤 했다. 그곳 성황당 느티나무는 누가 베어버렸는지 지금은 그 흔적조차 찾을 수 없다.

미술시간이 돌아오면 이 반 저 반 돌아다니며 도화지랑 물감을 얻으려고 분주하게 뛰어다녔다.

중학교 3학년 때의 일이다. 내가 점심을 굶고 있는 것을 안 반 친구들이 회의를 열어 나에게 도시락을 싸다 주기로 결정을 했다. 성금도 모아서 쌀 한 가마니를 우리 집으로 보내주기까지 했다. 그들은 순번을 정해서 점심시간이 되면 집에서 준비한 도시락을 나에게 주었는데 어찌나 고맙던지 목이 메어 밥이 제대로 넘어가지 않았다.

교복이 그리웠던 날

　　　　　　중학교 3학년 마지막 겨울 방학을 며칠 앞둔 어느 날 나는 교장선생님의 추천을 받아 시내에 있는 치과병원에 간호보조원으로 취직을 하게 되었다.

　내가 취직을 하게 된 최 치과병원은 제천 읍내 중심가에 위치해 있었는데 그 옆에는 읍내에서 하나밖에 없는 시민관이란 영화관이 있었고 조흥은행과 담벼락을 마주한 대지가 200여 평이나 되는 뜰이 넓은 단독 주택이었다.

　원장인 최희종 박사는 함경도에서 태어나 일제 시대에 만주에서 5·16군사혁명 주체세력인 박림항, 김동하 장군과 같이 공부를 했다고 한다. 6·25전쟁 전에는 대한 보건치과 과장을 역임한 훌륭한 인품과 덕망을 두루 갖춘 분이었다.

　"자네는 집안 형편이 어려워 고등학교 진학을 못한다지? 교장선생님께 자네 얘길 들었네. 공부도 잘하고 착실하다는데 세상은 고르지 못하구먼. 그러나 실망하지 말게. 치과 일 배우면서 틈틈이 공부하면 검정고시 합격할 수 있을 걸세. 그때가 되면 치과 기공일도 많이 숙달될 테니 혼자 힘으로 대학을 다닐 수 있네. 우리 집에 잘 왔어."

그 시절에는 시골에서 취직하기가 여간 어려운 것이 아니었다. 동네 여자들 중에 서울 가서 식모살이하는 여자들이 있었는데, 옷을 잘 차려입고 과일이랑 술병을 들고 돌아오는 것도 모두에게 선망의 대상이 되었으니 내가 취직한 직장은 최고 중에 최고였다.

게다가 틈틈이 아들 성철이 과외 공부를 시켜달라는 원장선생님의 부탁을 받고 나니 공부할 수 있는 기회가 생긴 것 같아 펄쩍 뛰며 기뻐했다.

치과병원 원장님이 맞춰준 새 교복을 입고 졸업식장에 들어서니 맞춤 교복은 처음이라 어색하기까지 했다. 그래도 직장을 가지고 졸업을 하는 사람은 나밖에 없어 제법 어른스럽게 여겨졌다.

치과에서 일했던 1년은 지금까지 내 인생을 살아오는 데 너무나 많은 도움을 주었고 잊지 못할 추억을 만들어준 시기였다. 새벽 다섯 시에 일어나 원장선생님이 기르시는 화초 화분을 옮기고 청소하는 것을 일과 시작으로 해서 낮에는 환자 치료하는 일을 돌보고 밤에는 열두 시가 넘도록 기공일을 배우느라 비지땀을 흘려도 피곤한 줄을 몰랐다.

원장님 큰딸인 향순이는 그 당시 숙명여대 2학년이었는데 나에게 많은 관심을 가져 주었다. 본인이 공부하던 고등학교 교과서며 참고서를 다 내게 주면서 열심히 공부해서 검정고시 합격하라는 말에 감격의 눈물을 흘렸다. 그 후부터 친누나처럼 따르고 존경했다.

치과병원의 집은 함석지붕이었는데 한여름 밤에 소나기가 쏟아져 지붕에서 요란한 소리를 낼 때면 나는 비상이 걸렸다. 만주에서 사신 원장선생님은 추운 겨울에도 내복을 입게 하는 법이 없었고 세수도 수돗가에서 얼음을 깨고 해야만 했다. 그뿐 아니었다. 여름 밤 소나기가 쏟아지면 곤히 잠든 나를 깨워 낙숫물이 떨어지는 처마 밑에 소나기가 그칠 때까지 나를 세워 놓곤 하셨다. 그러면 정신이 맑아지고 건강에 좋다고 하시면서…….

원장선생님은 항상 솔선하는 분이셨다. 한겨울에 눈이 많이 내리면 집안은 물론 옆 건물 시민관 마당까지 혼자서 제설작업을 하시는가 하면 국경일에는 해뜨는 시간에 맞추어 손수 국기를 게양하는 일을 빼놓지 않으셨다. 교육에 대한 관심도 커서 초등학교 다니는 아들 성철에게 목욕탕에서 부력의 원리를 설명할 정도였다.

"자네 우리 아들하고 어떻게 공부하고 있나?"

어느 날 마침 환자가 없어 한가로이 쉬고 있던 나에게 원장선생님께서 다가오며 물으셨다.

"네, 저기……."

아직 누구를 가르쳐 본 경험이 없는 나는 대답이 궁하고 당황스러웠다.

"내가 만주에서 공부할 때는 날씨가 너무 추워 잉크가 얼어버렸어. 그래서 책상 서랍에 모래를 넣어놓고 그곳에다 영어 알파벳을 쓰고 수학 문제를 풀곤 해서 노트가 필요 없었지. 그 추운 만주벌판에서 공부를 하는데 학교에서는 암기상태가 시원치 않다고 팬티 바람에 교실 밖에서 벌을 세우곤 했는데 그때를 생각하면 지금도 몸이 오싹해진다네. 그렇지만 참교육은 그렇게 하는 게 아니야."

커피 한 잔을 들면서 원장선생님의 얘기는 계속되었다.

"북두칠성이 북쪽에 있는 것을 어떻게 가르치나?"

"……"

"내가 설명하는 얘기를 잘 듣고 성철이에게 한 번 시험해보게" 하시면서 그는 구체적인 내용을 설명해 주셨다.

"북두칠성은 북쪽에 있는 별이야. 알았어? 알았으면 무조건 외워. 후에 내가 물어볼 때 잊어버리면 매 맞는다."

이렇게 주입식으로 가르치면 효과가 없고 밖에 나가서 손잡고 밤하늘을 바라보다가

"참, 북두칠성이 어디 있지? 나는 못 찾겠는데……"

"선생님 저기 있잖아요. 그것도 못 찾아요?"

"아~ 맞구나, 저기 빛나는 별들이 북두칠성이네. 어떻게 찾았어?"
"선생님이 북쪽에 있다고 가르쳐 주셨잖아요."
"똑똑하구나. 선생님이 가르쳐 준 것 하나도 잊어버리지 않았네? 이번 시험 보면 백점 맞겠는데" 하며 머리를 쓰다듬어 줄줄 알아야 참교육을 실천하는 스승이 될 자격이 있다.

이때 가르쳐 주신 원장선생님 말씀을 고등학교 시절 가정교사를 하면서 얼마나 유용하게 활용했는지 모른다.
어느 날 쌍용 시멘트 건설현장에 기술고문으로 와 있는 독일 기술자가 치료를 받으러 왔다. 그가 치료를 받고 돌아간 후에 원장선생님께서 나를 부르셨다.
"저 독일인이 조금 전에 나에게 무슨 말을 했는지 아느냐?"
"모르겠는데요."
독일어를 모르는 나는 그들이 독일어로 대화한 것을 알 턱이 없었다.
"내가 차트 정리를 하다가 현재동사를 과거동사로 잘못 기재한 것을 보고 지적을 해 주어서 고맙다고 했더니 기분이 좋아서 서렇게 웃고 간 거야."
원장선생님은 나에게 독일인에 대한 많은 이야기를 해 주셨다.

독일인을 비롯한 서양 사람들은 대화 중에도 모르는 것이 있으면 서슴없이 물어서 자기 지식으로 만들고 남의 잘못을 보면 그 자리에서 지적하여 고치도록 해 준다. 그래서 일반상식이 풍부하다. 조금 전에 왔던 독일인이 기계전문 기술자인데도 그런 문화의 영향을 받아서 의학상식이 놀라울 정도다.

그런데 우리나라 사람들은 모르는 것이 있어도 묻기는커녕 다른 사람이 알려주는 것도 큰 수치로 알고 있다. 문화가 다른 탓도 있지만 우리나라 사람들은 상대방의 허물을 덮어주는 것을 미덕으로 알고 있어 지식을 공유하지 못한다. 너는 앞으로 서양인들처럼 모르는 것은 묻고 남의 잘못된 점은 고쳐주는 습관을 길러 자기 발전에 도움이 되도록 해야 한다.

원장선생님의 이 귀중한 말씀은 오늘까지도 늘 실천하려고 애쓰고 있다. 이런 훌륭한 원장선생님 밑에서 나는 인생을 살아가는 방법을 배우고 있었다.

* * *

치과에 취직한 후 몇 달이 지나서 오래간만에 집을 찾았다. 취직한 후 첫 외출이었다. 벌써 산에는 진달래가 울긋불긋 피어나고 아지랑이 아른거리는 봄이 되었다.

원장선생님이 주신 용돈으로 아버지가 그렇게 드시고 싶어 하던 돼지고기와 새끼줄에 매달린 고등어 몇 마리를 샀다. 이렇게 집을 찾는 마음은 한결 가벼웠고 콧노래가 절로 나왔다.

"어머니 저 왔어요!"

목청을 높여 소리치며 사립문을 열고 들어섰으나 기척이 없고 집안은 조용하기만 했다.

"들에 나가셨나?"

방문을 열어봐도 아무도 없었다. 찬장도 없는 부엌에 들어가서 돼지고기랑 고등어를 벽에다 매달고 무심코 솥뚜껑을 여는 순간 그만 아연

실색하고 말았다. 솥에 남아 있는 것은 쌀뜨물 같은 희멀건 보리죽 두어 사발이었다.

　군에서 장기복무 중인 큰형이 후생사업을 한다고 군 트럭을 수십 대 끌고나와 강원도 높은 산을 다니며 목재를 운반하다 대형 사고가 나서 트럭이 못 쓰게 되었다는 것이다. 아버지는 큰형이 영창이라도 가면 어쩌나 싶어 집안에 있는 것 다 팔고도 모자라 고리채까지 얻어 사건을 해결하느라 곤욕을 치르고 집안은 풍비박산이 되었는데도 나는 그동안 까맣게 모르고 있었다.

　그 일로 큰형은 강제 전역을 당하여 강원도 탄광지역에 탄차를 운전하러 떠나버렸다. 모든 빚을 다 떠맡게 된 아버지는 속상하다고 친척집으로 가버리고 그날도 어머니는 시장에 팔 솔방울을 따러 산에 가셨던 것이다.

　집을 나선 나는 교동고개에서 솔방울을 팔러가는 어머니를 만났다. 무척이나 수척해 보이는 어머니의 야윈 손을 잡고 하염없이 눈물을 흘리다 보니 어느새 해가 서산에 지고 있었다.

　치과로 돌아온 나는 부모님 생각에 늘 마음이 편치 않았다.

* * *

　그러던 어느 날 토요일 오후였다. 중학교 3학년 때 짝이었던 조병헌이 나를 찾아왔다. 병헌이는 6·25전쟁 때 아버지를 여의고 어머니가 읍사무소 앞에서 조그만 주막집을 운영하면서 동생 병순이와 세 식구가 살고 있었다.

　그는 형편이 좀 나은 편이라고 나를 늘 챙겨 주었다. 집이 멀다고 그의 집에 재워 주는 날이 많다 보니 3학년 시절을 거의 그와 함께 지냈다. 내가 치과에 취직했을 때에도 고등학교에 진학하지 못하는 것을 안타깝게 생각하던 그였다.

"윤신아, 너 고등학교 가거라. 그것 부탁하려고 오늘 찾아왔다."

"고맙긴 한데 내 형편에 무슨 고등학교를……."

너무 고마운 마음에 울컥 눈물이 쏟아져 말을 잇지 못했다.

"아니야, 너는 꼭 고등학교에 가야 해. 우리가 같이 공부하면서 키웠던 그 꿈은 어떻게 실현하려고. 내 말 들어라."

"지금 우리 집 형편은 중학교 다닐 때보다도 더 말이 아니야. 큰형이 후생사업 하다가 일이 잘못 되어 조금 있던 논밭도 다 처분하고 남은 것은 빚밖에 없는데 이 직장마저 잃어버리면 나도 길거리로 나서야 할 판이야. 휴우~ 한숨밖에 나오지 않는다."

그러나 병헌이의 설득은 끈질겼다. 내가 정 어려우면 자기가 전학을 와 같이 생활하면 학교 다닐 수 있다고 매주 토요일마다 찾아와 나를 설득하느라 열을 올렸다.

입학시험 날짜가 며칠 앞으로 다가온 11월로 기억된다. 그가 나를 빵집으로 불러내서 가보았더니 학다리고등학교로 진학한 신수현과 제천고등학교를 다니는 박명훈 두 동창이 같이 있었다.

"너 입학금 때문에 망설이는 모양인데 그까짓 것 겨울방학 때 우리 모두 탄광에 광부로 가서 벌면 입학금은 충분히 벌 수 있어. 넌 걱정하지 말고 마음의 준비만 하고 있어."

수현이가 말문을 열자,

"너 배울 책은 내 것을 쓰면 돼."

명훈이가 거들었다.

"오늘 원서 사진 찍으러 가자!"

병헌이는 나를 강제로 잡아끌고 가까운 사진관으로 향했다. 사진관에서 내 증명사진을 찍은 그들은 기어이 일을 저지르고 말았으니, 중학교 3학년 담임 (안승훈) 선생님을 찾아간 것이다.

"어린놈들이 의리 찾다가 누구 신세를 망치는 꼴 보려고 그래? 취직해서 잘 있는 놈에게 바람이나 넣고 말이야."

안 선생님은 펄쩍 뛰면서 그들 이야기를 들으려고 하지도 않았다.

"선생님 윤신이는 꼭 고등학교 가야 합니다. 보내 주세요."

"안 된다니까. 그놈 학교 입학해도 돈 없어 졸업 못해."

"우리가 벌어서라도 공부시킬 겁니다."

사흘 밤낮을 싸우던 안 선생님은 제자들에게 지고 말았다.

"난 원서 못 써주니 너희들 마음대로 해라. 이놈들아!"

그들은 허락을 받았다고 생각하고 다른 선생님에게 부탁해 원서를 써서 고등학교에 접수를 했다. 병원 진료를 끝내고 막 기공일을 시작하려고 하는데 원장선생님이 내 앞으로 다가왔다.

"너 고등학교 입학원서 냈느냐?"

"저~어, 실은……"

"자네가 학교를 가고 싶은 심정은 잘 알지만, 형편이 되겠냐? 내일 부모님 허락을 받아 오거라. 부모님 허락 없이는 너를 학교에 보낼 수가 없구나. 거 참, 하늘도 무심하구나. 이렇게 학교 가고 싶어 하는 놈에게는 형편이 안 되고……. 세상은 고르지가 못하구먼."

원장선생님은 내 대답도 듣지 않은 채 쓴웃음을 지으며 내실로 들어가셨다.

"어머니. 저 고등학교 가고 싶어요!"

모기 소리만큼이나 작은 소리로 어머니에게 말씀드리고는 우리 집 형편을 알면서도 내가 공연히 어머니 가슴에 못만 박았구나 하는 생각에 얼마나 후회막급이던지 흐르는 눈물을 주체할 수가 없었다.

"학교 다녀라! 이 어미가 무슨 짓을 해서라도 내 아들 소원 풀어 주마. 학교 꼭 다녀야 한다."

눈물을 감추려 애쓰시며 하신 어머니 말씀은 절규에 가까웠다. 입학시험을 치고 나서 입학금이라도 마련할 욕심에 치과를 나오기로 결심은 했으나 막상 떠나자니 마음이 착잡했다.

'원장선생님이 나를 자식처럼 무척이나 아껴 주셨는데 이대로 떠나야 한다니……'

아쉬운 마음을 억제하면서 짐을 꾸리고 있을 때였다.

"너 왜 책 다 가져가니!"

앙칼진 여자 목소리가 귓전이 찢어질 듯 울려 돌아보니 향순이 누나였다.

"누나 미안해."

"가려면 그냥 가지 왜 책을 가져가?"

그 말에 나는 그만 서러움이 북받쳐 올랐다.

"이것도 내 책 아니고…… 이것도 내 책 아니고……"

그 누나가 준 책들이 필요한 책들이라서 보따리 속에 담았던 것을 미친 듯이 꺼내어 그에게 집어 던져버렸다.

그 누나는 그러는 내 모습을 멍하니 한참 바라보더니 그만 주저앉아 '엉엉' 소리 내어 울기 시작했다. 나도 따라 울고 말았다.

"너 가거든 대학교에 입학하기 전에는 찾아오지 마! 꼭 성공하기를 누나가 빌게. 남자는 눈물을 보이는 것 아니야. 뒤도 돌아보지 말고 당장 떠나……"

내 등을 밀며 재촉하던 그의 살짝 드러낸 덧니가 아름답다고 생각했다. 이미 고인이 되어버린 그 누나와의 약속은 내 가슴속에 지금까지도 안타까운 사랑으로 생생하기만 하다.

치과를 나온 후 입학금을 벌겠다고 병헌, 명훈, 수현이와 함께 태백선 열차를 타고 예미까지 갔으나 폭설로 교통이 두절되어 탄광 근처도 가 보지 못한 채 되돌아오고 말았다.

시름에 젖은 나를 보고 큰형이 처갓집 동네에 맡겨놓았던 송아지를 팔아 나에게 주었다. 그러나 그 돈으로는 등록금이 턱없이 모자랐다. 별 궁리를 다해 보아도 나머지 돈을 구할 방법이 없어 중대 결심을 하게 되었다.

"교장선생을 찾아가서 사정 해보자. 그래도 안 되면 혈서라도 써서 내 결심을 보여주자."

이런 생각을 하면서 창호지를 곱게 접고 그 사이에 면도칼까지 준비해서 큰마음 먹고 교무실을 찾아갔다.

"교장선생님 뵙게 해 주세요."

"교장선생님은 왜?"

"이번 입학생인데 입학금이 모자라서 사정 좀 하려고요. 교장선생님이 저를 치과에 취직시켜 주셔서 제 말은 들어 주실 것 같아서 찾아왔습니다."

"너 이름이 박윤신이지? 이놈아 너 등록금이 면제되어서 입학금 반만 내어도 되는데 얼마나 준비했느냐? 오늘이 마감 날이니 빨리 은행에 입금시켜야 한다."

하늘은 스스로 돕는 자를 돕는다고 했던가. 입학시험 성적이 우수해서 입학금 면제를 받다니 하늘이 도운 것이 아닌가 의심해 본다. 은행을 향해 달리는 내 눈엔 기쁨의 눈물이 앞을 가렸다. 큰형이 나에게 준

돈으로는 면제받은 입학금도 모자랐으나 다행히 은행으로 가는 길에 우리 옆집에 사는 석호형을 만났다.

"너 어디를 그렇게 바쁘게 떠어가니?"

"형, 고등학교 입학금 내려고 은행 가는 길이야."

"너 고등학교 가니? 잘되었구나, 축하한다."

"그런데 입학금이 조금 모자라는데 형 돈 있으면 빌려줘."

"얼마나 모자라는데?"

"200원이 모자라."

"비료 값 내려고 가는 중인데 어떻게 하나."

"형, 나 오늘 입학금 못 내면 고등학교 갈 수 없어. 도와줘."

"그래, 너 고등학교 못 가면 되겠니. 비료 값은 다음에 내지 뭐. 이거 가지고 빨리 은행 가거라."

"형! 고마워. 나중에 신세 꼭 갚을게!"

석호형이 비료 값 내려던 돈을 빌려 주어서 나는 고등학교에 입학할 수 있었다.

행복이 노크하던 시절

나를 치과에 취직이 되도록 교장선생님에게 부탁을 드린 것은 3학년 담임이셨던 안승훈 선생님이었다. 안승훈 선생님은 영어를 가르치셨는데 2학년 때부터 내게 컨츠리 보이(촌놈)라는 별명을 지어 주시고 남달리 나를 아껴 주셨다. 고등학교 입학을 하자 우리 집 형편을 잘 아는 그는 내가 학교를 그만둘까봐 걱정이 되셨는지 가정교사 자리를 주선해 주셨다.

내가 가정교사로 있던 집에서는 숙식만 제공받고 중학생과 초등학생 둘을 밤 11시까지 가르쳐야 했다. 새벽에는 한국일보 신문배달을 하고 학교에서 위클리라는 주간지 영어신문을 판매하는 아르바이트를 했다. 우리 학교에는 200여 부, 그리고 중학교에는 100여 부를 판매하고 인근 여학교에도 여학생과 협의하여 위클리신문을 팔아 학비에 보태었다.

소풍 갈 때 돈 100원을 받아본 것이 전부인 그 집도 사업에 실패를 하는 바람에 한 해를 채우지 못하고 가정교사를 그만두게 되었다.
"우리 동네에서 가정교사를 물색하는데 너 갈 생각 없니?"
질고개 사는 김상호가 반가운 소식을 내게 전해 주었다. 그의 도움으로 수만 평이 넘는 큰 농장을 경영하는 이상호네 집 가정교사로 가게 되었다.

상호 아버지는 벽지회사를 경영하고 있는데 회사 사정으로 서울에서 생활을 하며 부인과 별거 중이었고, 큰딸 평순은 제천여고를 졸업하고 서울에서 직장생활을 하고 있었다. 농장에는 상호 어머니가 두 남매를 데리고 그 큰 농장을 경영하고 있어서 늘 일손이 딸렸다.

나는 낮에 학교에서 돌아오면 삼천 평이 넘는 작약밭 가꾸기, 논밭에 거름주기 등 농사일을 해가 저물 때까지 해야 했고, 밤에는 초등학생인 상호와 그의 누나 정옥이를 가르쳤다.

"이게 농사짓는 머슴이지 가정교사인가?"
있을 곳이 없어 농촌에서 가정교사를 하고 있지만 농사일을 돕고 있자니 점점 서운한 마음이 들기 시작했다.

상호네는 신부님이 종종 집을 방문해 자고 갈 정도로 열렬한 천주교 신자였다. 그들은 성경을 읽고 기도를 드리느라 밤을 새우는 일이 종종 있었다. 농사일에 지친 피곤함을 참고 성경책 읽고 기도를 드리느라 밤을 꼬박 새우는 날이면 학교수업시간에 공부는 뒷전이고 졸지 않고는 버틸 수가 없었다.

고통스러운 환경이 견디기 어려워 여름방학에 친구들과 무전여행을 가면서 상호네 가정교사를 그만두었다.

"오늘 너희 집에서 나 좀 재워 줄래?"
염치도 없이 이 친구 저 친구 집을 책가방에 칫솔만 넣고 문전걸식(?)

하기를 한 달이 되어갈 무렵, 어느 날 마지막 수업이 막 끝나고 담임선생님이 나를 교무실로 부르셨다.

"너 지금도 가정교사 하고 있니?"

"아니요. 그만 두었습니다."

"그럼 잘 되었구나. 오늘 학교로 가정교사를 구해 달라는 요청이 들어왔는데 네가 찾아가 보거라."

"네, 선생님 고맙습니다!"

교무실이 떠나갈 듯한 대답을 메아리로 남겨놓은 채 나는 그 집을 향해 달려가고 있었다. 그곳은 아마 내가 세상을 살면서 두 번 다시 찾아오기 어려운 행운이 기다리는 집이기도 했다.

* * *

내가 세 번째 가정교사를 하게 된 집은 제천에서 제일가는 부잣집이었다. 그 집에는 서울 무학여고 2년생인 정옥이, 중학교 1학년인 순목이, 초등학교 6학년생인 종우, 초등학교 1학년생인 종문이, 6살짜리 종무, 이렇게 5남매가 있었다.

그 집은 서부동에 커다란 직물공장을 운영하고 옛 버스 터미널 자리를 개조해 의류도매업을 하는가 하면 논밭이 3만여 평이 넘고 과수원도 세 곳이나 경작을 하는 대농이기도 했다.

순목이 할아버지는 일꾼 3명을 데리고 논농사와 과수원을, 아버지(윤갑규)는 공장을, 어머니는 의류도매업을, 집은 할머니가 식모 둘을 데리고 손주들 돌보는 일을 각자 분담하고 있었다.

순목이는 초등학교 때에는 우등상을 타던 놈이 중학교에 입학하면서 공부에 흥미를 잃어버렸다고 한다. 어느 때는 아버지에게 손발을 묶이고 다락방에 감금당하는 일까지 있었다고 한다.

"앞으로 너희들을 가르쳐 주실 선생님이시다. 인사드려!"

순목이 아버지는 아들 넷을 모두 불러 놓고 내게 큰절로 인사를 시키고 나서,

"난 공부 잘 가르치는 것은 원하지 않으이. 그저 이놈들 사람 되게만 만들어 주게. 잘 부탁하네."

그는 순목이를 걱정스러운 눈으로 바라보며 특별히 부탁하는 것을 잊지 않았다.

"이놈이 거짓말을 잘해서 나도 속은 일이 한두 번이 아니라네. 이놈 버릇 좀 잘 가르쳐 주게."

그 집 아이들은 부모님들이 사업에 바빠 자식들 돌볼 시간이 없어서 할머니 품에서 자라다 보니 버릇도 없고 응석만 남아 한결같이 제멋대로였다. '이들에게 나는 무엇을 해줄 것인가? 이들에게 필요한 것이 무엇일까? 부모의 따뜻한 정이 그리울 것이다. 내가 그리운 부모의 품이 되어 주자. 가정교사라고 하지만 공부보다는 아이들에게 부족한 부모의 정을 보충해 주는 것이 최우선이 아니겠는가.'

이런 생각을 한 나는 첫날부터 아이들과 내 방에서 생활하면서 내 팔을 베개 삼아 잠을 재웠다. 아침에 일어나면 함께 할아버지, 할머니께 큰절로 아침 문안을 했고, 학교에서 집에 돌아오면 아이들과 마당에서 숨바꼭질과 땅뺏기놀이를 하면서 뛰어놀았다.

나는 순목이에게 공부도 직접 가르치지 않았다. 자율학습을 통해서 스스로 공부하다가 모르거나 이해가 되지 않는 부분만 질문을 받아서 설명해 주는 방법을 택했다. 또 교과서를 열심히 읽어 복습을 하고 교과서에 나오지 않는 문제는 참고서를 찾아서 스스로 해결하도록 하고, 나는 모의시험 문제만 출제를 해서 하나 틀릴 때마다 회초리로 종아리

한 대씩을 맞기로 약속을 정해 놓았다.

　종우는 학교 성적이 좋아 스스로 공부하도록 했고, 초등학교 1학년생 종문이는 고양이, 개, 호랑이 같은 동물 이름이랑 어머니, 아버지 등 고유명사를 적은 카드를 만들어 보여주는 방법을 써서 한글을 익히게 했다.

　그들과 함께 동심으로 돌아가 생활한 지 한 달쯤 되자 믿기 어려운 일들이 현실로 일어나기 시작했다. 사고뭉치 순목이는 월말고사 성적이 반 일등이었고, 한글을 모르던 종문이는 읽고 쓰기 만점, 할머니에게 투정만 부려서 골보라는 별명을 가진 종무는 착한 귀염둥이로 변한 것이었다. 집안이 발칵 뒤집혔다. 평소에 말이 없는 순목이 어머니까지 집안에 경사가 났다고 야단법석이었다.

　그날부터 나는 순목이네 집에서 없어서는 안 될 사람으로 자리를 잡았고, 나 역시 태어나서 한 번도 느껴보지 못했던 기쁨으로 가슴이 요동쳤다. 정녕 이런 것이 행복이란 말인가?

　"하느님 감사합니다. 나에게도 이런 복을 내려 주시니……."

　그날부터 내 생활은 변화가 찾아오기 시작했다. 새로 맞춘 교복에다 속옷과 삼옷은 물론 사선서까시 선물로 받으니 정말 하루하루가 너무 짧은 것 같고 즐거운 나날이었다.

　나는 할아버지, 할머니가 내가 태어나기 전에 돌아가셔서 얼굴을 뵌 적이 없다. 그래서 두 분이 계셨으면 얼마나 좋을까 하고 생각했었는데 순목이 할아버지, 할머니와 함께 생활을 하다 보니 친할아버지, 할머니처럼 응석도 부려보고 싶은 충동을 느끼곤 했다. 그래서 시간이 나면 할머니 방을 찾아가 "할머니, 다리 주물러 드릴까요?" 하면서 어깨랑 다리를 주물러 드리는 등 어리광을 부리곤 했다.

"아이구. 시원해라. 고마워요. 우리 선생님은 자상도 하셔. 부모님한테 효도도 잘 했겠어요."

하루는 순목이 할아버지가 나를 찾으셨다.

"아버님 존함이 어떻게 되시는가?"

뜬금없이 왜 아버지 성함을 물으실까 하고 의아해 하면서, "성(性)자 구(九)자를 쓰시는데요" 하고 말씀드렸다.

"뭐? 아버님이 성구 씨라고? 그러면 조부님 성함은?"

깜짝 놀라며 할아버지 성함을 물으신다.

"헌(憲)자 화(和)자를 쓰십니다."

"자네 지금 당장 가서 아버님 모셔 오게. 내 긴히 할 말이 있으니!"

"네에?"

"아니 뭘 해. 가서 아버님 모셔 오래두."

빗발치는 그의 성화에 못 이겨 아버지를 모셔왔다.

"오랜만이오. 그동안 그래 어떻게 지내셨수? 이 아이가 당신 아들인 줄 정말 몰랐소. 난 이렇게 잘 지내면서도 한 번 찾아보지도 못해 정말 미안하구려. 가내는 두루 평안하시구요?"

순목이 할아버지가 마루에서 황급히 내려오며 하시는 인사말을 듣는 둥 마는 둥 아버지는 해어진 옷이 부끄러웠는지 옷소매만 만지작거리고 있었다.

"살기가 어렵다 보니 다 그렇지유 뭐."

막걸리 잔을 단숨에 들이키고 나서야 겨우 입을 여는 아버지의 모습이 그날따라 한결 안쓰러워 보였다.

우리 집과의 인연은 할아버지 때부터 시작되었다고 한다. 순목이 증조할아버지는 우리 동네에서 십여 리 떨어진 돌다리라는 동네에 살았는데 몹시 생활이 어려웠다고 한다. 그는 막역한 친구인 우리 할아버지를 찾아와 일 년이면 열 달이 넘도록 사랑방에 머무는 식객으로 세월을 보내다 보니 우리 집 신세를 많이 질 수밖에 없었고 두 집 가족들은 친척처럼 가까운 사이가 되었다.

 그 후 순목이 할아버지는 부모님이 세상을 떠나시자 제천으로 이사를 가면서 두 집 사이에 왕래가 뜸해지고, 6·25전쟁이 나자 연락이 두절된 채 지금까지 살았다고 한다. 순목이 할머니는 시집와서 고생하신 이야기, 시댁이 너무 살기가 어려울 때 시아버님이 우리 집에서 신세를 너무 많이 져서 지금도 미안하게 생각하고 있다는 등 등…….

 신세진 것 갚으라고 나를 선생님으로 보내준 것 같다는 말도, 선생님 잘 보살피고 신경 쓰라고 특별히 아범에게 당부했다는 말도 잊지 않고 꼭 덧붙이셨다.

* * *

 아이들 용돈은 매달 내가 맡아서 관리를 하게 되었다. 순목이 아버지에게 아이들 용돈을 받아서 꼭 필요한 때만 쓰도록 하고 남은 돈은 꼼꼼히 적은 장부와 함께 그에게 돌려드렸다. 그는 내 행동이 마음에 들었는지 모든 것을 나에게 맡겨버렸다.

 또 등록금 납부할 때가 되면 일부 면제를 받았다고 솔직하게 이야기하자 등록금보다도 더 많은 돈을 용돈으로 주셨다. 가끔 선물로 받은 자전거 뒤 짐받이에다 아버지 갖다 드리라고 쇠고기 몇 근하고 머루주를 병에다 가득 담아 끈까지 매어 주는 순목이 아버지의 친절에 무엇 하나 부러울 것 없는 신세가 되었다.

순목이 아버지는 공장일, 어머니는 의류매장 일로 집에 오는 날이 거의 없었기 때문에 일요일 아침만은 집에서 함께하셨다. 서울에서 공부하고 있던 큰딸 정옥이도 겨울방학이라 집에 내려와 있어서 모처럼 온 가족이 오랜만에 아침을 함께하는 시간을 가졌다. 아침식사가 끝나고 노래자랑 시간을 가졌다.

첫 번째로 막내 종무가 노래를 불렀다.

"송아지, 송아지 얼룩송아지. 엄마소도 얼룩소 엄마 닮았네.……"

노래를 부르고 나면 심사위원인 할아버지, 할머니, 아버지, 어머니 그리고 나에게 심사를 받아야 한다.

"할아버지 나 노래 잘했어요?"

"그럼. 참 잘했다."

종무는 신바람이 나서 할머니, 아버지, 어머니 그리고 나에게 달려와 노래를 잘했느냐고 물어 보았다.

"그럼 참 잘했어요. 종무가 1등을 하겠는데."

노래자랑은 종무를 시작으로 해서 종문, 종우, 순목이 순으로 진행되었고, 순위는 심사위원들이 참 잘했다, 잘했다, 수고했다 순으로 결정했다.

"심사를 발표하겠습니다. 오늘 1등은 송아지 노래를 부른 종무입니다."

"야! 신난다!"

종무는 뛸 듯이 기뻐했다.

나는 미리 준비한 상품을 그들에게 나누어 주었다.

"다음은 유명가수를 모시겠습니다. 윤정옥 씨 앞으로 나오세요!"
"뭐라구요? 나 노래 못하는데……."
정옥이는 당황하여 어찌할 바를 몰라서 쩔쩔매고 있었다.
"누나 노래 잘 부르잖아!"
내가 아이들에게 눈짓을 하니 아이들은 우르르 몰려들어 정옥이를 끌어내었다.
"그래 정옥이 노래 한 번 들어보자. 어서 불러봐!"
정옥이는 아버지 성화에 못 이겨 노래를 부르고 나서, "선생님 때문에 혼이 났잖아!" 하며 나에게 눈을 흘겼다.
이렇듯 즐거운 하루의 중심엔 늘 내가 자리 잡고 있었다.

* * *

그 집에서 해를 넘겨 고등학교 3학년이 되면서 조금씩 삐뚤어져 가고 있는 내 모습을 정작 나는 깨닫지 못하고 있었다. 개구리 올챙이 적 생각 못한다고 했던가? 월말고사를 치를 때가 되면 요령만 생겨 예상문제 몇 개를 골라 공부하는 방법으로 겨우 성적만 유지하고 머릿속은 텅 비어 있었다. 어려웠던 시절 어떻게든 우등생이 되어야 했던 절박함 같은 것은 언제부터인가 잊고 있었디.
"너, 인마! 부모가 고생하시며 월사금 주니까 하라는 공부는 안 하고 무슨 만화책이냐? 어서 나오지 못해!"
만화가게 안에 있는 동창생에게 호통을 치면서 끌어내던 그 정신은 어디로 가고, 이제는 불량배들과 어울려 주막집 찾는 짓을 서슴지 않고 있었다.
제천은 중앙선, 충북선, 태백선 등 각 지역으로 통하는 교통의 요충지인 까닭에 '역전파', '삼육개발' 등 조직폭력배들이 활동을 하고 있었고, 학생 중에도 이를 모방한 '아파치', 'OB' 등 조직들이 선량한 학생을 괴롭히고 있었다.

마지막 수업시간이었다. 수업을 마치고 교무실로 가려고 하던 박문희 선생이 나를 불렀다.

"너 교무실로 와!"

"저 말입니까?"

"믿는 도끼에 발등을 찍혀도 유분수지 내 원 참……."

그는 내 말에 대꾸도 하지 않고 혼잣말로 중얼거리며 교무실로 사라져버렸다. 잠시 후 무슨 일인가 궁금해 하면서 나는 교무실 문을 열었다.

"이 자식아 학생간부란 놈이 여학생들하고 술 처먹는 것도 모자라 후배들까지 술을 가르치냐?"

성난 박문희 선생의 목소리를 듣는 순간 기어이 올 것이 왔구나 하고 체념해버렸다.

일주일 전이었다. 아파치 클럽 장을 하면서 학생들에게 돈을 빼앗아 퇴학처분을 받고 학교를 그만둔 후배 태국이로부터 생일이라는 연락을 받았다. 그날 생일 축하해 준다고 중국집에서 여학생들과 술을 마시다 싸움이 벌어졌다. 연락을 받고 우리 학교 선생님과 여학교 선생님이 왔는데 우리는 모두 뒷문으로 도망을 쳤고 졸업생인 중학 동창들이 남아서 사태를 수습했다. 그 후 2주일이 지나도록 아무런 이야기가 없어서 위기를 모면했구나 생각했었는데 결국 오늘 일이 벌어진 것이다.

가정교사로 어렵게 공부한다고 선생님들의 동정과 사랑을 한 몸에 받아왔던 나로서는 쥐구멍 속이라도 들어가고 싶은 심정이었다.

"선생님 저 학교 그만두겠습니다."

"야, 이 새끼야! 네가 학교 그만둔다고 제천고등학교가 망할 줄 알아? 당장 내 앞에서 꺼져!"

벼락 치는 듯한 선생님 목소리가 내 귀를 쩡하게 울렸다.

"선생님한테 반항도 아니고 그게 무슨 소리야. 나하고 이야기 좀 하자."

옆자리에 계시던 박성균 선생님이 얼른 나를 잡아끄셨다. 박 선생님은 내가 고등학교 일학년 때 담임선생님이었다.

"사람이 살다 보면 실수가 있는 법이야. 모질게 마음먹고 인생을 살아야 해. 하나밖에 없는 내 동생은 조그만 사고를 치고 마음이 약해 고민하다가 자살을 했다. 너 지금까지 얼마나 고생하며 학교를 다녔는데 이 정도에서 포기를 하면 억울하지도 않아? 내일 아침 박문희 선생님께 잘못했다고 빌면 가벼운 처벌밖에 더 받겠어? 나도 도와 줄 테니 너무 걱정하지 마라."

나를 집으로 데리고 간 박 선생님은 사모님이 손수 받아온 술까지 나에게 권하시면서 나를 설득시키려고 애를 쓰셨다.

"선생님 정말 고맙습니다. 선생님 말씀대로 앞으로는 나쁜 짓 절대로 안 하겠습니다."

선생님의 집을 나오는 나의 발걸음은 한결 가벼워졌다. 그런데 일은 그렇게 쉽게 끝나지 않았다. 이튿날 용서를 빌려고 반성문을 준비해 가지고 교무실로 박문희 선생님을 찾아갔더니 교무실은 무거운 침묵이 흐르는 것이 심상치 않은 일이 일어난 것을 직감할 수 있었다.

"야 너 선생이면 다야? 왜 죄 없는 우리 윤신이 형을 괴롭혀. 우리 형 잘못되면 내가 가만히 안 두겠어."

어제 태국이란 놈이 의리 지킨다고 퇴근하는 박문희 선생님에게 행패를 부렸는데 그 일로 충격을 받은 박문희 선생님이 출근을 하지 않으신 것이다. 교장선생님이 출근을 간곡히 권유했지만 나를 퇴학시키지 않으면 학교를 그만두겠다고 고집을 부리며 보름 동안이나 학교를 결근하신 것이었다. 대책 없이 일은 점점 꼬여가고 있었다.

'이제 꼼짝없이 당하겠구나. 이제 어떻게 하지. 그 고생을 하며 어떻게 다닌 학교인데……. 나를 학교 보내준 동창놈들 얼굴은 어떻게 볼 것이며 어머님은 얼마나 실망하실까. 야간열차 타고 서울로 도망이라도 갈까?'

내 머릿속은 여간 복잡한 것이 아니었다. 이튿날부터 나는 매일 박문희 선생님 집을 찾아가 손이 발이 되도록 빌고 또 빌었다. 다행히 이종수 체육선생님 도움을 받아 도내 배구시합에 선수로 출전하는 조건으로 퇴학은 면할 수 있었고 무기정학 처분을 받는 정도에서 사건이 일단락되었다. 그런데 무기정학 사유가 '폭력배 배후 조종자'라니 더욱 더 이 사실을 누구에게도 알릴 수가 없었다. 그때 입은 마음의 상처가 얼마나 컸는지 한동안 많은 고통을 겪어야 했다.

그해 겨울. 종우가 서울 보성중학교에 입학시험을 치기 위해 서울 학원에서 공부를 하고 모의고사를 치는 것을 핑계 삼아 촌놈이 서울 구경도 할 겸 서울에 올라갔을 때 일이다.

"선생님, 황숙희라고 알지? 내 동창인데……."

동국대학교에서 입시모의고사 끝날 시간을 기다리던 정옥이가 나에게 물었다.

"남천동에 사는 쌀가게 집 딸내미 말이지. 왜 그러는데?"

"응. 선생님은 어떻게 그런 애들 집까지 다 알아? 여름방학 때 만났는데 '너희 집 가정교사가 우리 오빠'라고 하면서 잘 도와주라고 부탁까지 하던데. 그러고 보니 선생님 아는 여자들이 하나 둘이 아닌 것 같아. 별일이야! 선생님 혹시 깡패 아니야?"

"작은 동네에서 아는 애들이 하나 둘이겠냐? 그리고 오빤 무슨 오빠야, 걔네들이 일방적으로 나를 오빠라고 부르는 것이지."

애써 변명은 했지만 왠지 뒤끝이 석연치 않았다. 숙희나 다른 아이들은 나를 고등학교 가도록 도와준 병헌이의 여동생 친구들이었다. 그 애들은 중학교를 졸업하고 하는 일 없이 몰려다니며 말썽만 피우고 다녔다. 나와 병헌이를 비롯한 친구들이 모여 인생 망치지 말고 진학하라고 회유와 협박을 한 끝에 그들을 고등학교 보내는 데는 성공했다.

그러나 그들은 버릇을 고치지 못하고 자칭 '칠공주파' 라고 하면서 남학생까지 극장 뒤로 끌고 가서 돈을 빼앗는 짓을 서슴지 않고 했다. 보다 못한 우리들이 붙잡아다가 몽둥이질을 해도 고치지를 못했으니, 정옥이는 이런 애들이 오빠라고 쫓아다니는 나를 좋게 보아줄 리가 없었다.

"너 내가 깡패로 보이니?"

듣기 민망해 변명 같은 질문을 내가 던졌다.

"아니, 농담한 것을 가지고 뭘 그렇게 놀리? 우리 식구들한테는 선생님 인기 짱이던데 뭐."

대답하는 정옥의 얼굴엔 장난기가 서린 미소가 담겨 있었다.

'내가 깡패라고? 그렇지. 내가 정말 깡패가 되었는지도 몰라. 졸업도 얼마 안 남은 놈이 가슴속에 간직했던 그 많은 꿈은 다 어디로 가고 학생신분에 술집 색시나 찾아다니는 신세가 되었단 말인가……'

혼잣말로 중얼거리며 정옥이가 해 준 말이 나를 돌아보고 반성할 기회를 주었다는 생각에 한편으로는 그에게 고마움을 느꼈다.

***

세상을 살다 보면 늘 경사스런 일만 있는 것은 아닌 모양이다. 온 가족이 즐거움 속에 화목한 날들을 보낸 것도 잠시 뿐, 초등학교 입학년생인 종문이를 시작으로 사고가 터지기 시작했다. 종문이가 성적표를 받아들고 57등을 한 것을 숫자가 많은 것이 공부 잘한 것으로 잘못 알고 가족들에게 자랑을 했다가 야단을 맞고부터는 가족들 눈치만 살피며 공부에는 흥미를 잃고 말았다.

어느 날 방과 후, 종문이 아버지가 갑자기 나를 찾았다.

"종문이 선생한테 연락이 왔는데 종문이가 어디 많이 아프냐고 걱정을 하면서 글쎄 학교를 한 달이나 결석했다는 거야. 어떻게 된 일인지 자네가 좀 알아보게나."

"종문이가 한 달씩이나 결석을 했다고요?"

집으로 돌아온 나는 종문에게 확인을 해보았다.

"너 어떻게 된 거야? 왜 한 달씩이나 결석을 했니?"

"……"

"너 어디 가서 무엇을 했어?"

"……"

다그쳐 물었지만 말없이 고개만 숙이고 있었다.

"너 학교 가기 싫으니?"

대답 대신 고개만 좌우로 절레절레 흔들었다.

"너 솔직하게 이야기하렴. 그래야 내가 선생님한테 가서 용서도 빌고 내일부터 학교도 갈 수 있도록 해야지. 말해봐. 왜 학교에 가지 않았니?"

"저 실은 오후반이라서 학교에 가다가 친구들하고 노는 것이 재미있어 학교에 가는 것을 잊어버렸어요. 다시는 안 그럴게요. 용서해 주세요."

나는 종문이 담임선생님을 찾아가서 면담할 생각으로 그의 아버지에게 시험지 천 장과 노트 백 권을 사달라고 부탁했다.

"종문이 담임선생님을 뵈러 왔는데요. 어느 분이십니까?"

"내가 종문이 담임인데 학생이 왜?"

"저는 종문이 가정교사로 있는 학생입니다. 종문이가 한 달이나 학교를 결석해서 정말 죄송합니다. 생활지도를 맡은 사람으로서 송구스러울 뿐입니다."

"그래? 여기 좀 앉지."

"실은 선생님께 부탁드릴 말씀이 있어서 왔습니다. 종문이가 공부하기를 싫어하고, 더구나 오후반이다 보니 길거리에서 노는 데 정신이 팔려서 학교에 가는 것을 잊어버렸나 봅니다. 나중에는 선생님한테 꾸중을 들을 것 같아 겁이 나서 학교에 오지 못했고요. 종문이가 공부에 흥미를 잃은 것 같은데 선생님 도움이 필요해서 이렇게 찾아왔습니다."

"무슨 도움이 필요하다는 건가?"

"선생님, 이 백시는 시험시로 쓰시고, 노트는 받아쓰기를 할 때나 숙제 검사를 할 때 공부 잘하는 학생과 함께 종문이도 상을 주셨으면 합니다. 그러면 제가 집에서 칭찬을 하면서 공부에 흥미를 느끼게 할 자신이 있습니다. 노트는 필요하면 얼마든지 준비하겠습니다. 그러면 상을 받는 다른 학생에게도 도움이 될 것 같구요. 선생님 도와주십시오! 제겐 생명이 달린 중요한 문제입니다."

나는 종문이 담임선생님에게 애원하면서 준비한 시험지와 노트를 내밀자 종문이 담임선생님은 잔잔한 미소를 지으셨다.

"학생 참 좋은 생각일세. 어떻게 그런 생각을 했나. 담임인 나도 어떻게 할까 걱정하고 있는 중인데 그렇게 해 준다면 나로서도 정말 고마운 일이야. 그렇게 하겠네."

교실 문을 나오면서 종문이가 집에서 등교할 때는 할머니 확인도장을 찍어 보낼 테니 수업이 끝나면 선생님도 확인 도장을 찍어 집으로 보내 달라는 부탁도 잊지 않았다.

며칠 후, "할머니 학교 다녀왔습니다!"

대문을 들어서는 종문이의 목소리가 꽤나 명랑하게 들렸다.

"학교 잘 다녀왔니? 너 뒤에 감춘 것이 무엇이냐? 어디 좀 보자. 어~, 이것 노트 아니야! 너 상 받았구나! 그래 무엇을 잘해서 받은 상이야? 너 대단하구나, 상도 받고. 누구누구 받았어?"

상(賞)자가 크게 찍힌 노트를 뒤로 감춘 채 계면쩍어하는 종문이 앞에서 내가 부산을 떨었다.

"받아쓰기 잘했다고 선생님이 상을 주셨는데 공부 잘하는 아이들하고 같이 받았어요."

종문이는 웃으면서 대답을 했다.

"반에서 5등 하는 애들하고 같이 다섯 명이 받았어요."

"야 그럼 너도 5등 안에 드는 거 아냐! 이렇게 잘한 것은 자랑을 해야 돼. 빨리 할머니께 가자!"

얼른 그의 손에 있는 노트를 받아들고 그와 함께 할머니 앞으로 달려갔다.

"종문이가 상을 받아 왔어요. 그것도 공부 잘하는 애들하고 함께 말이에요."

"뭐, 종문이가 상을 받았다고? 착하기도 해라. 애비한테 데리고 가서 맛있는 음식 사달라고 해요. 사고 싶은 것도 사달라고 하고."

물론 사전에 미리 말을 맞춘 시나리오였지만 아무튼 그날은 형들과 같이 중국집에서 자장면이랑 만두로 포식을 했고 예쁜 저금통까지 선물로 받은 그는 형들의 손을 잡고 어깨를 으쓱거렸다.

종문이 숙제를 도와주고 있을 때이다.

"너 글씨를 예쁘게 잘 쓰는구나. 글씨를 선생님보다도 더 잘 쓰네."

글씨 쓰기가 싫증이 났는지 아무렇게나 써버린 글자를 보고 내가 넌지시 던진 말에 그는 얼른 지우개로 썼던 글자를 지우고 정성껏 다시 쓰고 있었다.

"너 공부 너무 많이 했어. 좀 쉬고 해."

"괜찮아요."

"아니야. 나가 놀다가 오너라."

글씨 쓰는 일이 싫증이 난 것을 눈치 챈 나는 그를 억지로 등을 떠밀어 내보냈더니 한 시간이 지나도 들어올 기미가 보이지 않아서 밖으로 마중을 나갔다.

"더 놀다 오지 벌써 공부하려고 해?"

정신없이 아이들과 마낭에서 낙시놀이를 하던 그는 깜짝 놀란 듯 자리를 박차고 일어났다. 이내 미안한 표정을 지으며 방으로 들어오더니 열심히 공부하는 모습이 무척이나 아름다워 보였다.

어려운 일 하나 해결했구나 싶었는데 이번에는 순목이가 대형 사고를 내고 말았다.

"선생님, 인식이네 집에서 같이 숙제하고 올게요."

"인식이 공부 잘하니?"

"저보다 나은걸요. 같이 하면 공부가 더 잘 돼요."

"그렇다면 가서 다른 공부도 더 하고 오너라."

"네, 다녀오겠습니다."

순목이는 대답이 끝나기가 무섭게 달음박질을 치며 대문 밖을 나서고 있었다. 그런데 몇 발자국 가지도 않고 방 쪽을 훔쳐보더니 조심스럽게 주위를 살피며 인식이네 집 반대쪽 어디론가 가고 있었다. 내가 몰래 뒤를 따라가 보았더니 잠시 후 도착한 곳은 영화관이었다. 몇 시간이 지난 후에 순목이가 집으로 돌아왔다.

"공부 잘하고 왔습니다. 인식이 어머니가 같이 공부하는 것을 얼마나 좋아하는지 몰라요. 맛있는 과일도 주고요."

묻지도 않은 말까지 꺼내는 것이었다.

"그래 숙제는 다하고?"

"그럼요, 숙제뿐 아니라 예습도 했는데요."

"잘했다. 좀 쉬어라."

"그런데 말이야. 너 인식이네 갔을 때 나는 바람을 쏘이러 극장 근처에 갔었지."

"네?"

"너하고 비슷한 애가 왼손에 들었던 책을 가슴속에 감추더니 주위를 두리번거리며 극장으로 들어가더라. 네놈인가 의심도 했지만 너는 인식이네 집에서 공부를 했으니 너는 아니겠지?"

"……"

그는 고개를 숙인 채로 대답이 없다.

"너였지?"

"네~. 잘못했습니다."

"솔직히 말하니까 오늘은 용서하지. 앞으로 거짓말은 절대로 용납이 안 돼. 알았어?"

"네."

그 후 어느 날 모의고사 문제를 채점하여 약속대로 틀린 숫자만큼 종아리를 때리려고 매를 들었다. 종아리를 두 대 때렸을 때였다.

"에이씨, 안 배우면 되지 왜 때려?"

그는 밖으로 뛰쳐나가면서 문짝을 부서지도록 걷어차는 것이었다.

"그래, 난 능력이 없으니 선생 그만둘게. 이리와 나하고 이야기 좀 하자."

"정말로 그만둘 거야?"

"그래, 그만둔다."

내 대답에 안심을 했는지 도망치다 말고 문고리를 잡고 서 있었다.

"나는 이제 그만두지만 너는 잘살아서 또 가정교사 두면 그 선생님도 나 같은 설움 당하고 쫓겨날 거 아니야. 내 오늘 네놈 다시는 이런 짓 못하게 버릇 고쳐놓고 나갈 거다. 그래 이놈아!"

화가 난 나는 순목이를 사정없이 때렸다.

"잘못했어요. 아이고~ 아이고 한 번만 봐 주세요 네? 아이고, 선생님 한 번만 용서해 주세요. 아이고~ 나 죽네, 누가 나 좀 살려 주세요!"

순목이는 나를 붙잡고 울며불며 매달렸지만 소용이 없었다.

"선생님, 나를 봐서 한 번만 용서해 주세요. 우리 장손 정말 죽겠네."

울부짖는 소리에 놀라 달려온 순목이 할머니가 내 바짓가랑이를 붙잡고 사정을 하는 통에 때리는 것을 멈추기는 했으나 마음이 안정되기까지는 많은 시간이 걸렸다. 그래도 순목이 버릇 하나는 제대로 고쳐놓았는지 그 후부터 거짓말이 없어지고 내 말도 고분고분 잘 따랐다.

탄광촌에서

　　　　　　공부를 잘하고 있던 순목이가 고삐 풀린 망아지가 되어서 가출을 했을 때의 일이다. 집에서도 버림받은 그를 되돌려 놓을 수 있는 길은 고생을 시키는 방법밖에 없다고 생각했던 나는 그를 데리고 탄광촌에서 생활을 한 적이 있다. 철없는 아이에게 너무 혹독한 고생을 시켜서 미안한 생각도 들었지만 지금 생각하면 그에게 많은 인생공부를 시켜서 세상 살아가는 데 도움이 되었으리라고 생각한다.

　겨울방학을 며칠 앞두고 졸업시험을 치르고 있는데 순목이가 아버지에게 꾸지람을 듣고 집을 나갔다는 급한 연락을 받았다. 시험도 다 치르지 못하고 급히 달려가 보니 집안이 발칵 뒤집히고 난리법석이었다.

　그가 집을 나간 사연은 이러했다. 순목이 아버지가 아이들을 서울로 전학시키려고 학교를 찾아갔었다.

　"순목이가 요즘 이상해졌어요. 성적은 하위권으로 밀려나고 아이들 괴롭히는 문제아가 되어버렸어요. 아버님 한 번 찾아뵈려고 했습니다."

담임선생님의 말씀을 듣고 순목이 아버지는 깜짝 놀라셨다.

"그놈 공부 잘했었는데 언제부터 그렇게 됐어요?"

"갑자기 그러네요. 나도 그 이유를 몰라 생활지도에 애를 먹고 있습니다."

순목이 아버지는 아들을 조퇴시켜서 집으로 강제로 데리고 와 치밀어 오르는 화를 참지 못하고 몇 대 때리고 야단을 쳤고, 야단을 맞은 순목이는 그길로 어머니에게 용돈을 받아 집을 나가버린 것이었다.

순목이가 체육시간에 공을 차다가 넘어져 손목이 부러져 수술을 받고 힘들어하는 모습이 안쓰러워서 그동안 소홀히 한 것이 이렇게 엄청난 결과를 초래한 것 같아 나는 순목이 아버지를 뵐 면목이 없었다.

나는 그길로 순목이를 찾아 이리저리 길거리를 헤매고 다녔다. 일주일이나 찾아다닌 끝에 시골 친구 집에 숨어 있는 그를 찾아 집으로 데리고 왔는데, 그가 무척이나 원망스럽고 미웠다. 이제는 내가 돌보지 않아도 다 잘할 것으로 믿고 있었는데 이놈이 배신을 한 것이었다.

"다 내 탓이긴 하지만 내가 그렇게 보기 싫었니? 너, 니 잘되는 꼴 안 보려고 일부러 그랬지. 그렇지?"

억지를 부리는 쪽은 나였다.

"은혜를 배신으로 갚는 놈, 차라리 날 때려라. 자! 때려봐. 왜? 못하겠어. 그럼 너 나한테 맞아봐."

일주일 동안 찾아다녔던 분풀이라도 하듯 그의 턱에 내 장갑 낀 주먹이 힘껏 날아갔다. 그러나 어찌하랴. 일단 수습은 해야겠는데 마땅한 방법이 쉽게 생각나지 않았지만 일단 부딪쳐 보기로 했다.

"아저씨, 제 임무를 제대로 하지 못해 정말 죄송합니다. 저에게 한 번만 기회를 주십시오. 순목이는 좋은 환경에서만 자라서 고생을 안 해봤으니 이번에 제가 순목이 버릇을 고쳐 보겠습니다."

내 자식 놈은 구제불능이니 일꾼들과 농사일이나 시키겠다는 순목이 아버지의 생각을 바꾸어야 되겠다고 생각하면서 나는 이렇게 말문을 열기 시작했다.

"……"

그는 눈만 아래로 지그시 감고 말이 없었다.

"저도 인생경험을 쌓을 겸 순목이와 강원도 탄광에서 일을 해볼 생각입니다. 같이 가게 해 주십시오."

"뭐, 탄광에 가겠다고? …… 그건 안 돼. 그놈 학원에나 보내지 뭐."

기상천외한 내 제안에 깜짝 놀란 그는 좀처럼 허락을 하려들지 않았다.

"공부 잘 가르치는 것만이 스승의 할일이 아니라고 생각합니다. 아저씨가 저를 가정교사로 받아주시면서 애들 생활지도를 해 달라고 부탁하신 말씀이 생각납니다. 순목이는 지금 버릇을 못 고치면 앞으로는 더욱 힘들 것입니다. 성난 망아지 코를 꿰서 끌고 가면 억지로 따라올지는 모르지만 고삐를 놓는 순간부터 제멋대로 날뛸 것입니다. 짐승도 그러한데 생각을 가진 사람이야 더 말할 나위가 있겠습니까. 지금이 좋은 기회라 생각하시고 저에게 맡겨 주십시오. 다시 간곡하게 부탁드립니다. 꼭 버릇 고쳐서 새 사람 만들어 오겠습니다."

내가 살기 위한 처절한 애원이기도 했다.

"그래 한 번 믿어보지. 이 돈 다 쓰거든 돌아오게. 몸조심하고……."

한참을 고심하던 순목이 아버지는 만 원짜리를 몇 장 주머니에서 꺼내 주면서 말을 끝맺지도 못한 채 방을 나가버렸다.

돈을 세어보니 5만원이었다. 둘이 쓰기엔 너무 많은 돈이고 고생을 하러 가는데 돈을 가져가면 안 될 것 같았다.

"정표야, 이것 좀 보관하고 있어. 절대로 아저씨에게는 말하지 말고. 알았지?"

정표는 순목이네 집에서 고등학교를 다니는 순목이 먼 친척이었는데 그에게 돈을 다 맡겼다. 그리고는 팔려고 준비한 연필 백 타(한 타는 연필 12개), 간단한 세면도구만 준비를 해가지고 순목이와 나는 무일푼으로 태백선 열차를 탔다.

열차에서 내려 우리가 찾아간 곳은 강원도 정선군 사북면 고한리에 있는 작은 탄광 마을이었다. 고한역에 내려서 꼬불꼬불한 산길을 따라 올라갔다. 높은 산 팔부능선을 훨씬 더 올라가서야 억새로 지붕을 한 초가집들이 오십여 채 옹기종기 모여 있는 마을이 나타났다. 가쁜 숨을 몰아쉬며 마을 입구에 들어서니 기다리고 있던 작은형이 우리를 반갑게 맞아주었다.

"올라오느라고 힘들었지? 여기는 워낙 산골이라 나도 장에 갔다 올 때면 몇 번을 쉬어야 하는데. 참 시장하겠구나. 식사부터 해야지. 들어가자."

작은형이 고향을 버리고 이곳에 정착을 한 지도 벌써 햇수로 5년이 넘었다. 내가 초등학교 육학년 때 군복무를 마치고 돌아온 작은형은 말없이 며칠을 방에 처박혀 나오지도 않더니 어느 날 밤 아무도 모르게 집을 나가버렸다.

온 식구가 나서서 백방으로 찾아도 소식이 없더니 몇 달이 지나서야 이곳 고한에서 직장을 구해 잘 있다고 인편에 연락이 왔다. 그 후에 이곳으로 가족을 데려와서 장사할 밑천이라도 마련할 때까지는 떠나지 않겠다고 아예 정착을 한 것이다. 이제는 쌀도 몇 가마니 저축해 놓고 집도 마련해 걱정이 없다고 말은 하지만 이곳에 와서 보니 사는 것이 말이 아니었다.

당시 그 동네는 소규모 자본을 가지고 탄광을 경영하는 사장들이 많아 탄광마다 광부가 채 10명도 안 되고 안전시설을 제대로 갖춘 곳이 없어 간드래불(카바이드를 원료로 쓰는 등불) 달랑 하나 들고 막장으로 들어갔다.

막장에서 석탄을 캐다가 잘못하여 물줄기라도 건드리면 갱 속에서 수장되는 일이 빈번하고 각종 안전사고로 일 년에도 한두 명씩은 시체가 되어 돌아온다고 했다.

사장들 중에도 재수 좋은 사람은 채탄공사 시작한 지 몇 달 되지도 않아 석탄이 쏟아져 나와 부자가 되기도 한다지만, 대부분은 소규모 자본으로 탄광을 운영하다 보니 탄맥을 발견 못하고 돈도 떨어져 광부들에게 얻어맞고 밤중에 도망가는 일이 다반사였다.

일하는 광부들도 수배자 전과자가 아니면 고향에서 살길이 없어 목숨부지하려고 최후에 선택한 직업이었다. 그래서인지 여기 사람들은 저축을 할 줄 몰랐다. 광부들은 열흘이나 보름에 한 번씩 간조라 하여 보수를 받는데 돈이 생기면 일도 하지 않고 술 마시고 노름하다가 가진 돈이 다 없어져야 다시 일을 시작했다.

어쩌다 폭설이 내려 교통이 두절되어 식량보급이 안 될 때면 먹을 것이 없어서 풀뿌리를 캐어 연명하는 어려움을 겪어도 미리 쌀을 사놓는 일이 절대 없었다. 사람이 사는 것이 무엇인지를 다시 생각해 보게 하는 곳이었다.

"형, 여기 와서 이렇게 고생하는데 우리까지 신세져서야 되겠어? 돈 벌어서 갚고 갈게!"

편치 않은 마음으로 우리는 형네 집 사랑방에 짐을 풀었다.

다음 날 아침, 탄광 갱도를 만들 때 쓰는 동발(석탄을 캐고 나르기 위해 굴을 판 후 양옆에 기둥을 세우고 위에서 흙이 무너지지 않도록 기둥 위에 지붕을 만드는 나무)을 탄광에 팔면 제법 돈이 된다고 해서 작은 형의 도움으로 톱과 지게를 준비해 가지고 나무를 하러 갔다.

이곳은 해발 천 미터가 넘는 고산지대라 눈이 오면 봄이 올 때까지 녹지 않고 그대로 쌓여 있어 산길을 걷기도 힘든데 나무를 하기란 여간 어려운 것이 아니었다.

첫날은 형이 나무를 잘라 동발을 만들고 그것을 집에 나르는 것까지 도와주었다. 이튿날부터는 순목이 고생시켜 사람 만들려고 왔는데 그러면 안 된다고 내가 고집을 부려서 누구의 도움도 받지 않고 단둘이서 이 일을 하기로 결심했다.

온 산을 덮은 흰 눈과 푸른 소나무밖에는 없고 숲 사이로 보이는 찢어진 하늘 조각만이 유일한 벗이 되어버린 깊은 산속. 서툰 솜씨로 톱질을 하느라고 추운 겨울인데도 비 오듯 쏟아지는 땀을 주체할 수가 없었다. 형수가 정성껏 마련해준 점심을 먹은 지 얼마 지나지 않았는데도 배는 어찌 그리 빨리도 꺼지는지……. 해가 서산으로 넘어갈 무렵이 되었는데도 우리가 해놓은 것은 나뭇가지 몇 개 잘라놓은 것이 고작이었다.

"순목아. 해 넘어 가겠다 서둘러 가자."

가져온 톱이랑 낫을 주섬주섬 챙기는 한편 잘라놓은 나무토막을 지게에 옮기고 집으로 갈 준비를 서둘렀다. 나는 어릴 때 아버지 따라 산에서 나무를 한 경험이 있어 지게에 조금은 익숙했으나 순목이는 중학교 일학년인 어린 나이에도 덩치가 커서 어른 한몫 하겠다고 생각했는데 그렇지가 않았다.

겨우 동발 두 토막을 지게에 얹었는데 이를 견디지 못하고 지게와 함께 앞으로 고꾸라졌다. 그 광경이 어찌나 볼만한 구경거리였는지 몇 걸음 앞서 가던 나는 걸음을 멈추고 나오는 웃음을 참느라고 애를 쓰고 있었다. 지게를 지고 일어나려고 하면 쓰러지고, 일어나려고 애를 쓰면 또 쓰러지고…….

이를 악물고 가쁜 숨을 몰아쉬며 용을 써도 소용이 없었고 지게는 그의 등을 완강하게 거부하고 있었다. 지쳐버린 그는 지게를 벗어 팽개쳐 버리고 '엉엉' 소리를 내면서 울기 시작했다.

"실컷 울어라. 울고 싶은 때는 울어야 속이 시원하단다. 그리고 용기를 내봐! 안 되는 일이 있겠어?"

나는 들먹거리는 그의 어깨에 가만히 손을 얹고 슬프게 우는 그를 달래주고 있었다. 부잣집에 태어나 귀하게만 자란 어린아이에게 너무 심한 일을 시킨 것 같아 미안한 생각도 들었다.

"너 부모님 은혜 잊으면 안 돼! 팔자를 잘못 타고나 너의 부모님이 광부였다면 아마 너도 학교는 고사하고 매일 이런 고생을 해야 밥 먹고 살게 아니겠어. 세상 산다는 것이 얼마나 어려운지 이제 알겠니?"

정성어린 나의 충고에 그는 흘러내리는 눈물을 손으로 닦으면서 지게를 지고 일어나려고 애를 쓰고 있었다.

나무를 지고 눈길을 내려오기란 여간 힘든 일이 아니어서 미끄러지고 넘어지는 사이에 어느새 캄캄한 밤이 되었다. 산 아래 저 멀리 보이는 동네에서는 개 짖는 소리만 은은하게 들릴 뿐, 인적이 끊긴 숲 속은 금방이라도 호랑이 같은 산짐승이 나타날 것 같아 나도 등골에 식은땀이 흥건하게 고였다.
 "이놈 인생 공부를 시키려면 제대로 시켜야 정신을 차릴 것 같아. 형, 우리 내일부터 막장에서 광부로 일하게 해주세요!"
 막장은 위험해서 어른들도 일하기를 꺼리는데 어린놈들이 간도 크다며 한사코 말리는 형을 졸라서 우리는 산에서 나무 하는 일을 그만두고 석탄을 캐는 광부로 일을 하게 되었다.
 개미굴처럼 복잡한 갱도를 따라 석탄을 캐는 막장까지 가는 길은 가끔 다이너마이트 터지는 소리가 '쿵' 하고 귓전을 울릴 뿐 적막하기만 했다.
 레일이 깔린 갱도 옆 바닥은 군데군데 물이 고여 질척거렸다.
 손에 들고 있는 간드레에서 비치는 가느다란 불빛만 주위를 밝힐 뿐 주변이 캄캄한 갱도 속은 당장이라도 우리의 목숨을 삼켜버릴 것 같았다. 막장에 도착하니 희미한 간드레불 속에서 곡괭이로 탄을 캐는 사람, 석탄을 운반차에 싣고 굴 밖으로 옮기려는 사람들로 부산하다.
 "저 벽 쪽에서 일하는 사람이 다이너마이트를 설치하는 기술자인데, 저 사람이 도화선에 불을 붙이고 신호를 하면 빨리 안전한 곳으로 피해 엎드려야 한다. 조금이라도 늦으면 폭파된 석탄과 함께 너희 목숨도 끝장이야. 명심해!"
 함께 온 작은형이 우리들에게 주의사항을 일러준다. 잠시 후,
 "모두 엎드려!"
 기술자가 지르는 소리에 모두 안전한 곳을 찾아 뛰기 시작했다. 나와 순목이는 정신없이 뛰기 시작했다.
 "쾅! 우르르 쾅!"

폭발음 소리와 함께 갱도 전체가 무너질 듯 흔들렸다. 석탄가루를 온몸에 흠뻑 뒤집어쓰고 자리에서 일어나는 순목이는 사색이 되어 몸을 떨고 있었다.

"휴우~"

모든 것이 까맣게 변해버린 굴속에서 서로 흰 이빨만 드러내고 안도의 한숨을 길게 내쉬었다. 우리는 아무런 안전장치도 없이 목숨을 하늘에 맡기고 이승과 저승을 넘나드는 위험한 고비를 하루에도 몇 번씩 겪어야 했다.

그래도 살아야 한다는 본능 하나로 기적을 바라며 수백 미터 지하 굴속을 오늘도 찾아야 하는 사람들……. 길고 긴 갱도의 마지막 끝이자 석탄을 캐는 시발점 막장! 이곳이 바로 지옥이 아닌가 싶었다.

목숨을 팽개치고 하루하루를 살아가는 이들에게 희망과 꿈이 생겨날 수 있도록 하늘에 빌고 또 빌었다. 이곳에서는 우표와 달력을 구할 수가 없었다. 하루를 벌어서 하루 먹고 사는 사람들이 달력이 필요하지도 않았겠지만 상점이 있는 고한에 갈 일도 별로 없어서 동네에는 달력을 가지고 있는 집이 많지 않았다. 도심생활에 익숙해 있는 우리는 날짜 가는 줄을 모르니 답답하기가 이루 말할 수 없었다. 그래서 이곳에 도착하자마자 우표와 달력을 보내달라고 집으로 편지를 보냈다.

탄광 생활을 끝내고 집으로 돌아온 후에야 안 일이지만 할머니는 편지를 받고 그날로 손주 걱정에 잠을 못 이루시고 식사도 거른 채 몸져누우셨다고 했다.

신정을 맞이하여 종업원들 주려고 방앗간에서 가래떡을 서너 말 준비했다가, "이놈들아. 손주 새끼는 우표가 없어서 편지도 못 쓰는 탄광에 보내 지금 죽었는지 살았는지도 모르는데 입으로 떡이 넘어 가겠느냐?' 며 할머니가 호통을 치는 바람에 마련한 떡을 먹지도 못하고 온 집 안이 초상집 분위기로 홍역을 치렀다고 한다.

부디 몸조심하고 건강하게 잘 지내라는 답장 편지와 함께 우표와 달력 수십 장을 받은 것은 며칠이 지난 뒤였다. 우표를 받은 날부터 순목이에게 하루일과를 마치고 나면 저녁시간에는 매일 집에 편지를 쓰는 한편 그날그날 보고 듣고 느꼈던 일들을 글로 남기도록 일기를 쓰게 했다.

탄광 생활도 점점 적응을 해 가던 어느 날, 가지고온 연필을 팔기 위한 준비를 시작했다.

'안녕하십니까? 저희들은 전쟁 때 부모를 잃어버리고 형제자매도 없는 고아 신세가 되어 주위의 도움을 받으며 어렵게 살아가는 고학생입니다. 선생님들의 도움 없이는 하루도 살아갈 수 없는 저희들을 불쌍히 여기시어 도와주십시오. 이 연필 한 자루 팔아 주시면 평생 그 은혜 잊지 않겠습니다.'

동정을 받아야 연필을 많이 팔 수 있을 거라고 생각한 우리는 밤을 새워가며 미리 원고를 작성해서 몇 번이고 읽고 외우기를 반복했다. 고개를 숙이고 고맙다는 인사말을 하는 행동까지 연습을 하고 나니 어느 정도 자신이 붙어 이제 현장으로 나가 실습을 하기로 하고 집을 나섰다.

눈을 미처 치우지 못한 오솔길에 발자국을 남기면서 한참을 걸어야 오두막집 서너 채 발견할 수 있는 산동네를 이리저리 헤매고 다녔다. 첫 번째 집을 방문했을 때는 입이 떨어지지 않아 말 한마디 하지 못하고 연필 한 자루 팔지 못한 채로 발길을 돌려야 했다.

차차 요령이 생겨 한 집에서 연필을 다스(연필 열두 자루)째로 팔고 나올 때면 둘이는 서로를 쳐다보며 활짝 웃기도 했다.

"여기가 이 근처에선 제일 큰 회사인 삼척탄좌인가 봐. 굉장한데! 저기 보이는 건물들은 집이 좋은 걸로 봐서 사원들이 사는 주택 같지 않니? 사원들은 돈도 많을 테니 아예 한 다스씩 맡겨버리자."

"그래요 선생님! 아마 저기 사는 사람들은 많이 팔아 줄 것 같아요."

우리는 기대에 부풀어 발걸음도 한결 가볍게 사원들이 거주하는 사택 입구에 들어섰다.

"저 맨 위 집부터 시작할까? 다른 집보다 크고 잘 지은 것으로 봐서 여기서 제일 높은 소장이 사는 집 같아. 이 집에서는 두 다스는 사 달라고 하지 뭐."

뒤따라오는 순목이에게 한 다스는 거뜬하게 팔겠다고 큰소리를 치고 나서 미닫이문을 열고 큰 소리로 사람을 불렀다.

"계십니까?"

"누구세요?"

방문을 열고 나온 사람은 서른 살쯤 되어 보이는 젊은 부인이었는데 화장을 짙게 한 얼굴에는 귀티가 풍겼다.

"안녕하십니까? 부모 없는 고아들입니다. 저희는 연필을 팔아 학교를 다니는 고학생입니다. 이렇게라도 하지 않고는 학교를……."

나는 미리 준비한 원고대로 술술 막힘없이 말을 이어가고 있었다.

"학생! 신발이 더러우니 밖에 나가서 얘기해요!"

주인 여자는 내 말은 듣지도 않고 석탄으로 더러워진 내 신발을 바라보고만 있더니 소리를 꽥 질렀다.

그 소리에 놀라 내 모습을 보니 신발뿐이 아니었다. 탄광지역을 여기저기 돌아다니다 보니 온몸에 묻어버린 석탄 먼지가 시커멓게 묻어 입술 사이로 드러낸 하얀 이빨밖에는 하얀 곳이 없었다.

"사모님, 이 연필 좀 팔아 주시면……."
"돈이 없어서 연필 못 사요!"
"그럼 쌀이라도 주세요. 쌀도 받습니다."
"쌀도 없어요. 글쎄 안 산다니까, 어서 나가요!"
그는 짜증스런 목소리로 밖으로 나가기를 재촉했다.
"정말 너무하십니다. 이런 부잣집에서 도와주지 않으면 우린 어떻게 학교를 다닐 수 있겠습니까?"
한 시간 동안이나 떼도 쓰고 사정도 해보았지만 소용이 없었다. 나는 은근히 화가 치밀어 올랐지만 더 떼를 써보아야 시간만 낭비할 것 같아 아쉬운 마음으로 발길을 돌려야 했다.
"야, 이 동네에서는 연필 팔지 말자. 또 망신당하겠어."
잠시도 더 있고 싶은 생각이 없어서 순목에게 길을 재촉했다.
"학생, 연필 한 자루에 얼마에요?"
물동이를 머리에 이고 그 집 마당으로 들어서던 처녀가 나를 보며 물었다.
열아홉 정도 된 이 처녀의 옷차림으로 보아 소장 집 식모 같았다.
"십 원인데요."
"저~ 연필 두 자루만 주세요."
그는 물동이를 땅에 내려놓더니 치마폭 속에 간직했던 꼬깃꼬깃한 십 원짜리 두 장을 꺼내 내 앞에 내밀었다.
"감사합니다. 정말 감사합니다."
나도 모르게 머리가 땅에 닿도록 구부려 인사를 하며 연필 두 자루를 처녀에게 주었다.
"나 연필 필요 없어요. 다른 데 가 팔아서 열심히 공부하세요."

그 처녀는 한사코 돈만 주고 연필을 받지 않는다. 그리고 동구 밖으로 우리 모습이 사라질 때까지 바라보고 있었다.

연필을 팔면서 우리는 많은 것들을 배웠다. 어쩌다가 어린 것들이 이 고생을 하느냐고 치마폭에 눈물을 훔치던 아낙네도, 가족처럼 반갑게 맞아 밥상까지 차려주던 사람들도 한결같이 내가 오히려 도와주고 싶은 어려운 사람들이었다.

"선생님, 내가 어른이 되서 돈 많이 벌면 탄광 사가지구 여기 있는 불쌍한 사람들 다 잘살게 해주고 싶어요. 너무 불쌍해요!"

동구 밖을 나설 때 대단한 각오라도 한 듯 나에게 던지는 순목이의 말을 들으니 이제 녀석도 사람이 되어 가는구나 하는 생각이 들어 나도 모르게 빙그레 웃음이 나왔다.

이곳에 있는 동안 많은 경험을 통해 우리는 차츰 성숙해 가고 있었다. 매일 쓰는 순목이의 일기장 속에는 그동안 겪어왔던 어려운 일들과 가족에 대한 고마움과 그리움, 그리고 잘못했던 과거와 앞으로는 착하고 정직하게 살겠다는 각오 등 제법 어른스러운 생각이 적혀 있었다.

순목이는 고단한 하루하루를 보내면서도 어려운 일을 극복하겠다는 용기를 잃지 않고 얼굴에는 미소가 나날이 늘어만 갔다. 어느덧 이곳에 온 지도 한 달이 다 되어 개학이 며칠 앞으로 다가왔다. 우리는 연필 팔아서 받은 쌀과 돈을 한사코 거절하는 형에게 억지로 주고 이제 그리운 집으로 돌아갈 준비를 했다.

탄광촌을 떠나던 날 순목이는 집으로 돌아가고 싶은 생각이 얼마나 간절했던지 이곳 식구들과의 작별인사도 하는 둥 마는 둥하고 벌써 산 아래로 달음질치고 있었다.

집으로 돌아오는 우리들 몸은 많이 지쳐 있었다. 그렇지만 그동안의 고생이 평생 잊지 못할 교훈으로 남을 것 같아 아쉬움도 많았고, 오랜만에 그리운 가족을 만난다는 기쁨으로 마음이 설레었다.

기차가 영월역에 도착했다.

"우리 농촌에 들려 남은 연필 다 팔고 가자. 농촌사람들 인심도 알아 볼 겸."

"그래요 선생님, 이제는 연필 파는 일이 재미있어요."

역을 나오면서 나는 영월에서 제천까지는 백여 리가 넘는데 순목이 고생을 너무 시키는 것이 아닌가 싶어 조금은 걱정이 되었지만 즐겁게 앞장서는 모습을 보니 이내 안심이 되었다.

농촌에서의 연필장사는 신통치가 못했다. 지금까지의 경험을 살려 장사하는 솜씨는 제법 늘었으나 하루 종일 이 마을 저 마을로 부지런히 발품을 판 대가는 겨우 쌀 몇 되가 고작이었다. 그도 그럴 것이 농촌은 추수한 곡식을 팔아야 돈을 장만하니 돈이 귀하다는 것을 깜빡 잊었던 것이다.

새벽에 고한에서 열차를 탔는데 영월에서 이곳저곳 다니느라 저녁 여덟 시가 넘어서야 집에 도착했다.

"할머니, 저 왔어요."

순목이는 넘어질 듯 대문을 열고 뛰어 들어가 할머니의 품에 두 팔을 감싸 안았다. 죽었다가 다시 살아 돌아온 자식들을 만난 것처럼 집안은 온통 눈물과 웃음이 뒤범벅이 되었다.

나는 할일을 모두 끝낸 안도감 속에 '휴우~' 한숨이 절로 나오고 피로가 한꺼번에 몰려왔다. 오늘 밤은 아무것도 생각하지 말고 푹 잠이나 자 두자. 내일의 태양이 떠오를 때까지…….

이튿날부터 순목이와 나는 방금 전투에서 이기고 돌아온 개선장군처럼 즐거운 마음으로 개학을 맞을 수가 있었다.

  누구나 그리운 옛 추억들을 간직하고 있다. 나 역시 어렵고 힘든 생활 속에서 꿈을 잃지 않고 어려운 세상을 살아왔기에 기억하고 싶은 추억들이 많은지도 모른다.

2 잃어버린 세월

고교 시절

청와대 경호원 시절

부천 한일단조에서

상처가 남기고 간 것

이화여대에 입학한 정옥이와 보성중학교에 입학한 종우, 그리고 리라초등학교로 전학을 온 종문이를 데리고 서울에 마련한 순목이네 집에서 생활을 할 때의 일이다.

순목이네 서울 집은 신당동에 있었다. 서울운동장(지금의 동대문운동장)이 내려다보이는 시구문 옆 한옥들이 줄줄이 늘어서 있는 골목길 한가운데 집으로 대문 옆에 사랑채가 딸린 아담한 한옥이었는데, 이 집은 순목이 아버지가 아이들을 서울로 전학시켜 공부 가르치려고 일부러 사놓은 집이었다.

종우가 보성중학교에 입학을 했고 말썽꾸러기 종문이는 선생님 곁에 두어야 한다는 할머니의 주장 때문에 리라초등학교로 전학을 시켰다. 정옥이도 체육특기생으로 이화여자대학교에 입학을 해서, 순목이와 막내 종무만 시골에 남겨놓고 우리들은 서울로 이사를 왔다.

나는 고등학교를 졸업했는데 해마다 받던 상장 하나 못 받는 것이 못내 아쉬워 졸업식장에도 참석하지 않고 도망치듯 서울로 와버렸다.

나는 순목이 아버지의 도움으로 인천에 있는 인하공대 초급대학에 입학을 했다. 순목이 아버지는 학비 걱정은 말고 4년제 대학을 가라고 권유했지만 집안 형편을 생각하면 정규대학 졸업하고 군복무 마치고 직장 구하고 할 시간적 여유가 없었다.

5·16혁명 후 국가는 산업역군을 절실히 필요로 하던 시절이라 공과계통 초급대학을 졸업하면 취직은 걱정 없을 것 같았고 하루 빨리 취직을 해서 고생하는 부모님을 돕고 싶었기 때문이기도 했다.

내가 처음으로 서울에 올라왔던 때는 고등학교 1학년 여름방학을 맞아 고모님 댁을 방문했던 때이다. 서울 지리에 익숙하지 못했던 나는 답십리를 찾는다는 것이 그만 남대문까지 전차를 타고 가버리고 말았다. 남대문에서 답십리를 찾느라고 새벽부터 허기진 배를 움켜쥐고 남산 근처를 얼마나 헤매고 고생을 했는지 지금도 기억이 생생하다.

그때부터 나는 서울이 별로 달갑지 않은 도시가 돼버리긴 했지만, 이른 아침 서울역까지 전차를 타고 가서 인천행 기차를 타고 등하교를 하다 보니 시간이 가면서 서울생활도 차츰 익숙해 가고 있었다.

종문이가 전학한 리라초등학교는 남산 기슭에 자리 잡고 있었는데 학생들은 노란 교복과 모자를 쓰고 다녀 '노란 병아리'라고 불렀다.

학교에는 노란색을 칠한 예쁜 스쿨버스가 있었다. 스쿨버스를 이용하는 학생들도 많지만 자가용을 타고 다니는 학생들이 많아 KBS방송국과 어울려 남산 길은 항상 복잡했다.

***

"종문이 성적이 다른 학생보다 너무 떨어져서 오시라 했습니다."

종문이 담임선생은 내가 학부형으로는 보이지 않았는지 고개를 갸우뚱했다.

"저는 종문이 가정교사입니다. 부모님들은 시골에 계셔서 제가 대신 왔습니다."

"아~ 그러십니까."

"시골에서 전학을 온 지 얼마 되지 않아서 부족한 점이 많으리라 생각합니다. 선생님께서 특별히 보살펴 주십시오. 부탁드리겠습니다. 저도 열심히 노력하겠습니다."

교무실을 나와서 종문이 공부하는 모습이 궁금하기도 하여 그의 교실을 가 보았다. 교실 맨 끝 귀퉁이에 앉아 있는 그의 모습이 눈에 띄었다. 리라초등학교는 앉는 자리도 성적순으로 앉는다고 하니 씁쓸한 마음을 떨칠 수가 없었다.

리라초등학교는 월말고사를 치르지 않고 월요일부터 금요일까지 하루도 거르지 않고 매일 시험을 보았다. 나는 어떻게든 성적을 올려 보려고 그와 함께 매일 책과 씨름을 했다.

"너 허구한 날 교실 뒷자리에 앉아서 선생님께 꾸중 듣고 반에서 놀림감 될 거냐? 졸리면 나가서 세수하고 와!"

졸리는 눈을 비비며 밖으로 나가는 그의 모습이 안쓰러워 보였다.

종문이 공부 때문에 일요일도 방구석에 틀어박혀 종문이를 가르치고 있는데 고등학교 동창 상호한테서 전화가 왔다.

"너 지금 뭐하고 있어? 오늘 나하고 오랜만에 대포 한 잔 하자. 지금 당장 동대문역 앞으로 나와!"

"상호냐, 오랜만이긴 한데 나 못 나간다. 매일 시험을 보는 종문이 때문에 술 먹고 싶어도 먹을 시간이 없어. 미안하다."

"너, 인마. 대학생이 되어서도 그 모양이냐! 머슴노릇 그만하고 일요일은 쉬기도 해야지. 빨리 나와! 너 안 나오면 집으로 쳐들어간다."

나가지 않으면 그가 집으로 쳐들어올 기세였다.

"정옥아, 오늘 친구가 모처럼 대포 한 잔 하자는데 가봐야겠어. 내가 다녀올 때까지 종문이 시험공부 좀 부탁한다."

"남자들은 이상해. 좋지도 않은 술은 왜 마시고 싶어 그러지?"

정옥은 내 부탁을 들어줄 생각이 없는지 딴청을 부렸다.

"술이란 좋은 거야. 오랜만에 정다운 사람 만나면 그간 회포도 풀고 말이야. 남자들 세계에서 술이 없으면 무슨 재미로 살아. 너도 대학생이니까 가끔 술 한 잔 해봐!"

"선생님은 술 예찬론가라도 돼? 변명치고는 참. 나 애들 가르칠 줄 몰라!"

"그럼 다녀올게, 부탁해!"

짜증을 부리는 그를 뒤로하고 대문을 나섰다.

막 서울운동장 모퉁이를 돌아가면서 뒤돌아보았더니 집에 있던 종우가 내 뒤를 졸졸 따라오고 있었다.

"종우야 너 어디 가니?"

"선생님 따라가요"

"왜?"

"누나가 선생님 술 많이 먹지 못하게 같이 가서 지키래요."

"그래? 거참 별일이군."

그래도 한편으론 나를 걱정해주는 정옥이가 고마운 생각이 들었다.

"종우야, 누나보고 선생님 오늘 절대로 술 안 먹는다고 전해. 나 꼭 약속 지킬 테니 집에 돌아가거라."

"선생님 꼭 약속 지켜야 해요. 나 누나한테 매 맞게 하지 말고요."

집으로 돌아가는 그는 나에게 술을 먹지 말라는 말을 빼놓지 않았다.

"너 그 집에 너무 충실한 하인이구나. 너처럼 주인 말이라면 하늘처럼 아는 놈은 처음이다. 네 장래도 알아볼 만하구만. 쯧쯧~"

상호와의 술자리에서 그가 별스런 말로 놀려대어도 못 들은 척하고 헤어질 때까지 술을 입에 대지 않았지만 상호의 말이 머릿속을 맴돌며 마음을 혼란스럽게 하고 있었다.

"너무 오래 있어 미안해, 공부시키느라고 힘들었지? 나 오늘 술 안 먹었다!"

집 대문 안을 들어오면서 나는 정옥이에게 약속 지킨 것을 자랑하려고 소리를 질렀으나 안에서는 아무런 기척이 없었다.

"누나 어디 갔어? 그리고 종문이는?"

뒤늦게 내 목소리를 듣고 달려 나온 종우에게 다그쳐 물었다.

"누나 잠자고 있어요. 종문이두요."

"뭐, 잠자고 있다구?"

나는 갑자기 치밀어 오르는 화를 참지 못하고 안방으로 뛰어 들어갔다.

"내가 그렇게 간곡하게 부탁했는데 잠이나 자고 있어? 뭐 이런 게 다 있어!"

나는 정옥이가 덮고 있는 이불을 걷어차며 버럭 소리를 질렀다.

"나 못 가르친다고 했잖아! 누구한테 신경질이야! 남의 집 밥 빌어먹는 주제에 별꼴 다 보겠네!"

벌떡 일어나 나를 잡아먹을 듯 노려보던 정옥이는 다시는 돌아오지 않을 기세로 밖으로 뛰쳐나갔다.

뒤통수를 망치로 크게 한 대 얻어맞은 기분이었다. 정옥이가 내뱉은 말이 머릿속을 맴돌며 가시지를 않았다. 잠시 후 제정신을 찾은 나는 갑자기 세상이 허무하다는 생각이 들었다.

'그래. 맞는 말이다, 맞는 말이야. 주제를 알아야지. 남의 집 밥 빌어 먹는 주제에······.'

내 방으로 들어온 나는 방안에 처박혀 저녁밥을 차려놓고 불러도 끝내 꼼짝도 하지 않은 채 밤이 새도록 그 말을 곰곰이 되씹어 보고 있었다.

이튿날은 휴강이어서 늦잠을 자고 일어나니 벌써 한나절이 넘었다. 집 밖으로 나왔다. 봄기운에 아지랑이가 맴돌고 봄바람이 내 뺨을 스쳐 지나간다. 고향이 갑자기 그리워졌다.

'저 하늘 따라 가면 어릴 때 뛰어 놀던 정든 고향이련만 지금쯤 어머니는 보리밭 매느라 땀 흘리고 계시겠지, 그 혹독한 보릿고개를 올해는 어떻게 넘기고 계신지······.'

서울운동장을 돌아 전찻길 따라 무작정 걸었다. 전찻길 위에 엉클어진 전선줄에 찢겨져서 조각 난 하늘은 나의 신세처럼 그날따라 유난히 처량해 보였다.

청량리에서 내 발길은 답십리를 향하고 있었다. 시대극장 앞을 지나다 보니 극장에 커다랗게 붙여진 간판에 '문정왕후'란 글자가 내 시야에 들어왔다.

"문정왕후?······ 영화구경이나 할까."

갑자기 옛날로 돌아가고 싶은 충동을 느끼며 극장 문을 들어섰다.

아들을 임금 시키려고 온갖 짓 다해가며 임금을 시켜놓았더니 결국 그 아들에게 사약사발을 받아야 하는 비운의 어머니 문정왕후.

영화 마지막 장면에 어린 임금은 어머니에게 사약을 내리면서 절규하고 있었다. "어머니 왜 나를 임금을 만들어 어머니에게 사약을 내려야 하는 아픔을 주십니까? 나는 어떻게 하란 말입니까. 어머니!"
피맺힌 절규였다.
옛날에 양반으로 태어났으면 얼마나 좋았을까 하는 기대로 영화관에 들어섰던 내 꿈은 산산이 부서지고 말았다.
"옛날이라고 지금과 다를 게 하나도 없구먼, 내가 저런 운명으로 태어났더라면 지금보다 더 많은 고통을 받았을 것 아닌가. 에이 더러운 세상!"
시대극장을 나와서 또 길을 걸었다. 아직도 해가 중천에 떠 있었다.
어제 저녁부터 아무것도 먹지 않은 탓인지 뱃속에서 꼬르륵 소리가 났다. 자장면이라도 한 그릇 먹을까 해서 중국집 문 앞까지 가서는 이 배고픔 때문에 몇 푼 돈에 매달려야 하는가 싶은 생각이 들어 이내 포기해 버렸다.
또 걸으며 그냥 아무 생각도 하지 않으려고 애를 썼다. 생각하면 생각할수록 내 모습이 점점 초라해질 것 같았기 때문이었다.
길가에 포장마차들이 늘어서 있었다. 술이라도 한산 해야겠다는 생각에 포장마차 휘장을 열고 안으로 들어갔다.
"소주 한 병이랑 계란 한 개 주세요. 국물도 좀 주시구요."
소주를 병째로 들고 한 병, 두 병 연거푸 다섯 병을 안주도 없이 마셨더니 창자 속까지 화끈거리며 온몸에 취기가 올랐다.
달걀을 탁자 끝에 부딪쳐 깨려다 갑자기 이놈이 불쌍한 생각이 들어 하던 짓을 멈추고 말았다.
"이놈은 무슨 팔자를 타고 태어났기에 세상구경 한 번 못하고 이렇게

사람 손에 죽어야 하지?'
　포장마차를 나온 나는 인적이 드문 길모퉁이에다 들고 있던 달걀을 살며시 놓고 사방을 둘러보았다.
　'어느 미친놈의 닭이 자식 갖고 싶은 생각에 훌쩍 날아와 알을 품어주기 바라는 마음으로…….'
　몹시 취해버린 나는 발길이 갈지(之)자로 휘청거리고 있었다.
"뭐야?"
"……"
　어깨를 부딪친 것 같아 뒤를 돌아보니 오십이 넘어 보이는 지게꾼이 어이없다는 듯이 나를 바라보고 있었다. 한 손엔 새끼줄에 매달린 꽁치를 들고 있는 그의 모습을 보니 고향에 계신 아버지 얼굴이 떠올랐다.
"아저씨 제가 술이 취했나 봅니다. 미안합니다."
"……"
　그는 대꾸도 하지 않고 나를 물끄러미 보고만 서 있었다.
"아저씨 이거 필요하지요? 다 가져가요! 난 필요 없으니까."
　가지고 있던 지폐 몇 장을 꺼내 그의 손에 쥐어 주었다.
"선상님! 고맙습니다. 정말 고맙습니다. 선상님!"
　몇 번이고 허리를 굽혀 인사하는 그를 뒤로하고 달음박질을 쳤다.
"돈이 그렇게 좋은 것인가? 자식 같은 놈에게 허리를 굽혀 인사까지 하다니……. 뒈질 놈의 세상."
　울부짖으며 주머니를 뒤져 있는 돈을 모조리 꺼내 갈기갈기 찢고 있는 내 얼굴은 눈물이 뒤범벅이었다.
"더럽다! 치사하다! 하늘까지 날아가버려라!"
　미친놈처럼 소리를 질러대고 들고 있던 찢어진 돈을 공중을 향해 힘껏 던져버렸다.

그런데 이상한 일이었다. 공중에 뿌려진 줄 알았던 그것들은 내 손에서 떠나지 않고 그냥 남아 있었다. 온몸에 힘이 빠지고 취했던 술이 확 깨어버렸다.

"바보 같은 놈! 아직도 돈에 미련이 남아서……."

신당동 집에 도착한 시간은 통금이 가까운 시간이었다.

"선생님 어디 갔다가 이렇게 늦었어? 속상한 일 있나봐. 이렇게 술이 많이 취한 걸 보니."

대문을 열어주는 정옥이는 내가 걱정되는 모양이었다.

"정옥아 나 좀 보자."

"……."

머뭇거리는 그의 손을 잡아끌고 내 방으로 들어오자 종우와 종문이도 뒤따라 들어왔다.

"너희 집 선생질 더 하다가는 제명까지 못 살겠어. 이 넓은 세상에 어디 가면 굶어 죽겠냐. 아버지께 연락해. 나 내일 집 나간다구."

밖에서 일어났던 일들을 정옥이에게 이야기하는 내 눈엔 눈물이 흐르고 있었다.

"선생님 왜 그랬어? 어제 일 때문이야? 내가 잘못했어. 다시는 안 그럴게. 나 체육특기생인거 알잖아. 가르칠 줄 몰라서 신경질이 났던 거야. 그래서 그랬어. 아버지 알면 나 맞아 죽는단 말이야. 선생님 제발 나가지 마! 내가 이렇게 빌게. 응?"

그런 일로는 차마 그 집을 나올 수 없었지만 내 마음 속에 고이 간직하고 있던 마지막 자존심이 한꺼번에 무너져버린 날이었다.

세상이여 안녕!

그날부터 나는 심한 우울증에 시달리기 시작했다. '이 세상엔 왜 태어나서 무엇을 하다가 어디로 가야 한단 말인가. 나 같은 놈 가는 길은 이미 정해져 있는 것을 무엇 때문에 이렇게 발버둥을 친단 말인가? 이 지옥 같은 세상을 탈출하는 방법은 어디에도 없는 것일까. 에이 더러운 세상!'

혼자서 생각하는 시간이 점점 늘었고 알 수 없는 두려움이 엄습할 때면 공포에 온몸을 떨어야 했다. 내 주제에 아무리 발버둥쳐 봐도 남의 집 밥 빌어먹으며 괄시나 받아야 하는 신세를 면하기는 힘들고 앞으로의 희망도 없는 것 같았다.

고르지 못한 세상이 원망스럽고 이 세상 살기가 싫어졌다. 세상일엔 점점 흥미를 잃어갔고 아이들 공부 가르치는 시간을 제외하고는 혼자 방구석에 처박혀 있거나 술로 나날을 보냈다.

그들 집안 분위기는 내 행동으로 말미암아 어수선해갔고 위기의식을 느낀 정옥이는 시골에 구원(?)을 요청해 급기야는 할머니가 올라오는 지경에까지 이르렀다.

***

'떠나자! 긴 여행을. 더럽고 치사한 이 세상은 내가 있을 곳이 못 된다. 천국이 있다고 했던가. 그곳에는 돈도 명예도 필요 없겠지. 아마도 그곳은 나를 반겨줄지도 모른다. 그래 가자, 천국으로…….'

엉클어진 머릿속을 이렇게 정리하고 나니 갑자기 어머니가 보고 싶었다. 늘 고생을 낙으로 삼고 생활하시면서도 못난 자식 놈 걱정에 오늘도 밤잠을 설칠 어머니께 효도 한번 해보고 싶어 기별을 보내 서울로 올라오시게 했다.

"어머니, 오늘 창경원 구경 가요. 내일은 남산도 한번 올라가 보고요"

서울 시내를 며칠이 걸리더라도 다 구경시켜 드리고 싶어서 우선 창경원으로 향했다.

"어디 아픈 데라도 있느냐? 전보다 많이 얼굴이 수척해 보이는구나."

어머니는 자식 걱정에 처음 보는 호랑이도 별 흥미를 느끼지 못하는 모양이었다.

"저 아픈 데 없어요. 내 걱정 마시고 서울은 처음이니까 구경 잘 하세요."

거친 어머니의 손을 꼭 잡고 창경원 구석구석을 살펴보았다. 오후에는 백화점도 가보고, 이곳저곳 다니다가 영화 관람을 마치고 오는 길에는 동대문 시장에 들려 옷도 한 벌 사드렸다.

이튿날도 시골일이 바빠서 내려가겠다는 어머니를 억지로 붙잡아서 남산이랑 한강철교랑 어제 다하지 못한 서울 구경을 두루 시켜드리고 나서 청량리역 근처에 있는 냉면집에서 점심을 함께 먹었다.

플랫폼까지 배웅을 나가 열차에 오르는 어머니 모습을 보니 다시는 이 세상에서 못 볼 것 같이 쏟아지는 눈물을 주체할 수가 없었다.

"어머니 부디 평안하시고 오래오래 사세요."

떠나는 기차 모습이 멀리 사라질 때까지 나는 플랫폼에서 꼼짝도 않고 손을 흔들고 서 있었다.

'이제는 내가 갈 길을 가야지.' 마음을 정하고 이 세상 떠날 생각을 하니 갑자기 세상이 아름답게 보였다. 하늘이며 땅이며 길바닥에 버려진 돌멩이 하나까지 어느 것 하나 아름답지 않은 것이 없었다.

지붕 위에 걸린 초승달 옆에 졸고 있는 저 별들이 오늘은 유난히 한가로워 보였다. 조금은 더 살고 싶은 애착이었는지도 모른다. 하늘 보고 땅 보고 지붕 한번 쳐다보고…….

누가 나를 이 아름다운 세상에서 버리려 하는 걸까? 필름처럼 지나가는 옛 생각을 하느라고 자정을 알리는 사이렌 소리를 듣고서야 집으로 들어왔다.

잠이 오지 않아 뒤척거리다 새벽에 잠깐 잠이 들었는데 무엇에 홀린 듯 벌떡 일어나 세코날(수면제) 오십여 알을 입에 삼킨 후에야 정신이 돌아왔다.

이제는 정말 죽는구나 생각하니 머릿속은 복잡하기만 하다. 그래도 조금은 더 살고 싶은 미련이 남아 있는지 옛날을 기억하려고 애를 쓰고 있었다. 조그만 일에 울고 웃으며 지나온 나날들! 이 모든 사연들이 추억이 되어 영화 필름처럼 돌아가고 있었다.

'이제는 떠나야 할 시간이 되었나보다.' 한참을 지난 후에야 나는 이 모든 사연을 가지고 떠나려고 죽음의 카운터 다운을 시작했다. '열, 아

 흡,⋯⋯셋, 둘, 하나. 아~ 나는!' 이 소리를 마지막으로 나는 의식을 잃고 잠이 들어버렸다.
 짙은 안개 속으로 먼 새벽길을 가고 있는데 불빛에 눈이 부신 느낌이 들어 잠에서 깨어났다.
 '여기가 내가 오고 싶었던 세상이구나.'
 눈을 뜨는 순간 어찌된 일인지 청량리역에서 배웅을 해드린 어머니가 걱정스런 모습으로 나를 내려다보고 있었고 그 옆엔 순목이 할머니를 비롯한 그 집 식구들이 빙 둘러앉아 있는 모습이 보였다.
 "이제 정신이 좀 드니?"
 걱정스런 어머니의 목소리를 듣고 나는 차마 일어날 수가 없어서 다시 눈을 꼭 감아버렸다. 모질게 태어난 게 내 운명이었는지 하늘은 결코 내 죽음을 허락하지 않았다.
 아침 먹으라고 깨우러 온 종우가 내 목숨을 살렸다고 한다. 그는 내 곁에 놓여진 유서를 발견하고 급히 병원으로 옮기는 바람에 위를 세척할 수 있어서 가까스로 목숨을 건질 수가 있었다.

소식을 들은 시골에서는 순목이네 가족들이 급히 올라오고, 자식 덕에 서울 구경 잘했다고 자랑하던 어머니가 놀라서 다시 오는 대소동은 이렇게 끝을 맺었다.

남의 귀한 자식 내 집에서 죽일 수 없다는 순목이 아버지의 단호한 결심에 나는 인사도 제대로 못하고 그 집 가정교사를 그만둘 수밖에 없었다.

이렇게 해서 다른 세상에서 또 다른 꿈을 펼치려 했던 나의 시도는 실패로 끝나버렸고, 더 혹독한 현실의 시련만 남아 나를 기다리고 있었다.

***

내 소식을 듣고 달려온 병헌(내 고등학교 진학을 도와준 친구)이가 방을 얻어 같이 생활할 수 있게 해준 덕분에 거처를 마련하는 데는 어려움이 없었지만 이미 망가져버린 내 인생길의 회복은 쉽지 않았다.

내 일생에 다시는 찾아오지 않을 행운을 스스로 차버린 어리석은 놈이 아닌가 싶다.

마음이 변해버린 나는 고생하시는 부모님도, 나를 도와준 친구들의 호의도 마음에서 이미 떠나보낸 뒤였다. 친구와의 자취생활도 한 달이 지나갔다.

"윤신아. 쌀이 떨어졌는데, 우리 집에 좀 다녀와."

"그러지 뭐."

시골에 내려간 나는 병헌이 집에서 쌀이랑 생활비 삼천 원을 받아들고는 집에는 차마 들릴 수가 없어서 곧바로 서울행 열차를 탔다.

용산역에 내리니 인천행 열차를 갈아타려면 아직 한 시간이나 남아 있어서 지루함을 달래려고 역을 나왔다.

"신발 닦으세요!"

개찰구 옆에 조그만 좌판을 펴놓고 소리를 지르는 구두닦이를 보니 두 다리가 없는 젊은 청년이었다. 측은한 생각이 들어 나도 모르게 구두 닦는 통 위에 한쪽 발을 올려놓았다.

"구두 잘 닦아 주세요."

"네. 걱정 마세요. 이 생활 10년이라서 도사가 다 된 걸요."

구두에다 침을 탁 뱉어가며 신이 나서 구두를 닦는 그의 이마엔 구슬땀이 송골송골 맺혀 있었다.

'세상엔 어려운 사람도 많고 살아가는 방법도 가지가지구나. 어쩌다 젊은 나이에 두 다리를 잃고 이런 곳에서 오가는 사람들의 동정을 받아야 하는 걸까?' 세상이 서글퍼졌다.

"십 원입니다."

구두통을 툭툭 치며 외치는 그의 소리에 대꾸도 하지 않고 손에 잡힌 돈을 몽땅 그에게 던져버리고 달음박질을 쳤다. 방향도 목표도 없이 걷다가 뛰고, 뛰다가 걷고 하다가 지게꾼이라도 만나면 갖고 있던 돈을 마구잡이로 뿌려댔다.

얼마나 시간이 흘렀는지 모른다. 어느새 나는 남영동 근처 어느 골목길을 걷고 있었다. 눈앞에 허름한 술집 간판이 눈에 띄었다. 갑자기 취하고 싶은 충동에 술집 문을 열고 들어섰다. 술집이라곤 달랑 목로에 탁자 두 개가 놓여 있고 손님이 없어 썰렁해 보였다.

"어서오세요."

스무 살이 될까 말까 한 화장을 짙게 한 아가씨가 나를 반갑게 맞는다.

"막걸리 한잔 주시오."

나는 목로의자에 털썩 주저앉으며 술을 청했다.

아가씨가 따라주는 막걸리 한 사발을 단숨에 들이키곤 나는 깊은 한숨을 내쉬었다.

"아저씨 걱정이 많으신가봐. 왜 그렇게 한숨을 쉬세요?"

"……"

말없이 나는 막걸리 사발을 들어 또 한 사발을 들이켰다.

"아저씨 안주 드셔야죠. 무슨 술을 그리 급하게 마시세요. 좀 천천히 드세요. 그리고 나도 한 잔 주고요."

내가 따라주는 술잔을 받아든 그는 동정어린 눈초리로 나를 바라보고 있었다. 그의 모습이 무척이나 아름다워 보였다. 둘은 주거니 받거니 술잔을 기울이다 보니 밤이 꽤 깊어가고 있었다.

"근처에 잠잘 곳 어디 없습니까?"

"벌써 자게요?"

"밤이 늦은 것 같네요."

"여인숙 가지 말고 내 방에서 자고 가세요. 그 돈으로 나 술 한 잔 더 사주시구요."

"그럽시다."

몇 잔을 더 마신 나는 그의 손에 이끌려 술집 뒤편에 있는 그의 방으로 갔다.

"아저씨 여기서 쉬세요. 주인아주머니가 안 계셔서 나는 술집 문 닫을 때까지 장사를 해야 되요" 하면서 친절하게 이불까지 깔아주고 그는 방문을 나선다.

그의 방은 두 평 남짓 했는데 화장대 하나뿐이고 언제 도배를 했는지 곰팡이 낀 벽지 사이로 쾌쾌한 냄새가 코로 스며들었다.

아가씨 마음씨가 무척이나 고운 것 같아 고맙기도 하고 미안한 생각도 들었지만 그가 방을 나간 후 나는 늘 준비하고 다니던 수면제를 한입에 털어 넣고, 병헌에게 편지를 쓰기 시작했다.

"병헌이 받아보게. 지금까지 보살펴준 성의를 알면서도 신세 갚지 못하고 떠남을 용서해다오. 곰곰이 생각해도 나는 이 세상에서 살 가치를 깨닫지 못하고 송충이처럼 살아야 하는 내가 너무 한심해. 오늘 괴로움 없는 저세상으로 다시 떠나려고 한다네. 먼 훗날 저세상에서도 지금처럼 우정이 변하지 않기를 바라는 마음으로 건강을 비네."

짧은 몇 마디를 적은 편지를 봉투에 넣고 겉봉투에 인천 주소를 적어 밀봉을 했다. 술집 문을 닫고 돌아온 그에게 급한 편지이니 내가 늦게 일어나더라도 대신 보내달라는 당부를 잊지 않았다.

눈을 뜨니 아침 해가 중천에 떠 있었다. 두 번째 시도도 역시 실패로 끝났다. 나는 그날 밤에 먹은 수면제가 치사량에 미치지 못하는 양이라는 것을 미처 깨닫지 못하고 있었다.

"아저씨 무슨 짓을 한 거예요? 얼마나 놀랐는데. 난 아저씨 죽는 줄 알았어요."

그는 내가 깨어나자 무척이나 반가운 표정으로 내 손을 꼭 잡더니 준비한 녹두죽을 내 입에 숟가락으로 떠 넣어주었다.

"나 같은 사람도 살겠다고 발버둥치는데 무슨 짓이에요. 젊은 청춘을 그렇게 내동댕이치고⋯⋯ 몹쓸 사람 같으니라고."

곁눈을 흘기며 동정어린 표정으로 나를 바라보던 그는 와락 내 품에 몸을 던졌다.

"오빠 사랑해! 나 좀 꼭 안아주세요."

내 가슴에 안긴 채로 흐느끼고 있는 그가 너무 가여운 생각이 들어 그를 꼭 껴안은 손을 놓을 줄 몰랐다.

"내 본명은 순희이고 성은 이씨에요. 나이는 열아홉 살로 고향은 경상도 안동이구요."

그는 안동에서 외동딸로 태어났는데 아버지가 조그만 상점을 운영하여 남부럽지 않게 살았다고 한다. 중학교 2학년이 되던 해에 어머니가 이웃집 아저씨와 바람이 나서 집을 나가 지금까지 소식이 없다고 했다.

아버지는 매일 술로 하루를 보내면서 화풀이를 어린 딸에게 하니 이를 견디다 못해 집을 나와 상경을 했으나 마땅히 구할 직업이 없어 이렇게 술집에서 술심부름을 하고 지낸다고 했다.

술집에 있다 보니 술 취한 남정네들의 짓궂은 행동도 참아야 했고 사람취급 못 받는 때도 많았었는데 오늘 나를 만나니 마음씨도 고운 것 같고 믿음이 간다고 했다. 이렇게 만난 것도 인연이니 나보고 여기서 같이 살면서 직장을 구하라고 나를 졸랐다.

자기와 함께 얼른 돈벌어서 남들처럼 살아보자면서 훌쩍거리는 그의 모습이 너무 애처롭고 연민의 정까지 느끼게 했다. 우리는 사흘 동안이나 바깥출입도 하지 않고 서로를 위로하며 상처를 어루만져 주었다. 그리고 아침에 일어나니 밖에는 봄비가 부슬부슬 내리고 있었다.

"순희야, 며칠 동안 신세 많이 졌어. 나 이제 가봐야 할 것 같아."

"어디 갈 때도 없잖아. 나하고의 약속 벌써 잊은 거야? 오빠, 가지마! 오빠 가면 난 무슨 희망으로 이 험한 세상 살라고 그래."

마땅히 갈 곳도 없는 데다 내 옷깃을 잡고 애원하는 그를 두고 떠나기가 아쉬워 한참을 망설였으나 그래도 이곳은 내가 있을 곳이 아닌 것 같아서 떠나기로 마음을 정했다.

"아직 할일이 남아 있어서 그래. 일 마치면 며칠 내로 다시 돌아올게."

"오빠 꼭 돌아와야 해. 약속 지킬 거지!"

내 결심을 알아차리고 차비까지 주머니에 넣어주는 그를 뒤로한 채 밖으로 나왔다.

"오빠!"

문밖을 나서는데 그가 나를 불렀다.

"이 우산 꼭 돌려주어야 해."

그가 내게 건네준 것은 살 하나 부러진 비닐우산이었다. 그 후에 다시 돌아간다는 약속은 영영 지키지 못했지만 사흘의 짧은 만남이 철없는 풋사랑의 순정으로 남아 있기엔 너무 아쉬워서 비 오는 날이면 문득 문득 생각이 나고, 그가 부디 좋은 신랑감 만나서 행복하게 살기를 마음속으로 빌곤 했다.

안개 낀 장충단 공원

우산을 받아들긴 했으나 마땅히 갈 곳도 없었다. 자취할 쌀은 어디에다 버렸는지 기억도 없고 생활비까지 다 날려버렸으니 면목이 없어 인천엔 갈 수도 없고 어찌할까 망설이면서 그냥 무작정 걸었다.

한참을 살 부러진 비닐우산 속에 몸을 움츠리고 걷던 나는 깜짝 놀랐다. 어느덧 내 발길이 순목이네 집으로 향하고 있음을 깨달았기 때문이다.

"내가 왜 이리로 왔을까? 미친놈!"

스스로를 원망하면서 발길을 돌리려고 하는데 생각나는 곳이 있었다.

"그렇지. 그곳을 깜박했구나."

까마득히 잊었던 집을 찾은 것처럼 달려간 곳은 내가 순목이네 집에서 생활할 때 자주 공부하러 갔던 계림극장 뒷골목에 있는 도서관이었다.

"너 그동안 어디 갔었는데 통 볼 수가 없었어?"

상민이가 내 어깨를 툭 치며 반갑게 맞이해 준다.

"공부는 잘하고 있어?"

상민이는 이 도서관에서 만난 친구다. 나에게는 재수를 한다고 했지만 그런 것 같지도 않았고 전부터 도서관에서 잠을 자면서도 공부는 하지 않고 빈둥대고 있었다.

"나 가정교사 하던 집에서 나왔어. 마땅히 갈 곳이 없는데 너와 함께 지냈으면 해서 찾아왔어."

"그래, 잘됐다. 그동안 친구가 없어 심심했는데. 잠시 기다려."

그는 내 도서관비 한 달치를 주인에게 내더니 오랜만인데 한잔 하러 가자고 하면서 내 손을 잡아끌었다. 나중에 안 일이지만 그는 이곳 도서관에서 잠을 자면서 어린 학생들 돈을 갈취하여 생활하고 있는 고아였다.

그러나 어쩌랴! 나도 갈 곳 없는 신세는 다를 바 없어 상민이와 같이 그날부터 밤에는 도서관 신세를 지고 낮에는 할 일 없이 30원짜리 자장면으로 배를 채우고 장충단 공원 벤치신세를 지는 꼴이 되었다.

'안개 낀 장충단 공원 누구를 찾아 왔나. 낙엽송 고목을 말없이 쓸어안고 울고만 있을까…….'

우리들 신세가 영락없이 배호가 부른 유행가 가사의 주인공인 것 같았다. 지금도 가끔 배호의 '안개 낀 장충단 공원' 노래를 부르며 그때 그 시절을 회상하곤 한다.

운명은 기구한 것이라고 설명을 해야 옳은 것 같다. 신은 그 생활이

오래 가도록 우리에게 허락하지 않았다.

  십여 일이 지난 어느 날 밤, 도서관에서 이불을 잃어버리는 사건이 발생했다. 도서관 주인은 우리를 의심하여 계림극장을 무대로 삼고 있는 주먹패들에게 우리를 도서관에서 내쫓아달라고 부탁했다.

  우리는 이들 십여 명에게 끌려가 죽지 않을 만큼 매를 맞고 나서 결국 도서관에서 쫓겨났다. 갈 곳이 없던 우리들은 신당동 사거리에 있는 도서관으로 무대를 옮겼지만 낯선 곳에서 정착하기가 여간 어려운 것이 아니었다.

가지고 있던 만년필은 물론 입고 있던 옷까지 모두 팔기 시작했다. 자장면 한 그릇 먹을 돈도 없어 왕십리까지 내려가 광무극장 앞 포장마차에서 파는 10원짜리 식빵 한 개로 하루 끼니를 대신하기도 했다. 그나마도 여의치 않을 때는 하루 종일 굶고 하루를 보내야 하니 참담하기 그지없었다.

"이러다가 굶어 죽겠어. 종삼 똘마니로라도 갈까? 내가 그곳 형들 잘 아는데."

상민이는 그곳에서 어린 시절을 보내어서 주먹패들을 잘 안다고 했다.

"나는 안 가! 갈 테면 너나 가거라."

다 큰 놈이 똘마니 하기는 자존심이 허락을 하지 않았다.

"먹고살 길이 없는데 그럼 어떻게 해? 우리 오늘 여기서 헤어지자."

"그래, 그렇게 하는 것이 좋겠어."

그와 헤어진 나는 인천으로 발길을 돌렸다. 내리쬐는 여름 햇볕에 허기진 몸은 균형을 잃었고 아스팔트에서 내뿜는 열기로 목은 타들어 갔다.

새벽 동이 틀 무렵 서울운동장을 출발했는데 해질녘에야 인천에 도착할 수 있었다. 길거리에서 대학에서 사귄 친구를 만났다. 그동안 왜 학교에 나오지 않았느냐고 묻는 말에 짜증도 났지만 그가 사준 막걸리 두어 사발에 허기는 면할 수 있었다.

자정이 가까워질 무렵이 돼서야 내가 생활하던 자취방으로 돌아갔다. 병헌이는 나를 기다리다 못해 시골로 내려가 버리고 옆방에서 자취를 하는 중학교 동창 이문제가 우리 방을 지키고 있었다.

"네가 보낸 편지를 받고 걱정 많이 했다. 왜 그리 못난 짓만 골라서 하니. 어찌됐건 살아서 돌아와 반갑다."

"미안하다. 문제야! 죽지도 못하고 병신처럼 살아서 다시 왔구나."

이제 먹을 쌀도 없으니 어쩔 수 없이 그의 신세를 질 수밖에 다른 도리가 없었다. 그는 내 마음을 안정시켜 주려고 당구장도 데리고 가고 바둑도 같이 두면서 나에 대한 배려를 아끼지 않았다. 그의 도움으로 나는 차츰 심리적인 안정을 찾아가고 있었다.

이 일로 인해 병헌이와는 연락이 두절되어 버렸다. 병헌이가 중앙일보 광고부에 근무한다고 연락을 해 온 것은 그로부터 십여 년이 지난 후였다. 다시 만나는 기쁨이야 이루 말할 수 없었지만 그에게 너무 큰 죄를 짓고 사는 것 같아 얼굴을 바로 들지 못했다.

그가 나를 시골에 보낸 것은 가족들을 만나면 마음이 좀 안정될까 하는 배려였는데 그런 그의 심정은 모른 채 엉뚱한 사고만 쳤으니 그럴 만도 하다. 지난 8월에 다시 만난 우리는 옛날이야기로 꽃을 피우다 지금도 그때 그 일을 못내 아쉬워하는 그의 말을 듣고 더욱 미안한 생각이 들어 어쩔 줄 몰라 하면서 그냥 웃고 넘겼다.

폭염이 기승을 부리는 여름날 2학기 등록금을 벌겠다고 인천 송도 해수욕장을 찾아갔다. 그곳에서 피서객들에게 돗자리를 깔아주고 자릿세를 받는 소위 돗자리 임대를 하게 되었는데, 내가 하는 일이란 게 휴일은 개당 칠십 원, 평일은 육십 원에 손님들에게 자리를 깔아주고 개당 일할을 수당으로 받는 것이었다.

자본금이 전혀 들지 않는 데다 햇볕이 쨍쨍 내리쬐는 날은 피서객도 많아 제법 돈벌이가 되었다. 천 원 이상 수당을 받는 날도 있어 등록금 마련하는 일이 수월할 것 같아 얼굴이 새카맣게 타고 등에는 물집이 생겨도 힘든 줄 몰랐다. 또 돗자리 깔아주는 놈이라고 옆집 미운 강아지

취급을 해도 세상구경 참 잘한다고 웃어 넘겼다.

  그러나 객지에서 돈 버는 일이 그리 쉽지만은 않았다. 그해는 유난히 비가 많이 와서 공치는 날이 많았다. 그런 날에는 할 일 없이 먹고 자는 지루함과 사람대접 못 받은 서러움을 술로 달래느라 그동안 벌었던 돈을 술판에 쓰고 나면 남는 것이 얼마 없었으니 꼭 하루 품팔이로 생활하는 노가다 인생과 흡사했다.

  "등록금이라도 벌려고 그토록 애를 썼는데 꼴이 뭐람."

  방학이 끝나갈 무렵에 계산을 해보니 등록금이 턱없이 모자랐다. 구할 길도 막막하고 속이 상해 그길로 하던 일 팽개쳐버리고 시골행 열차에 몸을 실었다. 열차는 서울을 빠져나와 푸른 들판을 지나는가 싶더니 어느새 원주를 지나 치악산 밑을 뚫은 기나긴 터널을 통과하고 있었다.

  내 꼴이 우스웠다. 모래성 위에 사다리를 세우고 그래도 하늘을 올라가겠다고 희망의 꿈을 품다가 조그만 자존심 하나 때문에 천길 낭떠러지로 곤두박질치고 있으니 말이다. 스스로 내동댕이친 인생이니 누구를 원망할 수도 없었다. 이제는 나를 도와줄 사람이 아무도 없을 것 같은 이 터널의 끝은 과연 어디란 말인가?

  죽고 싶어도 죽을 수 없는 세상! 행복하게 살고 싶은 꿈도 결코 허락하지 않는 운명! 어이가 없는 세상이었다. '이 풍진 세상을 만났으니 너의 희망은 무엇이냐, 부귀와 영화를 누렸으면 희망이 족할까. 푸른 하늘 밝은 달 아래 곰곰이 생각하니 세상만사가 춘몽 중에 또다시 꿈같도다. ……' 애써 희망가를 중얼거려 보았지만 내 귀를 울리는 것은 터널 속에서 숨이 차서 헐떡이는 기차 바퀴소리뿐이었다.

술 취한 인생

제천에 도착해서도 나는 집으로 가지 않고 시내에 있는 원각사를 찾았다. 원각사는 고등학교 동창인 창호의 아버지가 주지스님으로 운영하는 절이었다.
"너 이놈 어쩐 일이냐?"
"주지스님 뵈러 왔습니다."
"학교에서 공부는 잘하고?"
창호는 개학 준비를 한다고 일찍 청주로 떠나고 없는데도 스님은 나를 반갑게 맞아 주었다. 스님과 마주앉은 나는 어려운 형편을 이야기하고 그곳에 있게 해달라고 간청을 했다.
"너 서울 가서 고생 많이 했구나. 여기서 좀 쉬면서 복학할 궁리나 해."
스님은 불당 옆에 있는 방 하나를 나에게 내어주면서 애들이라도 몇 명 가르치라고 했다. 이른 새벽 목탁소리에 잠을 깬 나는 온갖 번뇌에 시달림을 당하느니 차라리 중이 되고 싶은 충동이 일었다.

"스님, 제가 이곳을 찾았을 때는 스님의 가르침을 받으려고 큰 결심을 하고 찾아 왔습니다. 저를 어여삐 여기시어 제자로 받아 주십시오. 열심히 수련하여 부처님의 뜻을 전하는 훌륭한 불제자가 되겠습니다."

"이놈아, 세상에 한을 품은 놈이 머리 깎고 중이 된다고 달라질 게 뭐 있겠어. 그리고 어떻게 중생들에게 부처님 말씀을 전하고……. 내 말대로 애들 가르쳐서 내년에 복학할 생각이나 해. 가르칠 신도들 자녀 몇 명 구해 줄 테니. 쯧쯧, 못난 놈."

스님은 혀를 차며 야단만 치는 것이 허락할 생각은 추호도 없는 것 같았다. 그래도 며칠을 쫓아다니며 사정을 해 보았지만 그의 대답은 한결같았다.

"네가 갈 길이 아니다. 길이 아니면 가지 말라 했느니라."

끈질기게 졸라대는 내가 귀찮았던지 나중에는 아예 들은 척도 하지 않고 신도들의 자녀들을 불러 나를 소개시키는 바람에 중이 되겠다는 생각은 일단 접기로 했다.

신도 자녀들 과외공부를 시작했으나 이미 가슴속 깊이 박힌 상처는 아물어들기는커녕 점점 더 깊어가는 듯했다. 문득 떠오르는 순목이 집에서의 추억들. 차려 놓은 밥상을 걷어차 버리고 스스로 굶기를 작정한 놈. 어렵고 힘든 일 겪으면서도 앞만 보고 달리던 용기와 기백도 다 팽개쳐 버린 놈. 무엇이 나를 이렇게 만들었는지 분하고 원통했다.

이 잘난 세상에 사는 모두에게 반항하고 싶고, 온통 뒤집어엎고 싶다가는 금세 또 다 잊어버리고 생각 자체를 없애버리고 싶었다. 심한 자괴감에 빠진 내 머릿속은 엉클어진 머리카락처럼 뒤죽박죽 엉망이었다.

"그래 잊어버리자. 아니 머릿속에 있는 모든 생각을 없애버리자."

밖으로 뛰쳐나가 백조 담배를 몇 갑 사왔다. 처음으로 태우는 담배를 한 번에 한 갑을 다 빨아드리곤 연기에 취해 정신을 잃었다. 몇 시간 후에 정신이 돌아온 나는 또 쉴 새 없이 담배연기를 빨아 마셨다. 그리고 또 쓰러지고…….

몇 번을 반복하다 보니 담배연기 도움으로 기억을 마비시키려 했던 내 계획이 어리석었음을 깨달아야 했다. 사십 년이 지난 지금까지 하루 두 갑 이상 피우는 애연가를 만들어 준 것 외에는 아무런 소득이 없었다.

그렇다. 술이다! 술은 마시면 취하고 너무 많이 취하면 기억이 없어져 버릴 것 같았다. 나는 기억이 없어질 때까지 술을 뱃속으로 우악스럽게 퍼 넣기 시작했다. 그런데 이상하게도 몸은 지쳐 거동이 부자연스럽고 고통은 따랐지만 생각은 기억하고 싶지 않은 옛날이 더욱더 떠올라 괴로움이 더해만 가는 것이 아닌가.

미친 듯이 퍼 마셨다. 그러나 소용이 없었다. 마신 것만큼 고통이 늘어가는 것이다. 이미 학생들에게 선금으로 받은 강사료를 술로 다 마셔버린 지도 오래였다. 휘청거리는 몸을 가누지 못하고 무작정 시내를 돌아다니다 길모퉁이에 쓰러져 잠이 들었다. 그날 이후로 스님의 따뜻한 보살핌도 잊어버리고 원각사로는 영영 돌아가지 않았다.

길거리에서 동일이를 만났다.

"야, 윤신아 오래만이야. 너 꼴이 그게 뭐냐?"

"사는 것이 영 재미가 없어서 그래."

"너 나 닮아가는구나. 그렇게 착하던 놈이……."

동일이는 고등학교 3학년 때 같은 책상에서 공부하던 짝이었다. 그는 아버지가 정육점과 식당을 같이 운영하여 남부럽지 않게 살았지만 늘 아버지의 직업이 불만이었다. 그 당시만 해도 직업의 귀천을 많이 따지던 시절인지라 자신의 처지를 비관하여 친구들과 어울리는 일이 없는 외톨이였고 옆에 앉은 나만 유일한 친구이자 동반자로 생각하고 있었다.
　그의 손에 이끌려 식당으로 들어서자 그의 아버지와 어머니가 반갑게 맞아 주었다.
　"너 우리 집에 있으면서 동일이 동생들 공부 좀 가르쳐 주지 않겠니?"
　내 사정이야기를 듣고 있던 동일 어머니가 아이들을 가르쳐 달라고 부탁했다.
　"예, 어머니. 그렇게 하겠습니다."
　마땅히 갈 곳도 없는 신세인지라 이곳에 있기로 마음먹었다. 그러나 공부 가르치는 일은 뒷전이고 그날부터 동일이와 어울려 다니며 주색잡기에 흐르는 세월을 보내었다.
　"언니, 여기 안주 한 사라 더!"
　목청을 높인 술집 색시의 안주 시키는 소리가 요란하게 들렸다.
　"찬바람 부는 날도 비 오는 날도, 허리띠 졸라매고 말고삐 잡고 땀방울에 얼룩진 인생의 역로……."
　상다리가 부러져라 두들겨 대는 젓가락 장단에 맞춰 제법 불러대는 동일이의 목소리는 언제 들어도 구성지다.
　"야! 이년들아, 술 한 되가 왜 이렇게 작아, 주전자에 반도 안 채워 있잖아. 술 더 담아 가지고 와!"
　문고리에 매달린 찌그러진 주전자를 탁탁 치면서 소리치는 옆방 주정꾼들의 고함소리다.

"예, 지금 갑니다. 가요!"

주방주모의 대답이 시원스럽다.

"누가 만든 길이냐 나만이 가야할 슬픈 길이냐……."

건넌방에서 구슬픈 노래 소리가 들리는가 싶더니 끝맺지도 못하고 여인네의 흐느끼는 소리가 처량하게 들렸다.

자신의 신세가 들국화 노래가사와 너무 흡사해 북받치는 설움을 주체할 수 없어서 목 놓아 통곡하고 싶었는지도 모른다.

"야 이년아, 청승맞게 울긴 왜 울어. 네 서방 눈 뜨고 이렇게 시퍼렇게 살아 있는데, 따라와!"

세상도 술과 함께 취해버린 주막집의 밤 풍경은 가관이었다. 우리는 술에 취한 채 거리를 헤매기도 하고 술집 여인네들과 몸을 뒹굴기도 했다.

***

흰눈이 쏟아지던 어느 겨울밤 며칠 만에 우리는 집으로 돌아왔다.

"얘들아, 난 어이가 없어서 할 말이 없구나. 어떤 처녀가 나를 찾아와 이 아이가 글쎄 동일이 네 아들이라고 잘 키워 달라고 하면서 사정 물어 볼 사이도 없이 울면서 도망치더구나. 내 무슨 팔자가 돼서 장가도 안 간 아들한테서 손자를 본단 말이냐……."

보자기에 싸인 갓난아기를 안고 서 있는 동일이 어머니는 말끝을 맺지 못하고 긴 한숨을 내쉬었다.

"어떤 년이 내 아들이라고 그래?"

소리를 버럭 지르면서도 동일이는 강보에 싸인 아이 얼굴을 내려다보고 있었다. 내가 보아도 콧날이 오똑하고 눈을 감은 듯한 실눈으로 웃고 있는 아기의 모습은 동일이를 꼭 빼닮았다.

"아니야! 내 아이가 아니야!"

미친 듯 부르짖으며 동일은 밖으로 뛰쳐나갔고 나는 그의 뒤를 따랐다. 이틀 동안을 쉴 새 없이 술을 마셨나 보다. 조금은 정신이 몽롱해진 상태로 그는 혼자 중얼거렸다.

"세상 살기 힘든데 혹 하나가 굴러 들어왔구먼. 안 돼 절대로 안 돼."

"어디 가니?"

"기다려. 혼자 다녀올 곳이 있으니, 금방 갔다 올게."

그는 자리를 박차고 벌떡 일어나 밖으로 뛰어 나갔다. 그것이 그와의 마지막이 될 줄은 미처 생각하지 못하고 마냥 그를 기다리며 술을 마시고 있었다. 며칠이 흘러도 기다리던 그가 오지 않아서 그의 집을 가 보았다.

못난 행동으로 가족에게 걱정을 끼쳐드려 죄송하다는 말과 태어나지 말아야 할 생명을 태어나게 한 아버지로서 저세상에서라도 잘 키우고 싶어 아이와 함께 세상을 하직한다는 유서를 남기고 아기와 함께 저세상으로 떠나버린 뒤였다.

가족과 함께 그들을 양지바른 쪽에 묻고 나서 며칠 후에 나는 그의 무덤 앞에 찾아가 술을 따라 놓고 주거니 받거니 술을 마셨다.

"야! 이 새끼야! 너만 혼자 가면 어떻게 해!"

원망도 해 보았으나 그는 말이 없었다.

"불쌍한 자식! 너 세상에서 못 이룬 꿈 그곳에서 다 이루거라. 그리고 행복하기를 빈다!"

나는 불현듯 화가 치밀었다. 세상 살려고 발버둥치는 이 불쌍한 인생들을 무심하게 팽개쳐버리는 현실을 이해할 수가 없었다. 세상이 나를 버리는데 나라고 너를 버리지 못할 까닭이 무엇이냐? 차라리 내가 먼저 세상을 팽개쳐버리자! 아니 미쳐 버리자! 그 자리에서 나는 미치기로 작정했다.

미쳐 있는 나를 보고 어떤 사람은 손가락질하고 어떤 사람은 불쌍하게 생각하겠지만 나는 그것을 느끼지 못할 것이니 남들 의식 안 해도 되고 오직 나 혼자만의 영역에서 울고 웃으며 사는 세상 만들 수 있을 것이다. 그렇다! 왜 진작 그런 생각을 하지 못했을까?

그의 무덤을 다녀온 후부터 나는 절대로 남을 의식하지 않기로 작정하고 그냥 하고 싶은 대로 행동하기 시작했다. 이발과 면도를 하지 않아 꾀죄죄한 얼굴에 담배는 두 개비씩 한꺼번에 물고 다니는 꼴이란 차마 눈뜨고 보기가 민망할 정도였으니 지금 생각하면 쉽게 상상이 가지 않을 정도였다.

그 꼴에 운동으로 단련된 체력과 세상에 대한 원망을 주먹에 모두 모아서 날리는 펀치는 괴력을 발휘하기에 충분했다. 대학교 마크를 달고 다니는 자는 선후배를 가릴 겨를도 없이 날아든 내 왼손 주먹에 턱을 맞고 몇 분 동안 의식을 잃고 누워 있는 수모를 당해야 했다.

세상이 다 내 것이었다. 술집에서 술을 먹으면 빨리 떠나 주는 것만으로도 주인이 고맙게 생각했다. 시내에서 역전까지 즐비하게 늘어선 포장마차에서 새벽녘까지 술을 마시다 역전의 여인숙 신세를 지는 날이 날로 늘어만 갔다.

주먹들이 사는 세상은 이상한 곳이었다. 그들은 내 미치광이 행동을 실전 경력으로 인정이나 하듯 그들의 세계로 나를 끌어들이는 데 인색하지 않았다. 그들과 어울려 다니며 외상술에 취해버린 쓸모없는 인생살이에 때와 장소를 가리지 않는 주먹자랑은 보는 사람들의 눈살을 찌푸리게 했으니, 경찰 생활 삼십 년이 훨씬 넘은 지금 돌이켜 보면 인간이기를 거부했던 그 쓰라린 과거가 씻을 수 없는 오명으로 지금까지 남아서 지금도 나의 가슴을 아프게 하곤 한다.

어느 날 평소처럼 술 취한 몸을 비틀거리며 담배를 두 개비 물고 하늘을 향해 연기를 뿜어내고 있을 때였다.

"윤신아!"

어깨를 툭 치며 큰 소리로 나를 부르는 소리에 뒤돌아보니 영진이었다. 영진이는 초등학교 동창생으로 홍천에서 이발소를 운영하고 있었다. 그는 나를 물끄러미 바라보더니 내 손을 잡아끌고 다방으로 들어갔다.

"나는 네가 서울에서 공부 열심히 하는 학생인 줄 알았는데 고향에서 들리는 소문이 이상하더라. 너 왜 그렇게 변했니? 그 착하고 공부 잘하던 옛 모습은 어디로 가고 이 꼴이 되었어."

"……"

"너 제천 있으면 안 되겠다. 나하고 같이 홍천으로 가자. 그곳에 가면 내가 너 있을 만한 곳 알아볼 테니."

딴청 부리는 나를 설득하느라 애를 쓰는 그의 모습이 애처롭기까지 했다. 그날 밤 여인숙에서 긴 이야기로 밤을 지낸 나는 그를 따라 홍천으로 발길을 옮겼다.

살아있는 상록수(내 인생에 꿈을 담아)

　　노천에서 아이들을 가르치던 때에 재건중학교에서 나는 허남교 선생을 만났다. 그는 내가 경찰생활을 30년 넘게 주민들 속에서 함께할 수 있도록 나를 이끌어준 살아 있는 상록수였다.

　　영진이의 소개로 홍천에서 이재석 씨를 만났다. 지금은 고인이 되었지만, 당시 그는 재건 국민운동본부 강원도 사무국장을 역임하면서 홍천지역에서 '재건중학교'를 운영하고 있었다.

　　재건중학교는 농촌지역에서 초등학교를 졸업하고 가정형편이 어려워 중학교에 진학하지 못한 아이들에게 중학교 과정을 가르치는 야학당이다.

　　"만나서 반갑구려. 영진군에게 선생 이야기 많이 들었소. 자원해서 우리 지역에 어려운 학생들을 돕겠다니 정말 고맙소. 보수는 줄 수 없는 형편이고 선생이 모자라 각 지역에서 아우성인데 선생을 만나니 사막에서 오아시스를 찾은 기분이구려. 고생이 되겠지만 좀 도와주시오. 부탁드립니다."

 금테 안경 너머로 힐긋 나를 훔쳐보는 그의 눈길이 조금은 건방지게 느껴질 정도로 자신이 넘치는 얼굴이었다.

 "최 선생, 이리와 인사하시오. 그리고 동면에서 선생님이 필요하다고 연락 왔었지? 선생님 한 분 오셨다고 기별을 하게."

 "그렇지 않아도 오늘 동면 허 선생이 사무실에 온다고 했는데 잘 되었네요."

 최 선생이란 사내는 자리에서 일어나 나에게 인사를 청했다. 때를 맞추어 출입문이 열리면서 서른 살 가량 되었을까 한 재건복 차림을 한 사람이 들어왔다.

 "허 선생, 오래간만이요. 마침 잘 왔구먼. 허 선생 학교에 지원한 박 선생님이시오. 인사 나누시고 오늘 당장 모시고 가면 되겠네."

 나를 소개시키는 이재석의 얼굴엔 웃음이 넘쳤다. 허 선생과 나는 인사를 나누고 곧장 그곳을 나와 버스를 타고 학교가 있는 곳으로 향했다.

 우리를 태운 시외버스는 홍천터미널을 출발하여 동면 소재지를 지나서도 한참이나 오솔길을 덜커덩거리며 흙먼지를 뒤집어쓰고 달린 후에야 노천1리라는 간판이 붙은 작은 마을에 도착했다.

 사방을 둘러보니 마을 옆으로 작은 냇물이 흐르고 주변에 제방을 따라 펼쳐진 논이며 산허리 밑으로 파릇파릇 움트고 있는 보리밭과 함께 군데군데 자리 잡은 초가집들이 내가 살던 고향과 너무도 흡사했다.

 허 선생이 운영하는 재건학교에서는 초등학교 교실을 빌려 야간에 남폿불을 켜놓고 중학교 진학 못한 마을 아이들에게 중학교 과정을 가르치고 있었다.
　재건중학교를 설립한 그는 이 마을 이장 집 외아들로 태어나 서울에서 고등학교를 졸업하고 택시운전을 하다가 뜻한 바 있어 고향으로 돌아와 이서기(이장 보조업무)를 하면서 지금의 재건학교를 설립했다.
　6·25전쟁 때 아버지가 인민군에게 반동분자로 몰려 총살을 당하여 그는 홀어머니 밑에서 고등학교를 졸업했고 그의 어머니는 홀로 농사를 지어서 아들을 고등학교까지 졸업시켰으니 시골에서는 보기 드물게 깨인 어머니셨다.
　게다가 손녀만 다섯씩이나 있어 집안에 남자라곤 아들 하나밖에 없음에도 불구하고 집안일은 거들떠보지 않는 아들을 원망하는 일 없이 늘 웃음을 잃지 않으셨다. 정말로 존경받아 마땅한 장한 어머니시라 생각되었다.
　짐이라야 칫솔 하나 달랑 내려놓은 것이 전부이긴 했지만, 나는 허 선생의 집 사랑방에 짐을 풀었다.
　허 남교 선생!
　그는 살아 있는 상록수였다. 자신의 꿈도 있었을 법한데 오로지 시골에서 고통 받는 아이들을 위해 자신을 희생하면서도 말없이 꿋꿋하게 살아가는 그가 존경스러웠다.
　재건학교에서 아이들과 식목일을 맞았다. 농촌지역인 이곳에서는 나무를 마땅히 심을 곳이 없어서 우리들은 개울가에 나무를 심기로 했다.
　"박 선생, 이 나무가 잘 자라 주면 얼마나 좋을까?"
　"이렇게 정성을 드리는데 잘 자라겠지요."
　"잘 자라만 준다면 이 나무 덕에 장마 때가 되어도 제방이 무너지지 않아 좋을 테고, 또 누군가가 집짓는 목재로 요긴하게 쓸 텐데……."

넌지시 던진 그의 말에 시냇물도 감격했는지 졸졸 소리 내어 웃고 있었다. 허 선생은 칠순을 넘긴 지금도 딸에게 물려준 유아원에서 스쿨버스를 운전하면서 아이들에 대한 열정을 버리지 않고 있다.

내가 세상을 살아오면서 마음속으로 존경하고 스승으로 삼고 있는 사람이 셋이 있는데 치과원장이셨던 최희종 박사님, 가나안농군학교 교장 김용기 장로와 함께 허남교 선생을 포함시키는 데 조금도 부족함이 없었다.

허 선생과의 만남은 방향 없이 긴 터널을 헤매던 내 마음속에 어둠을 뚫고 들어온 한줄기 빛이었다.

노천리에 온 첫날 나는 저녁을 먹고 학교로 출근하기 위해 허 선생과 집을 나섰다. 노천리 소재지 장터를 지나서 개천을 따라 걷다 보니 소나무 숲에 가려진 운동장 사이로 학교 교실에서 흘러나오는 불빛이 보였다. 아직은 춘삼월이라 얼굴을 스치는 밤바람이 제법 쌀쌀했다.

교실 문을 열고 들어서니 아이들이 방금 농사일을 마치고 왔는지 옷은 땀에 젖어 있고 퀴퀴한 냄새가 교실을 진동하고 피곤한 듯 책상에 코를 박고 자는 아이들이 태반이었다.

천장에 매달린 남폿불 아래 보이는 학생들의 수가 사십 명은 넘는 듯 보였는데 그중에는 초등학교를 갓 졸업한 애들과는 달리 기골이 장대한 청년 모습의 학생도 보였다.

"야 모두 일어나! 선생님 오셨다!"

반장인 듯한 아이가 소리를 질러 아이들을 깨운다.

"차렷. 선생님께 경례!"

"안녕하세요!"

언제 졸았냐는 듯이 인사를 하는 목소리가 교실을 울려 퍼진다.

"오늘은 우리학교에 경사스런 날이에요. 여기 새로 오신 박윤신 선생님을 소개하겠어요. 자! 모두 일어서서 인사하세요!"

"선생님 안녕하세요!"

아이들의 인사를 받으니 조금은 흥분이 되어 얼굴이 붉어졌다.

"박 선생님은 멀리 제천에서 여러분들을 지도해 주시겠다고 일부러 찾아오신 분이니 선생님 말씀 잘 듣고 열심히 공부하세요."

"우리 아이들 공부 잘 가르쳐 주세요. 잘 부탁드립니다."

소개를 마친 허 선생이 나를 보고 꾸벅 인사를 하자, "와~아~!" 교실이 떠나갈 듯한 아이들의 함성소리와 함께 박수로 나를 환영해 주었다.

이곳은 선생이 모자라 1, 2학년이 함께 공부를 하고 있는 실정이었다. 선생이라고는 나를 포함해 교장인 허 선생과 면사무소 직원인 김영신, 초등학교에서 자원한 두 사람, 모두 다섯이었다.

어려운 농촌인지라 농사일이 바쁜 계절이면 반수 이상이 결석을 하여 수업이 정상으로 이루어지지 않고 있었다. 어린 것들이 가난한 농촌에 태어나 진학을 못했는데 그래도 배우고 싶은 마음과 열성이 가상해 나는 이들을 위해서는 무엇이든 다 하겠다고 생각했다.

불행한 인생은 나 하나로 족하고 절대로 이들에게 물려주어서는 안 된다. 어려웠던 나의 학창시절을 생각하면서 이들에게는 희망을 주어 옛날이야기 하며 살아갈 수 있는 행복한 길을 열어주어야 하겠다고 각오를 하고 또 했다. 그날부터 나는 학생들을 위해 혼신의 힘을 다하기 시작했다.

1학년 학생들은 대부분 막 초등학교를 졸업한 학생들이라 일찍 등교해서 공부할 수 있도록 하고 2학년 학생들은 농사일을 돕는 학생이 많아 저녁 늦은 시간으로 분리해서 각각 능력에 맞게 가르쳤다.

나는 수학, 물리, 역사 세 과목을 맡아 1, 2학년 전체를 가르치다 보니 눈코 뜰 새 없이 바쁘게 하루를 보내야 했다.

1학년 수학시간에 학생들과 문제를 풀고 있을 때였다. 교실 문을 두드리는 소리가 들리고 복도에 젊은이 몇 명이 눈에 띄었는데, 어떤 사람은 지게 작대기를 질질 끌면서 복도를 서성이고 있고 몇 명은 몽둥이를 뒤로 감추고 교실을 기웃거리고 있었다.

"공부하려고 왔습니까?"

"선생이슈? 어디서 왔수?"

"그렇소. 내가 선생이요. 어디서 온 것은 왜 물어봅니까?"

"애들 공부하는 것 구경 왔는데 안 됩니까?"

"당신 동생들이 공부하는데 구경할 게 뭐가 있습니까? 공부 방해하지 말고 얼른 가시오!"

이들 하는 짓거리가 나에게 시비를 걸려고 온 것이 틀림없다고 생각한 나는 교실 문을 쾅 닫아버렸다.

"별 싱거운 놈들 다 보겠네. 내 원 참."

그들은 창문 사이를 기웃거리더니 이내 돌아갔으나 수업이 끝나도록 내 마음이 편치 않았다. 집으로 돌아가는 길은 주위를 분간할 수 없을 정도로 캄캄했다.

"가는 길에 혹시 놈들이?"

길을 나서니 갑자기 무슨 일이 일어날 것 같아 나도 몰래 두려운 마음이 들었다. 남폿불을 비추면서 학생들에게 둘러싸여 집에 돌아와서야 안도의 한숨을 내쉬었다.

그로부터 며칠이 지난 후 감기 몸살에 걸려 누워 있는데 주막거리에 모인 동네 청년들로부터 초청을 받았다. 내가 좋은 일 하러 동네 왔으니 환영하는 뜻에서 술을 대접하고 싶으니 꼭 나오라고 연락이 왔다. 말은 그럴 듯하지만 동네에 들어온 신고식을 받겠다는 속셈을 내가 모를 리가 없었다.

"불쌍한 아이들 도와주러 온 나에게 신고를 받아! 혼 좀 나 봐야 정신을 차릴 놈들이야."

못마땅한 마음으로 집을 나서니 밖에는 봄비까지 부슬부슬 내려 마음이 더욱 울적해졌다. 주막집 방문을 열고 들어서니 술상을 길게 놓고 앉은 동네 청년 숫자가 스무 명은 족히 넘어보였다.

만일의 사태에 대비하기 위해 문을 뒤로 두고 앉아서 한 잔씩 돌리는 술잔을 사양하지 않고 다 받아들다 보니 아픈 몸에 바로 취기가 돌았다. 장소가 좁은 방에서는 내가 불리하다고 느낀 나는 밖에서 이 못된 놈들 혼을 내주겠다고 생각했다.

"나 화장실 좀……."

밖으로 나와서 호흡을 가다듬을 때였다. 길 건너 이발소에 서성이는 한 놈이 눈에 띄었는데 며칠 전 학교에 찾아와 내게 시비를 걸던 놈이었다.

"야! 너 잘 만났다. 네놈이 학교에 찾아와 행패 부리던 놈 맞지?"

이발소로 뛰어든 나는 다짜고짜로 그의 턱에 왼손 주먹을 힘껏 날렸다. 턱을 맞고 쓰러지는 그를 일으켜 세우고 면도칼을 그의 목에 댄 것은 눈 깜짝할 순간이었다. 그는 공포에 질린 창백한 얼굴로 온몸을 부르르 떨고 있었다.

"야 이 새끼야! 꼼작 마! 움직이는 순간 네 목은 날아가 버릴 줄 알아!"

소리치는 내 목소리를 들었는지 주막집에서 동네 청년들이 우르르 몰려나왔다. 이발소로 건너오려던 그들은 목에 칼을 들이대고 있는 내 모습을 보고 놀란 표정으로 그 자리에 꼼짝 못하고 서 있었다.

연락을 받고 황급히 달려온 허 선생이 나를 설득해서 다행히 더 큰 불상사는 없었지만 그 사건 이후로 동네 청년들은 나를 상전 모시듯 했다.

그날 일은 금세 소문을 타고 동면지서에까지 알려져 지서장이 직접 나를 찾아왔다.

"자네가 저지른 행동이 살인미수라는 것 알고 있나?"

"몰랐습니다. 술 취한 김에 그만 …… 잘못했습니다."

"자네 교도소에서 몇 년은 고생해야겠어."

"용서해 주십시오."

"자네 제천고등학교 나왔지?"

"예."

"피해자가 다친 데가 없어서 다행이야. 앞으로 고향 망신시키고 다니지 말게."

다행스럽게도 그는 고등학교 7년 선배였고 내가 농촌지역 봉사활동을 하고 있다는 것을 알고 그 일을 문제 삼지 않았다.

초창기에 나는 학생들에 대한 열정이 너무 넘쳐서 결석하는 아이가 한 명만 생겨도 이튿날 어김없이 그 집을 찾아갔다. 하루는 공부 잘하는 봉호가 보이지 않았다. 점심을 먹고 나는 그의 집을 찾아 나섰다. 집 안에는 아무도 보이지 않는다. 한참을 걸어왔기 때문에 땀도 식힐 겸 툇마루에 걸터앉아서 담배를 꺼내 불을 붙였다.

"누구시유?"

지게를 벗어던지며 내게로 다가오는 것이 봉호 아버지가 틀림없어 보였다.

"안녕하십니까? 봉호 아버지 되시죠?"

"예. 그렇소만. 댁은 누구시유?"

"재건학교 박 선생입니다."

"그런데 어쩐 일로……."

"어제 봉호가 학교를 나오지 않아서 궁금해서 왔습니다."

"지금 농사일도 바쁜데 공부는 무슨 얼어 죽을 공부요? 그놈 학교 못 보내니 그리 아슈!"

"뭐야?"

"……?"

어리둥절해 쳐다보는 그를 보는 순간 나는 화가 머리끝까지 치밀어 올랐다.

"당신 아들 공짜로 공부시켜 주는데 왜 안 보내겠다는 거야?"

"뭐라고?"

"뭐긴 뭐야. 내일 봉호 학교 안 보내면 집에 불 질러 버릴 테니 알아서 해!"

"……"

그런 일이 있은 후로 동네에서는 나를 깡패선생이라고 이름을 붙여 주었다.

어느 날 학교에 출근해 보니 천장에 달려 있던 남포가 없어지고 불이 꺼진 캄캄한 교실에 아이들만 모여 있었다.

"누가 남포 떼어갔어?"

"……"

"왜 말들이 없어. 누가 그랬어?"

"저~ 학교에서 떼어갔데요."

"학교 누가?"

"민 선생이 천장 더럽혀진다고 그랬데요."

"뭐야! 지금 어디 있어? 이 새끼를 그냥……."

생각할수록 화가 치밀어 올랐다. 천장 더러워진다고 아이들 공부하는 남포를 없애버리는 놈이 선생자격이 있는지도 의심스러웠다. 알아보니 민 선생은 사십이 넘도록 진급도 못한 데다 성격까지 포악하여 교장선생도 못 말리는 안하무인이라고 한다.

"이 자식 만나기만 해봐라. 가만히 내버려두나."

나는 그가 일직을 하는 일요일 오전에 그를 찾아갔다. 마침 동료교사와 바둑을 두고 있는 그를 발견하고 다짜고짜 숙직실로 뛰어들어 바둑판을 걷어차 버렸다.

"민 선생이 어떤 새끼야!"

갑작스럽게 일어난 일에 그들은 당황하는 기색이 역력했다.

"무슨 일인지 모르지만 우리 앉아서 이야기로 합시다."

"너 몰라서 물어? 공부하는 교실 남폿불 다 없애서 애들 공부 못하게 하는 놈이 선생은 무슨 염병할 선생이야. 개만도 못한 놈이지."

"……"

"너 지금 당장 남포 제자리에 달아 놓지 않으면 오늘이 제삿날인 줄 알아!"

금방이라도 주먹이 날아갈 것 같은 내 행동에 기가 꺾인 것 같았다.

"알았소. 내가 잘못했소. 지금 등 달러 갑시다."

그는 황급히 앞장서서 교실로 향하고 있었다. 뒤를 따르며 이상한 듯 고개를 갸우뚱거리는 나에게 그는 말을 걸어왔다.

"박 선생이라 했던가요? 소문 들어서 잘 알고 있습니다. 어제 일은 정말 미안합니다."

"알고 있으니 다행이오."

"공부하겠다는 아이들 다 내 제자들인데 그놈들 가슴 아프게 한 것 같아 어젯밤 나도 마음이 편치가 않았습니다. 오늘 선생이 날 깨우쳐주어 얼마나 고마운지 모르겠어요."

잠시 말을 멈추고 걷던 그는 조심스럽게 나에게 다시 말을 건넸다.

"나도 내일부터 학교 수업에 나가면 안 될까요?"

"고맙습니다, 선생님. 그런 분인 줄도 모르고……."

"허락해주는 거죠?"

"내가 실수를 많이 했습니다. 용서해 주십시오."

"아니오, 내가 더 고맙지요."

"나보다 연배인 것 같은데 앞으로 형님으로 모시겠습니다."

그의 예상치 못한 행동에 나는 진심으로 감사를 표했고 우리는 형제처럼 가까이 지내게 되었다. 민 선생은 학생들 지도에 누구보다도 앞장을 서는 열의를 보여서 학교에 얼마나 보탬이 되었는지 모른다.

***

"어머니가 여길 어떻게 오셨어요?"

"이놈아 너 보고 싶어 왔지."

나는 얼른 어머니 손을 잡았다.

"어미한테 한마디 말도 없이 떠나는 놈이 세상에 어디 있어?"

"나 여기 있는 거 어떻게 알았어요?"

"영진이가 알려주더라. 얼굴이 전보다 많이 좋아졌구나."

깡마른 손으로 내 얼굴을 쓰다듬는 어머니의 표정이 전에 없이 평온

해 보였다.

"제천에 있을 때는 애원하는 어미말도 듣지 않고 그다지도 속을 썩이더니……. 이제는 마음이 편안한 모양이구나."

"어머니 내 얼굴 좋아졌어요?"

"그럼, 좋아지구말구!"

김치 하나뿐인 강냉이밥을 입속에 우물거리면서도 자식이 정신 차린 것을 보니 어지간히 안심이 되고 기쁜 모양이다.

"선생님, 내 자식 사람 만들어줘서 고마워유."

"제가 더 고맙지요. 박 선생 여기 온 후부터는 아이들이 더 열심히 공부하고 있는 걸요."

"우리 아들놈 원래 못된 놈 아니니 선생님이 잘 지도해주세유."

어머니는 내가 마음잡고 있는 것이 안심이 되셨는지 하룻밤 묵어가라는 허 선생 어머니의 간청도 뿌리치고 밥 몇 숟가락 뜨시더니 이내 떠나버렸다.

***

허 선생과 나는 기왕 내친김에 이곳에 학교를 세우기로 계획했다. 그래서 나는 학교운영을 모두 맡고, 외부일은 허 선생이 맡아 하기로 일을 분담했다.

아이들 중에는 남달리 공부 잘하는 아이가 몇 명 있어 이들을 그냥 시골에서 농사꾼이 되게 놔두기에는 너무 아쉬웠다. 생각 끝에 나는 빈집을 빌려서 그곳에서 이들에게 특별 과외를 시키기로 마음먹었다.

마침 학교에서 멀지 않은 새텃말에 집주인이 장터로 이사를 간 후 쓸모없이 비어 있는 빈집을 빌려 쓰기로 주인의 허락을 받았다.

부모들의 완강한 반대를 무릅쓰고 진통 끝에 공부 잘하는 1, 2학년 학생 10명을 선발하여 그곳에서 합숙을 하기 시작했다. 덮을 것과 먹을 것을 각자가 집에서 준비해오고 땔감은 함께 산에서 나무를 직접 해왔다.

어떤 어려운 일이라도 극복하고 꼭 고등학교 검정고시에 합격하겠다는 그들의 각오는 대단해 전투에 임하는 군인과 흡사했다. 야학 학교수업을 제외한 모든 시간은 이곳에서 보내야 했고 일체의 외출은 허락하지 않았다.

새벽 4시에 일어나 하루의 일과를 시작했다. 아이들 공부시간을 조금이라도 빼앗지 않으려고 세끼 밥은 내가 직접 짓는가 하면, 한눈이라도 팔면 나의 매서운 회초리가 용서를 하지 않았다. 항상 긴장감이 넘치는 방안의 분위기는 휴식 없는 전쟁터를 방불케 했다.

어느 날 밤 열두 시가 훨씬 넘어서 졸린 눈을 비비고 있을 때 밖에서 갑자기 '쿵' 하는 소리가 들려 깜짝 놀랐다.

"여기 있는 호랑이 잡으러 왔다! 나와라!"

공부에 정신을 팔고 있던 아이들이 놀라 몸을 움츠린다. 닫힌 문을 살며시 열고 밖을 내다보니 건장한 청년 하나가 물동이만 한 돌멩이를 마당에 던져놓고 비틀거리며 서 있었다.

"저 사람 누구냐?"

"재순이 아저씨 아니야. 왜 저러지?"

아이들은 하던 공부를 멈추고 우르르 문 쪽으로 달려온다.

"선생님, 저 아저씨 바로 개울 건너 바로 앞집에 살아요."

옆에 있던 종철이가 나에게 얼른 일러바친다.

"이 자식을 그냥!"

화가 치밀어 오른 내가 방문을 열고 나가려 하자 아이들이 내 팔을 잡는다.

"선생님 나가지 마세요. 아저씨 술 취했나 봐요. 저 아저씨 술 취하면 동네서 상대하는 사람이 없는 걸요."

"그럼 더 잘됐구나."

"저 아저씨 형이 이 집 빌려주었는데 선생님 싸움하시면 우리 쫓겨나는 것 아니에요?"

"저놈 박살을 냈다간 우리들 여기서 공부 못하겠는 걸."

나는 방 문고리를 잡은 채 그냥 웃고 말았다. 상황을 좀 더 지켜보기로 하고 우리는 밖의 동정만 살피고 있었다. 잠시 후 밖이 조용하여 나가보니 그는 어디론가 사라지고 없었다.

이튿날도 그는 같은 행동을 반복했고 며칠이 되도록 매일 밤 계속되었다. 그의 이름은 박재순이고 군 유격대 조교출신으로 힘이 장사여서 동네는 물론 홍천 시내에서도 이름이 널리 알려져 있었다.

열심히 기도를 하면 예수를 만난다는 주변이야기를 그대로 믿고 산속에서 열흘 동안이나 기도를 해도 소용이 없자 교회 담장을 부수지를 않나 예수는 거짓말쟁이이니 믿을 것이 못 된다고 동네방네 떠들고 다니는 고지식한 인물이었다.

그의 속셈을 알아볼 겸 우연히 마주친 것처럼 기회를 만들어 그를 만나는 데 성공했다. 주막집에 마주앉은 우리는 막걸리 사발만 꿀꺽꿀꺽 비울 뿐 한동안 말이 없었다.

"우리 친구합시다."

술기운에 내가 먼저 말을 건넸다.

"좋소, 그럽시다."

그는 기다렸다는 듯이 탁자에 놓였던 막걸리 사발을 들어 단숨에 들이켰다.

"그럼 우리 징표를 남깁시다."

"예?"

나는 그의 손을 잡고 내 손등과 그의 손등에 담뱃불을 비벼댔다. 그는 아픈 표정을 보이지 않으려고 애를 쓰는 모습이 역력했다.

"이제 변심하면 배신자요!"

"알았소. 이 양반 되게 독하구먼."

그날부터 그는 태도가 바뀌어 우리들 땔 나무까지 주고 아이들 공부에 지대한 관심을 갖기 시작했다.

아이들과 끝까지 함께하지 못한 것이 아쉬움으로 남지만 내가 떠난 후 그곳에서 공부하던 대다수 아이들은 검정고시에 합격을 했다.

현재 원주시청에 시민과장으로 근무하는 허천봉을 비롯해 울산 모기업의 생산과장으로 있는 김봉호, 홍천 농협 전무이사를 지냈던 박상학 등이 그들 대표적인 성공사례이다. 지금도 스승의 날이면 빠지지 않고 이들이 전해주는 안부전화는 내 가슴을 흐뭇하게 해주고 있다.

***

"박 선생, 구했어! 드디어 땅을 구했다구!"

서울에 갔던 허 선생이 기쁜 소식을 가지고 돌아왔다. 학교 세울 부지를 구하겠다고 이곳저곳 뛰어다닌 지 몇 달이 지나도록 아무런 성과가 없어 실망도 하고 걱정도 많이 했었다.

이번에는 국무총리를 만난다고 나간 지가 15일이 넘었는데 아무런 소식이 없어 또 틀렸구나 하고 낙담을 하고 있었다.

"땅을 구했다구요? 그게 정말입니까?"

"그럼 정말이구말구. 저 학교 옆에 있는 밭이 전매청 땅인데 그거 무상으로 받았어."

"선생님 고생한 보람 있네요. 이제 학교 건축할 일만 남았군요."

솔직히 나는 지금 일어나고 있는 일들이 꿈인지 생시인지 도무지 분간하기가 어려웠다. 이 소식을 들은 아이들은 기뻐서 어찌할 바를 몰라 했다.

"허 선생님 만세! 만세! 만세!"

학생들은 공부하던 책을 덮고 일어나서 허 선생을 들어 올려 헹가래를 치며 모두가 뒤엉켜 기쁨을 나누었다.

이튿날부터 모두가 한마음이 되었다. 어른들은 곡식을 갈아엎고 흙을 파내 대지를 만들고, 청년들은 흙벽돌을 찍어내는 일에 온 동네가 난리법석이었다.

모두가 한데 어우러져 누구 일이라고 가리는 것이 없었다. 우리들도 쉬는 시간에 틈틈이 개천에서 돌멩이를 날라다 마당에 쌓는 일을 게을리 하지 않았다. 모두 자기 일처럼 몸을 아끼지 않으니 일은 순조롭게 진행되어 갔다.

시작한 지 석 달도 되지 않아서 운동장 터를 다 닦아놓고 미리 기공식 날짜를 9월 초로 잡아놓았다. 기공식 날은 동네 사람은 물론이고 멀리 홍천 사람까지 초청하여 성대하게 거행했다. 나와 아이들은 축하객들에게 음식을 나누어주느라 눈코 뜰 새 없이 바빴다.

"이곳에 기둥을 세우고 흙벽돌로 벽을 쌓아올리면 멋있는 학교가 되겠지……."

운동장을 바라보며 나는 완성된 학교를 머릿속에 그려보았다. 흥겨운 잔치가 끝나갈 무렵 고향에서 동생(춘신)이 느닷없이 나를 찾아왔다.

"형, 군대영장 나왔어."

"뭐? 영장이 나왔다고?"

소스라치게 놀라며 나는 그에게서 영장을 낚아챘다. 영장에는 9월 10일 제2훈련소로 입소하라는 내용이 적혀 있었다.

"앞으로 열흘이 채 남지 않았군.……"

혼잣말로 중얼거리고 있는데 허 선생이 달려왔다.

"박 선생 영장이 나왔다고! 그게 정말이야?"

"네, 동생이 갖고 왔군요."

"박 선생하고 할일이 아직 많은데 군 입대라니 이것 정말 낭패인걸. 어떻게 한담?"

그는 긴 한숨을 몰아쉬었다. 소식을 듣고 달려온 학생들도 놀라기는 마찬가지였다.

"선생님 군대 안 가면 안 되나요?"

"남자라면 누구나 다 군복무를 필해야 사람이 되는 거야. 군에서 제대하는 날 바로 이리로 달려올 테니 걱정들 하지 마."

"선생님, 우리들 검정고시 합격할 때까지만 있어주세요."

"안 돼. 날짜를 어기면 영창 가야 돼."

"군대 가는 것만 애국인가요? 우리들은 어떻게 하라고…….”

울면서 매달리는 아이들을 두고 떠나자니 차마 발길이 떨어지지 않았다. 동생을 돌려보내고 나는 재순이를 찾아 나섰다. 이제 떠나면 언제 다시 볼지 모르니 그와 그냥 헤어지기가 너무 섭섭한 것 같아 술 한 잔 할 생각이었다.

마침 장터에서 그를 만나 우리는 곧장 목로주점에 자리를 잡았다.

"너 군대 간다며? 이제 고생문이 훤히 열렸다. 오늘 술 많이 먹어라.

군대 가면 먹기 어려우니. 오늘은 내가 살 테니."

"그래 오늘 한잔 하고 군대 가면 술 끊을 거다. 너하고 약속한 거 지켜야지."

"나하고 약속한 거 안 잊었구나."

벌써 두 달 전 일이었다. 재순이가 닭 한 마리 잡아놓고 나를 부른 것이 화근이었다. 술을 한 잔 두 잔 돌리다가 술 많이 먹는 내기가 붙어 사흘 밤낮을 퍼마시고야 헤어졌는데 집까지는 무사히 도착했으나 방문을 여는 순간 내가 들어설 공간이 없어져 버렸다.

한참을 허우적거리던 나는 그래도 어떻게 방엔 들어온 것 같은데 앉지도 눕지도 못하는 꼴이 되고 말았다. 술이 얼마나 취했는지 내가 서 있을 공간도 없는 허공에 매달린 몸뚱이였다. 애를 쓰다 쓰러졌는데 눈을 떠서 호롱불을 켜보니 밤 열한 시가 넘었다.

방을 둘러보니 벽을 쥐어 뜯어놓았는지 찢겨진 벽지가 방안에 그득했고 벽에 붙은 흙을 긁어 먹은 흔적이 여기저기 남아 있었다. 속이 쓰려 견딜 수가 없어 주막집을 찾아온 나는 깜짝 놀랐다.

재순이 놈이 태연하게 목로에 앉아 술잔을 들고 있지 않은가. 이놈의 주량이 나보다는 센 것 같아 내심 놀라면서 옆자리에 앉았다.

"야, 우리 이렇게 술 마시다가는 객사하기 꼭 맞겠다. 내일부터 우리 술 끊자."

"너 자신 있어?"

"그럼."

"너 군대 가면 졸병 때는 술 먹기 어려우니 그때 끊어라. 지금은 조금씩만 먹고."

"그래 좋다. 내 군대 가면 첫 휴가 때 성경책 들고 여기 먼저 올 테니 그때는 너도 술 먹으면 안 돼."

그날 일을 생각하면서 우리는 서로 마주보고 웃고 말았다.

아이들과 헤어지기 아쉬워 차일피일하다가 입대일 이틀 앞두고 고향으로 발길을 돌렸다.

그 후 내가 노천리를 다시 찾은 것은 첫 휴가 때였다. 군 생활을 하면서 아이들 위문편지를 받아서 종종 소식은 알고 있었지만 그동안 일이 궁금하고 보고 싶기도 하여 휴가를 받자마자 곧바로 노천리로 갔다.

그곳에 도착해보니 이미 학교는 완공이 되었고 넓은 운동장에 아이들이 뛰어놀고 있었다.

허 선생은 얼굴이 많이 야위어 보였다.

"선생님 무슨 일 있었습니까?"

"무슨 일이 있을 것이 있어야지. 나는 잘 있었지만 박 선생 고생 많이 했겠어."

그는 애써 숨기려 했지만 아이들 얘기로는 학교 지붕에 쓰려고 산에서 소나무 몇 그루 잘라온 것이 잘못되어 경찰에 잡혀갔다가 재판을 받고 열흘 전에 집행유예로 풀려났다고 한다.

"선생님 별 험한 꼴을 다 보았군요."

나는 그의 손을 잡고 한참이나 눈물을 흘렸다.

모두가 애쓴 보람도 없이 재건학교는 농촌생활이 부유해지면서 학생을 구하지 못해 문을 닫고 말았다.

지상의 왕자 탱크병

제천에 돌아온 나는 집으로 바로 가지 않고 역전부터 시작하여 시내를 누비기 시작했다. 잘 아는 사람이 여비에 보태 쓰라고 준 돈은 받은 즉시 술을 마셔버려 주머니는 항상 빈털터리였다.

집에 도착한 것은 밤 열한 시가 훨씬 넘어서였다.

"어머니 아버지 군대 다녀오겠습니다."

"언제 가느냐?"

"새벽 두 시 열차를 타야 하니까 지금 나가봐야 돼요."

"이놈아 하룻밤 자지도 않고 군대를 가느냐? 밥도 한 끼 안 먹고……."

"안녕히 계세요. 그만 가볼게요."

"몸조심해라……."

말을 잇지 못하고 눈물짓는 어머니 모습이 가슴을 아프게 해 나는 뒤도 돌아보지 않고 시내를 향해 달음박질을 쳤다. 밥 한 끼 먹이지도 못하고 아들을 보내야 하는 부모님 심정은 헤아려 보지도 않은 채…….

열차에서 잠이 들었나 보다. 기적 소리에 눈을 뜨니 벌써 아침 해가 중천에 떠있고 기차는 천안을 지나고 있었다. 누런 벼이삭이 고개 숙인 들판을 차창 밖으로 바라보고 있노라니 방금 떠난 고향이 벌써 그리워졌다.

"군대생활은 제대로 해야지. 월남 지원을 할까. 목숨 내놓고 싸우는 것도 사내로서는 해볼 만하겠지. 안 되면 DMZ에라도 가던지. 그것도 안 되겠어?"

앞으로 닥칠 군대생활을 미리 그려보고 나니 기분이 한결 상쾌해져서 팔을 뒤로 젖히고 기지개를 한껏 켜 보았다. 오후 늦게 수용연대에 도착해서 신체검사를 받느라 5일을 허비한 후에야 군번을 받고 훈련소 Z연대에 배속되었다.

(지금부터의 군생활 이야기는 군복무를 마치고 전역할 당시 군사비밀을 누설하지 않기로 보안각서를 군에 제출한 관계로 군부대가 있던 지명 등 비밀을 요하는 부문은 밝힐 수 없음을 미리 양해를 구한다.)

Z연대 13중대는 충주, 괴산 등지에서 온 몇 명을 빼고는 모두가 제천에서 입대한 친구들이어서 외롭지가 않았다.

Z연대에서는 술을 팔지 않았다. 워낙 술을 좋아한 터에 고된 훈련을 받고나니 더욱 술이 마시고 싶었다. 견디다 못한 나는 훈련 사흘째 되던 일요일 아침 교회를 간다는 핑계로 중대를 도망쳐 나왔다.

그리고 X연대, 훈련소 본부를 지나 기간병만 이용하는 Y연대 교도대 P·X 문을 열고 들어섰다.

"훈병 박윤신 용무 있어 왔습니다!"

모자를 푹 눌러쓰고 다리를 의자에 꼬고 앉아있던 병사가 힐끗 나를 쳐다보았다.

"야, 인마. 너 어디 소속이야?"

"네! Z연대 훈병입니다!"

"이 자식 간도 크네. 그래 용무는?"

"네! 술이 죽도록 먹고 싶어 왔습니다!"

어이가 없다는 듯 그는 이빨을 드러내고 히쭉 웃는다.

"뭐 술이 죽도록 먹고 싶어? 그놈 갈수록 맹랑하네. 그래 너 용감해서 내가 한 번 봐줬다. 저기 있는 술독 열고 먹고 싶은 대로 퍼 먹어봐."

병사의 목소리가 채 끝나기도 전에 나는 술독을 열고 정신없이 술을 퍼 마시기 시작했다. 쉬지도 않고 몇 바가지를 마시고나니 이제 배도 부르고 살 것 같았다.

"술 먹게 해주어 고맙습니다. 얼마입니까?"

입 언저리에 흘러내리는 막걸리를 손등으로 문지르고 나서 그에게 값을 물었다. 그는 내 술 마시는 모습이 측은했던 모양이다.

"돈 안 내도 돼. 너 술 먹고 싶으면 날 찾아와라. 탈영하지 말고. 알았나?"

"네, 알았습니다!"

"알았으면 가봐."

"고맙습니다!"

P · X문을 나선 나는 기분이 좋아 제법 콧노래까지 부르며 휘청거리고 있었다. 여기가 군 훈련소라는 것을 깜빡 잊어버린 것이다. 그사이에 부대에서는 비상이 걸렸고 막사로 돌아온 나는 전 중대원이 보는 앞에서 엉덩이에서 흐르는 피에 팬티가 흠뻑 젖도록 곡괭이 자루로 두들

겨 맞는 대가를 치러야 했다.

그날 밤 점호가 끝나고 모두 잠든 사이 이 상병(내무반을 책임지고 있는 조교)이 나를 흔들어 깨웠다.

"쉿! 조용히 해."

이 상병의 손에는 수통이 들려있었다.

"너 좋아하는 술 가져 왔다. 이 술 먹고 탈영하지 마라. 공연히 인생 망치기 싫으면 말이야. 알았어?"

"고맙습니다."

나는 고개를 젖혀 수통에 담긴 술을 단숨에 넘겨버렸다. 내가 격구 선수로 선발되어 연대에서 합숙을 하기까지 이 상병은 그 일을 멈추지 않았다.

격구라는 운동은 한마디로 말하면 축구와 럭비를 혼합한 경기이다. 한 편을 30명으로 구성하고 다섯 개의 럭비 볼을 상대편 두 개의 골문에 넣어 제한된 시간에 골을 많이 넣는 팀이 이기는 경기인데 훈련을 겸한 운동이라 아무런 반칙규정이 없었다.

상대편 골키퍼를 사람과 함께 밀고 들어가더라도 골만 골대 안으로 들어가면 골인으로 인정하고 수비를 할 때 주먹이나 발로 상대편을 가격하여 쓰러뜨리더라도 반칙이 아니다 보니 시합 때는 구급차를 4대 이상 대기시켜야 하는 과격한 운동이다.

우리 연대 팀은 국군의 날 기념 훈련소장 배 시합에서 우승을 했다. 골키퍼를 보던 나는 날아오는 골을 막다가 상대편에게 가슴을 받혀서 잠시 정신을 잃기도 하고 동료선수들은 앰불런스에 실려 후송되는 악전고투 끝에 이루어낸 우승이라 더욱 값진 것이었다.

연대장 이하 모든 장병들에게 축하를 받음은 물론 훈련소 대표선수로 선발되어 군사령관 대항 시합에 출전하기도 했다. 그러다 보니 훈련은 제대로 받아보지도 못하고 졸업을 하게 되었다.

배출대에서 다들 전방으로 떠나는데 하루 종일 기다려도 내 이름은 부르지 않았다. 저녁을 먹고 나서야 남은 병사들 틈에 끼여 북쪽이 아닌 남쪽으로 가는 열차를 탔다.

우리들은 전차병이라서 기갑학교로 교육을 받으러 간다고 했다. 전차병은 월남이나 DMZ에서 군복무를 할 수 없다는 것을 나중에야 안 일이지만 군에서 하고 싶었던 내 꿈은 애초부터 이루어질 수 없었던 것들이었다.

기갑학교 정문을 들어서니 흡사 영화에서나 보는 포로수용소 같은 느낌이 들었다. 막사로 가는 길에 연병장에서 훈련을 받고 있는 모습을 볼 수 있었다. 훈련받는 병사들의 행동이 예사롭지가 않았다.

한 무리는 긴 통나무와 엉켜 바닥에 뒹굴고 있고, 또 한 무리는 쪼그려 뛰기를 하고 있는데 땀으로 젖은 옷이 흙과 구별이 되지 않았다. 이들은 쉴 새 없이 고함을 지르고 있었으나 무슨 소리인지 알아들을 수가 없고 단지 비 오는 날 개구리가 떼 지어 울어대는 소리와 흡사하게 내 귀를 스칠 뿐이었다. 훈련 한 번 제대로 받지 않은 나에게는 모든 깃이 공포의 대상이었다.

"동작 그만!"

내무반에 도착하여 '휴우~' 하고 안도의 한숨을 내쉬며 짐을 풀려는 순간 출입문 쪽에 수십 명의 병사가 내무반으로 쏟아져 들어왔다. 다짜고짜 우리들 관물은 물론 팬티 속까지 뒤져 지니고 있는 소지품을 침상에 꺼내 놓았다.

"너희들 돈은 지금부터 영치시킨다. 여기서는 돈이 있어도 쓸 수도 없고 필요도 없다. 알았나!"

"네!"

우리는 정신을 못 차리고 얼떨결에 소리 질러 대답했다. 왼쪽 가슴에 번호표를 달고 있는 것으로 보아 그들도 훈련병임이 틀림없는 것 같았으나 처음 부딪치는 기갑학교 환경이라 공포에 떨고 있었다. 이것은 시작에 불과했다.

"너희들은 지상의 왕자 전차병이다. 지상의 왕자가 되려면 정신자세부터 고쳐야 한다. 지금부터는 이 선배 말에 복종하고 따르지 않으면 그 대가가 어떤 것인지 몸으로 체험할 것이다. 잘해 줄 것으로 믿는다."

그 말의 의미를 알게 될 때까지의 시간은 그리 오래 걸리지 않았다. 온갖 기합을 받아가며 관물 정돈과 군가 연습으로 밤을 꼬박 새워야 했기 때문이다. 관물은 자를 대고 연필로 그어진 직선이라야 하고, 군가라고는 기갑학교 교가와 전차병가뿐이었지만 가사를 알아듣게 노래를 불러서는 안 되고 반동에 맞추어 '꽥! 꽥!' 악만 쓰기란 여간 어려운 것이 아니었다.

아침 여섯 시에 기상을 하면 점호는 일분을 넘기지 않았고 청소와 세면시간을 합하여 10분이 지나면 단체훈련이었고, '체력단련'이란 명칭 아래 받는 단체훈련은 혹독하기가 그지없었다. 그도 그럴 것이 우리는 각자에게 한 명씩 붙어 다니는 선배의 눈을 도저히 피할 수 없었기 때문이다.

연병장을 선착순 돌 때는 홀로 별스런 기합을 다 받아야 하고 통나무를 메고 모두가 뒹굴 때는 흙인지 사람인지 구분이 되지 않았다. 제식훈련은 이 세상에 존재하는 어느 군대도 우리를 따라올 수가 없도록 지독한 연습을 하여야 했다. 훈련에는 요령이 통하지 않았고 훈련과 일상

생활이 구별되지 않는 하루 일과이다.

"식사개시!"

"감사히 먹겠습니다!"

"식사 끝!"

이 말들이 동시에 이루어졌으니 행동이 아무리 빠르다 해도 밥숟가락이 입으로 들어가기는 애초부터 틀린 일이었다. 담아온 밥이랑 국을 쓰레기통에 쏟을 때 몰래 한입 넣기라도 하는 날에는 선배들에게 죽지 않을 만큼 맞아야 했다.

화장실도 단체로 가서 소변은 1분, 대변은 3분 안에 끝내야하고 새벽부터 잠자리에 들 때까지 오직 단체행동뿐이었다. 점호 시간에는 2단 옆차기에 차여서 쓰러져도 오뚝이처럼 벌떡 일어나지 않으면 죽은 목숨이다.

취침나팔 소리가 우리에겐 구세주 같아 보였다. 취침시간 이후에는 3인 1조로 화장실을 갈 수가 있어 이 시간이 고픈 배를 채우는 유일한 시간이다. 쓰레기통 속에 버려진 짬밥을 꿀꺽 삼키고 나면 세상이 다 내 것 같았다. 지금도 그때를 생각하면 저절로 목에 침이 꿀꺽 넘어간다.

우리와 훈련을 함께 한 해병대 대원들도 혀를 내두를 정도로 전차병이 되기 위한 고된 훈련은 그칠 줄 몰랐다. 훈련을 견디지 못한 동료 두 명이 몸이 아프다고 내무반에 누워서 일체 훈련에 참석하지 않아서 지휘보고가 되었지만 어찌된 영문인지 사흘이 지나도록 아무도 찾는 사람이 없었다.

사흘이 지나자 그들은 탈영병과 함께 전 훈련병이 보는 앞에서 병원이 아닌 헌병 백차에 실려 가는 신세가 되었다. 영창을 살고 나온 그들은 후배 기수들과 함께 다시 교육을 받았으니 기갑학교에 한 번 입교하면 졸업 이외에는 학교를 나가는 방법은 전혀 없다는 것을 우리는 깨달아야 했다.

전차 조종교육이 시작되었다. 우리는 학교를 떠나 조종교육장이 있는 곳으로 숙영지를 옮겼다. 이곳은 날씨가 불순해 추운 겨울인데도 싸락눈이 내리는가 싶더니 어느 사이 빗줄기로 변해버리고 아침은 짙은 안개로 앞을 분간하기가 어려웠다.

질척거리는 교육장에서 전차 괘도를 오르내리는 선착순 기합을 받다 보면 신고 있던 통일화보다도 부피가 큰 진흙덩어리를 자주 털어내지 않으면 걷기조차 힘이 들었다. 훈련을 끝내고 내무반에 돌아오면 진흙투성이인 통일화를 물로 씻어낸 다음 틈새에 박힌 모래를 바늘로 파내고 구두약을 발라 광택을 내는 일이 최우선이다.

침상 위에서 흘린 땀을 베개 삼아 곤히 잠든 새벽녘,

"기상! 연병장으로 선착순 집합!"

조교의 호통 소리에 혼비백산하여 밖으로 뛰어 나갔다. 그날은 낮에 눈과 비가 섞인 진눈깨비가 내린 뒤라 연병장에 군데군데 고인 물이 살짝 얼어붙어 살얼음판이 되어 있었다.

팬티도 입지 않은 알몸으로 연병장을 포복하는 바람에 파고든 얼음 조각이 앞가슴 살점을 도려내고 있었다. 조교는 고향의 봄 노래를 가장 슬픈 곡조로 부르라고 성화다.

"나의 살던 고향은……."

눈물과 콧물이 범벅이 된 얼굴 사이로 울음과 뒤섞인 노랫소리는 동이 트는 먼 하늘 여명 속으로 처량하게 퍼져 나가고 있었다.

내일은 포사격을 하는 날이자 음력설날이다. 우리가 생활하는 막사에는 먹을 물이 없어 훈련이 끝나면 오리쯤 떨어진 동네어귀 샘물을 길

어다 식수로 쓰곤 했다. 오늘은 내가 식수담당 인솔자로 지정되어 동료들과 함께 물을 길러 마을 동구 밖으로 나갔다.

해질 무렵이라 동네에는 저녁밥 짓는 연기가 굴뚝을 덮고 있었다. 내일이 음력설이니 동네에 들어가 떡이라도 좀 얻어서 조교들에게 바치면 내일 사격훈련이 한결 수월할 것 같아 우리는 조를 나누어 각각 임무를 수행하기로 하고 마을을 찾았다.

내가 찾아간 집 아주머니는 군에 입대한 아들 생각이 났는지 내 손을 잡고 눈물을 글썽이면서 흰 쌀밥을 상에 차려 주더니 절편이랑 과일까지 보자기에 싸서 주는 바람에 우리들은 콧노래 부르며 막사로 돌아왔다.

"조교님, 물 뜨러 갔는데 마을 사람들이 먹어보라고 주어서 가져왔습니다. 이것 좀 드셔보시지요."

"어디 보자! 맛있는 것이라도 있나?"

가져온 음식을 조교들이 희희낙락거리며 먹을 때까지는 분위기가 좋았다.

그런데 음식을 다 먹고 난 후가 문제였다.

"오늘 물 사역 한 놈들 팬티 벗고 연병장에 집합!"

조교로부터 불호령이 떨어졌다.

"누가 떡 얻어오라고 시켰어?"

"……"

"너희 놈들은 군인의 신분을 망각하고 군 명예에 먹칠을 했을 뿐 아니라 민폐를 끼친 놈들이다. 오늘 각오 단단히 해!"

"……"

"철모에 물을 가득 채우고 머리 위에 들고 서 있어!"

차가운 겨울바람은 발가벗은 몸뚱이를 사정없이 파고들었고 철모에서 떨어진 물방울은 정수리에 그대로 얼어붙고 말았다. 추위에 사시나무 떨 듯 서서 섣달 그믐날 밤을 꼬박 새웠다.

그것으로 끝난 게 아니었다. 설날 고향생각 할 틈도 주지 않고 온종일 전차궤도를 오르내리며 혹독한 훈련을 받은 후에야 죗값을 겨우 면할 수 있었다.

이런 고된 훈련이야 참고 견디면 되지만 정말 참지 못할 것은 술이었다. 나는 어떻게 하면 술을 먹을 수 있을까 궁리하다가 소대장 당번을 자청했다. 동료들은 학생장을 하라고 권했지만 막무가내로 당번을 고집했다.

조종교육이나 포사격을 위해 야외 훈련장에 나오면 당번은 소대장 개인 심부름을 하는 경우가 있어 허가받은 영외 출입자가 되었다. 당번을 하면서 공금 중 일부를 횡령(?)하면서까지 몰래 마신 술 덕분에 교육을 무사히 마칠 수 있어 다행이었다.

교육을 마치고 서울로 올라오는 군용열차는 꽤나 시끄러웠다. 교육 중에 일병으로 승진한 우리들의 모습은 후반기 교육이나 포병교육을 마친 이등병들보다 한결 의젓해 보였다. 열차 반 칸이 우리 몫인 것을 이등병들을 다른 칸으로 밀어내고 한 칸을 통째로 차지했다.

"용돈 벌어올 용감한 친구 없어?"

그냥 가기가 무료하여 객석에 팔베개를 하고 누운 채 내가 한마디 했더니 말이 떨어지기가 무섭게 준호가 일어났다.

"예, 예. 제가 그동안 고생한 우리 동지들을 위해 시범을 보여 드리겠습니다."

"너 서울역에서 김밥 장사 했다며? 그때 솜씨 발휘해 봐."

"그럼 시작합니다."

그는 모자를 벗어 손에 들고 옆 칸으로 사라졌다.

"혼자 보내면 쓰나, 내가 도와줘야지."

"야! 야! 아서라. 너무 많이 가면 아가들 겁먹겠다."

일어서는 놈을 붙들어 앉히고 야단법석이다.

옆 칸으로 사라졌다 다시 돌아온 준호의 모자 속엔 십 원짜리 지폐가 철철 넘쳐흘렀다.

"야 내 솜씨 어때? 다른 놈 갔으면 어림없다."

"너 그거 어디서 난 돈이 그렇게 많아?"

"이렇게 하니까 그놈들 지레 겁먹고 있는 돈 다 털어주잖아."

그가 인상을 쓰는 모습이란 영락없는 괴물이었다.

"됐다. 그만해라. 술맛 떨어지겠다. 어서 술이나 사와!"

우리들이 열차 판매원을 불러 소주에다 땅콩, 오징어에 김밥까지 곁들여 웃고 즐기는 사이 열차는 벌써 용산역에 도착하는 기적소리를 길게 내뿜고 있었다.

기차가 용산역에서 잠시 쉬는 틈을 이용해 가족들을 면회할 수 있는 시간을 가질 수 있었다. 교육 중에는 편지 연락이 금시되어 있있으나, 미리 올라온 선배들이 몰래 전해준 편지 덕분에 짧은 면회를 할 수 있었다. 열차가 용산역에 멈추는 순간 역 플랫폼 저편에 어머니와 누나의 얼굴이 보였다.

열차가 서자마자 어머니 곁으로 뛰어가 그의 손을 꼭 잡았다. 어머니는 한참 동안이나 내 얼굴만 바라보고 말이 없다.

어색한 분위기를 바꾸려고 누나가 말을 걸었다.

"니, 고생 안했나?"

"고생은 뭘. 재미있었는데."

"훈련이 힘들다고 그러던데……."

"이렇게 멀쩡한데 뭐."

"군에서 병신 돼서 나오는 사람도 있다더라. 몸조심해."

"이제 얼른 가! 내 걱정 말고. 군 생활 잘할 테니까."

나오는 눈물을 감추려고 돌아서서 열차에 올랐다. 어머니와 누나는 기차가 모습을 감출 때까지 자리를 뜨지 못하고 서 있었다. 그 짧은 만남이 나에게는 군 복무하는 동안에 있었던 단 한 번의 면회였다.

***

얼마를 달렸을까! 열차는 힘든 기적소리를 내면서 XX역에서 잠시 멈추어 섰다. 우리가 열차에서 내려 개찰구를 나오니 가슴에 삼각형 마크를 붙이고 하사 계급장을 단 사람이 우리 앞으로 다가왔다.

"너희들 기갑학교에서 오는 길이지?" 하고 묻는 것으로 보아 우리를 데리러 온 인솔자 같았다.

"네!"

"이놈들 기합은 제대로 들었군. 여기 제천 사는 놈 있으면 손들어 봐."

군에서는 고향 때문에 얻어터지는 일이 종종 있는 것을 알고 있는 나는 들려던 손을 멈추고 망설이고 있었다.

"야! 이 자식들아! 있어? 없어?"

"제가 제천 사는 데요."

엉거주춤 손을 들면서 그의 눈치를 살폈다.

"내가 송학인데 어디 살아?"

"흑석에 삽니다."

"고향 놈 보니 반갑구나. 너 주상현이라고 들어봤어? 제고 졸업했는데……."
"상현이 제 동창인데요. 어떻게 아십니까?"
"상현이가 동창이라고? 곧 만나게 될 거야."
군대에서 신병이 동창을 만난다는 기쁨으로 그의 뒤를 따라 발걸음을 재촉했다. 부대에 도착해 보니 상현이는 중사계급장을 달고 수색중대 선임하사로 근무하고 있었다.
우리를 인솔했던 사람은 이성욱 하사로 알고 보니 고향 2년 선배였다. 그는 제천농고를 졸업하고 군에 병으로 입대했다가 병장 때 가정 사정으로 장기복무중인데 아직 영외거주를 하지 못하여 내무반장을 맡고 있었다.
군에 같이 입대한 동창들은 훈련소에서 뿔뿔이 다 흩어지고 나 혼자만 남았는데 이곳에서 고향 선배와 동창을 만나니 반가운 일이었다. 이곳에서 4주간의 적응 교육을 받은 후에 나는 여단 사령부 안에 있는 수색중대로 배치를 받았다.
중대장 신고를 마친 나는 소대에 인사를 할 사이도 없이 배구선수 합숙소에 합류를 하게 되었다. 주 중사와 이 하사가 합숙소 내무반까지 일부러 나를 찾아와 한 달 후에 여단장이 주최하는 배구시합이 있으니 열심히 운동해서 우승하라고 격려의 말을 아끼지 않았다.
배구시합을 마치고 복귀한 내 병영생활은 특별 대접을 받는 귀빈이었다. 고참들은 나에게 청소도 못하게 하고 가만히 앉혀놓고 내무반장 눈치를 보니 나는 그만 외톨이가 되어버렸다. 토요일 오후만 되면 주 중사가 나를 데리고 나가 하룻밤을 재우면서 술 사 먹이고 이튿날 저녁이 되어야 돌려보냈다.

소대장은 ROTC 소위로 임관했는데 임관 전에 한양대학교에서 골키퍼로 선수생활을 했다 한다. 그래서 소대장(황 중위)까지 나에게 골키퍼 전수시켜 준다고 허구한 날 불러내 일과시간에도 운동연습을 시켰다.

"박 일병은 내 후계자야. 너희들이 잘 돌봐 주기 바란다."

소대장은 틈만 나면 소대원들을 모아놓고 입버릇처럼 떠들어 댔다. 남들은 부러운 눈초리로 바라보지만 정작 나는 죽을 맛이었다. 말은 하지 않아도 고참들의 시선이 곱지 않은 것 같아 눈치가 여간 보이는 게 아니었다.

고문관이 따로 없었다. 바로 내가 고문관이었으니까. 어찌할 바를 몰라 고민하고 있는데 귀가 번쩍 뜨이는 반가운 소식이 들려왔다. 병들 중에서 하사로 근무할 교육생을 선발한다는 것이다. 기회는 이때다 싶어 나는 곧바로 행정반으로 달려가 지원서를 제출했으나 모든 일이 그렇듯 쉬운 일은 하나도 없었다.

하사관 학교 교육은 지옥훈련이라고 소문이 난 터이고 기갑학교에서도 죽을 목숨 살아났는데 24주나 되는 지옥훈련을 다시 받겠다고 지원하는 자는 한 명도 없었다. 오히려 강제 차출이라도 되면 어쩌나 하고 모두 걱정하고 있는데 내가 지원을 했다는 소리를 듣고 좋아하는 눈치였다.

그런데 느닷없이 중대장의 호출을 받았다.

"야! 인마! 너는 안 돼!"

"저는 왜 안 됩니까?"

"운동 때문에 다른 부대로 갈 것을 내가 우리 부대로 전입시켜 놓았는데 가기는 어디를 가! 여기 있어!"

"……"

"나가서 근무나 잘해!"

"저~ 실은~ 가정 형편이 어려워 집에 보탬이 될까 해서……. 저를 꼭 좀 보내주십시오."

"안 된다니까."

나는 중대장에게 사정도 해 보았지만 좀처럼 허락을 하지 않았다. 내무반으로 돌아온 나는 곰곰이 생각해 보았다. 사정을 해가지고는 일이 될 것 같지 않았다.

"그렇지! 왜 진작 그 생각을 못했을까?"

무릎을 탁치고 중대장을 다시 찾아갔다.

"너 왜 또 왔어? 안 된다니까. 당장 나가!"

버럭 소리를 질러대는 중대장 앞으로 한 발 더 다가섰다.

"중대장님, 저 탈영하더라도 원망하지 마십시오."

"뭐, 탈영? 삼 일 동안이나 떼를 쓰더니 이제 별 방법을 다 쓰는구나."

어이가 없는지 그는 쓴 웃음을 짓는다.

"중대장님, 졸업하고 다시 와서 잘 모시겠습니다. 정말 집안이 어려워서 지원하는 겁니다. 한 번만 도와주십시오."

나는 중대장 앞에 무릎을 꿇었다. 허락을 받지 못하면 나가지 않을 심산이었다.

"그래 내가 졌다. 가서 훈련 잘 받아라. 다른 놈들은 안 가려고 기를 쓰는데 참 별난 놈이야."

한참을 생각하던 그는 손을 내밀어 나를 일으켜 주었다.

"너 이 새끼 의리를 배반해도 유분수지 나한테 이럴 수 있어?"

뛸 듯이 기뻐하며 내무반에 돌아오니 이번에는 소대장이 금방이라도 나를 후려칠 듯한 성난 얼굴로 나를 기다리고 있었다. 소대장에게는 정말로 미안한 마음이 들었다. 골키퍼 후계자 만들겠다고 진심으로 나에게 정성을 쏟았는데 내가 꼭 배반자가 된 느낌이었다.

"죄송합니다. 소대장님 은혜는 평생 두고두고 잊지 않겠습니다."

"너 같은 놈은 꼴도 보기 싫으니 어서 꺼져!"

나도 그를 쳐다보고 있기 민망해 자리를 피해 버렸다. 그날 저녁에는 주 중사의 손에 이끌려 부대에서 가까운 주막집을 찾았다. 막걸리 한 사발 쭉 들이켜고 안주를 젓가락으로 집으려는데 주 중사가 걱정스러운 듯 말문을 열었다.

"너 왜 그 고생스러운 곳을 가려고 지원했어? 나하고 여기 있으면 군 생활 편안하게 마칠 수 있을 텐데."

"야, 솔직히 지금까지 바늘방석에 앉아 있는 것 같았어. 고생이 되더라도 내가 하사를 달고 오면 너하고도 떳떳한 자리가 될 수 있을 것 아니야."

"동창끼리 뭐가 어려워서 그래."

"동창이라도 계급이 있잖아. 선임하사님."

"언제부터 선임하사님이냐?"

그는 어이가 없는지 웃고 말았다.

"그런 얘기 그만하고 술이나 마시자. 훈련 잘 받을 테니."

오늘만큼은 군인이란 신분을 잊고 싶었다. 그냥 학교 다닐 때 생각하며 홀가분하게 술이나 마시고 싶어 마냥 술을 마시다 보니 어느새 날이 밝아오고 있었다.

하사관 학교 훈련병 시절

하사관 학교 교육은 잊으려 해도 잊을 수 없는 사연들이 너무도 많았다. 하사관 학교에는 수많은 중대가 훈련을 받고 있었지만 기갑병과는 1개 중대밖에 없었다. 훈련은 보병교육 12주와 전차교육 12주를 받게 되어 있었고 전차교육은 내가 근무하던 여단에서 받기로 일정이 짜여 있었다.

그곳에서도 '지상의 왕자'라는 칭호에 맞게 조교들의 모습은 저승사자와도 같았다. 생활지도를 맡고 있는 조교들은 우리 바로 직전에 훈련을 받은 전차병 선배들이라 더욱 그러했다.

입소한 지 한 달도 되지 않아 우리들은 체육대회 종합우승을 했다. 체육대회 종목은 집단권투, 집단축구, 10킬로미터 무장구보였다.

집단권투는 야외에다 링을 설치해 놓고 30명씩 한편이 되어 권투시합을 하는데 일정한 시간에 상대를 더 많이 쓰러뜨린 편이 승리하는 경기였다. 이 경기는 선수 모두가 강한 승부욕으로 무장되지 않으면 이길 수 없는 경기였다.

우리 중대에는 독사라고 불리는 소대장(손 중위)이 하나 있었다. 손 중위는 학창시절에 권투선수였다고 하는데 그가 집단권투 감독이 된 것이다.

그는 우리들에게 소금물에 담근 솜뭉치를 코에 틀어막게 하고 연습을 시켰다. 링 안으로 들어가면 죽더라도 링 안에서 죽어야지 쓰러져 링 밖으로 나오는 순간부터 말로는 표현할 수 없는 혹독한 기합이 기다리고 있었다.

그가 연습을 시킬 때면 시간 제한도 없이 상대편이 한 명도 남지 않을 때까지 시합을 계속하여야 했다. 행여 얻어맞고 밖으로 나오면 살기를 거부한 놈이 되니 링에 끌려 들어가는 순간부터 피똥을 쌀 정도로 얻어맞아도 악으로 버티고 있어야 했다. 이런 혹독한 연습으로 무장한 우리 중대원에게 감히 상대할 중대가 없었다.

집단축구는 훈련소 시절 선수로 활약하던 격구와 흡사하고 다만 축구와 같이 럭비공이 아닌 축구공을 사용하고 발로만 시합을 하는 것이 다를 뿐이었다. 나는 집단축구 선수로 선발되어 골키퍼를 맡았는데 결승에 오를 때까지 한 골도 허용하지 않는 실력을 발휘하여 우리 팀 우승에 결정적 역할을 하여 동료들로부터 영웅으로 추대되었다.

10킬로미터 무장구보까지 싹쓸이 우승을 한 우리는 학교장으로부터 과연 탱크병이라는 칭찬과 함께 푸짐한 상품까지 받아 중대가 온통 잔치 분위기였다.

그런데 조교들의 생각은 달랐다. 그들은 지상의 왕자인 탱크병이 보병과의 대결에서 이기는 것은 당연한 일인데 우승했다고 기고만장한 우리들을 그대로 두면 훈련에 막대한 지장이 있을 거라고 지레짐작을 하고 있었다. 결국 체육대회 종합우승은 조교들에게 우리를 괴롭히는 빌미가 되어 우리들의 내무생활은 물론 전차교육까지 그야말로 지옥의 탈출을 방불케 하는 훈련이 되고 말았다.

유격훈련부터 그들의 괴롭힘은 시작되었다. 유격훈련장 내에 설치된 내무반으로 숙소를 옮기면서부터 우리들의 몸은 내 것이 아니었다. 주간에 유격훈련을 마치고 나면 그 후 새벽 4시까지 특공훈련을 받아야 하는 고달픔은 그저 웃고 넘길 정도였다.

외줄타기 앞에서 보병 후보생들은 유격대조교의 명령에 따라 쪼그려 뛰기를 오십 번 하면 우리는 자진해서 백 번을 하여 과연 전차병이라고 유격조교들의 칭찬을 받아도 아무런 소용이 없었다. 내무생활을 지도하고 있는 조교들은 교육장 어느 장소에서든 그림자처럼 나타나 전차병 망신을 시킨다고 특별기합을 혹독하게 주는 것이었다.

그러나 그것도 전초전에 불과했다. 전차교육을 받으러 여단으로 가기 위해 하사관 학교 정문을 나선 시간은 새벽 두시!

내 일생에서 잊지 못할 추억들이 담긴 고된 훈련의 서막이 열리는 시간이었다. 새벽 4시에 노보행군을 하기 위해 열차에서 내리니 장대비가 앞을 가린다.

"행군은 이열종대! 행군간 거리는 2미터. 지금부터 출발한다. 출발!"

역에서 항고에 담아온 밥으로 아침밥을 먹고 남한강을 따라 숙영지를 향해 행군을 시작했다.

"행군 간에 군가를 부른다. 군가는 전차병가. 군가 시작! 한! 둘!"

"가~슴에 빛나는~ 삼각형 마크는~······."

목청을 돋워보아도 쏟아지는 빗소리에 막혀버리곤 했다.

"이 자식들, 군가 소리가 왜 그 모양이야. 군기가 빠졌군. 지금부터 포복이다!"

조교들은 작정이나 한 듯이 우리들을 빗속 진구렁으로 마구 쓸어 넣는다. 물이 흥건한 진흙탕 길을 목청이 가라앉도록 소리를 지르고 걷다가 기다가 또 뒹굴고……. 행군을 마치고 숙영지에 도착했을 때는 군화 속의 발이 물에 불어 벗을 수가 없었다.

저녁 무렵에야 여단에 도착했는데 우리가 사용할 막사는 연병장 주변에 세워진 물이 질척거리는 텐트였다. 쏟아진 비로 막사 안은 물이 흥건히 고여 짐을 풀 수가 없었다. 지친 몸을 이끌고 그래도 군인정신을 발휘하여 닦고 쓸고 하여 겨우 자리를 잡았다.

"전 후보생에게 알린다. 오늘 저녁 점호착안 사항은 군화를 반짝반짝 빛나게 닦는 것이다."

참으로 난감한 일이었다. 하루 종일 비에 젖은 군화를 광이 나게 닦기란 불가능에 가깝다. 그러나 어찌하랴! 군에서는 밤송이를 xx로 까라면 까야 할 판인데 그까짓 군화쯤이야 하는 생각으로 우리는 6인 1조로 조편성을 하여 나무를 구해오고 판초 우의로 비를 가린 다음 그 속에서 불을 피워 군화를 말리기 시작했다.

점호시간이 점점 가까워지는데 마음만 급하지 군화가 반짝거릴 수가 없었다. 모두들 걱정스러운 태도로 열을 맞춰 점호를 기다리고 있었다.

"전 대원은 완전군장으로 연병장에 선착순 집합!"

"모이는 동작 봐라. 팬티만 입고 다시 선착순 집합!"

"알 철모에 팬티 벗고 집합!"

숨 돌릴 틈 없이 계속되는 선착순 기합은 밤늦도록 계속되었다. 새벽부터 몸뚱이는 만신창이가 되었어도 아직 정신은 살아 있어서 모두 이를 악물었다. 자정을 알리는 사이렌 소리에 이제 끝내주려니 하고 기대를 하고 있었다.

"완전군장에 M1총 들고 집합!"

귀를 찢는 듯한 당직사관의 목소리에 사태가 심상치 않음을 모두 직감했다. 아니나 다를까 조교들이 앞장서서 뛰어간 곳은 시냇가였다.

"물 속에 일렬종대로! 복창!"

"물 속에 일렬종대로!"

"지금부터 낮은 포복으로 냇물을 거슬러 올라간다. 행동개시!"

"행동개시!"

"이 자식들 군기가 빠졌구먼. 동작 봐라!"

물 속에 엎드리자마자 조교들의 군홧발이 우리들 엉덩이에 정신없이 날아온다. 조교의 매를 피해보려고 애를 써 보지만 장마철 폭우에 떠내려 오는 돌멩이가 가슴을 치는 바람에 역부족이었다. 벌써부터 '아이고~, 으~윽' 하는 신음소리가 여기저기서 들려오지만 조교들의 욕지거리 소리에 묻혀버렸다.

비는 그치고 벌써 아침 해가 떠오르고 있었다.

"야 이 새끼늘아! 졸업할 때 보자!"

물 속에 털썩 주저앉아 조교를 노려보며 악을 써 보았지만 조교들은 대꾸도 하지 않고 빙글빙글 웃고만 있었다.

전차교육은 지옥 같은 생활이었다. 이곳 생활을 표현할 말이 너무 부족해서 안타까울 정도이다.

아침 여섯 시에 기상해서 밤 열 시에 취침이라는 용어 자체를 잊은 지 오래였다. 두 시에 취침해서 네 시에 기상이 우리들에겐 맞는 표현이었다. 그사이 반성문을 5천 자에서 만 자를 써야 했다.

나는 하루 일과를 조심스럽게 적어보았다.

아침 여섯 시에 일조점호를 취하고 4킬로미터 구보를 마치면 주변청소와 세면 후 아침식사. 아침 여덟 시까지 교육장소로 이동해서 교육을 받고 오후 다섯 시 교육종료. 다섯 시 반까지 석식을 마치고 여덟 시까지 연병장에서 태권도 훈련. 아홉 시까지 정훈교육 및 점호준비. 저녁 아홉 시에 일석점호가 끝나면 새벽 두 시까지는 혹독한 기합. 두 시에 취침이나 그 시간에 반성문 작성. 네 시부터 여섯 시까지 전일 벌점을 받은 대로 특수훈련.

자세히 보면 취침시간이 없음을 알 수 있을 것이다. 그러니 학과출장을 해서 교관이 교육을 하는 시간에 약속이나 한 듯 고개를 약간만 숙여 몰래 졸고 있었고, 전차실습시간에는 여름 뙤약볕에 철갑이 달아올라 바깥온도보다 10도나 높은 포탑 속에서 해지를 걸어 잠그고 모자라는 잠을 보충해야 했다.

지금까지 언급한 것은 기초에 불과하고 긴긴 여름날의 태권도 훈련은 그야말로 점입가경이었다. 기본자세를 가르친다고 팔 한 번 뻗으면 자세 나쁘다고 기합이 10분. 온통 운동장을 손인지 발인지 구별 못할 정도로 굴러 다녀야 했다.

학과출장을 마치고 내무반에 도착하면 관물 앞에는 하얀 분필로 예쁘게 쓴 숫자, 그것은 관물정돈 잘못한 벌점이고 그 숫자에 천 단위를 올려 반성문을 작성하여야 했다.

네 시에 일어나 벌점 숫자에 따라 천차만별 특수훈련을 받는데 어느 팀은 총검술, 또 다른 팀은 알 철모에 M1총을 메고 구보 등등 가지각색이었다. 발가벗고 한쪽 발에는 군화, 다른 한쪽 발은 맨발에다 허리에는 탄띠에 야전삽을 끼우고 '정신통일'을 외치며 연병장을 뛰는 모습이란 훈련받는 자신도 웃음이 나올 진풍경이었다. 새벽의 연병장은 이렇듯 요란한 함성과 함께 와자지껄하기만 했다.

벌점은 매일 5점에서 10점을 받다보니 한주에 20점 이하로 받는 생도는 아무도 없었다. 벌점 20점 이상은 토요일 아침 8시에 내무사열이 끝나는 시간부터 일요일 야간 점호시간까지 기나긴 특수훈련을 받아야 했다.

갈수록 태산이라 했던가. 매주 화요일에는 24킬로미터, 금요일에는 48킬로미터 구보로 신형배낭에 등을 찍힌 자국이 아물 날이 없었다.

교육을 받는 동안 형식적이긴 했으나 교육생 자치제도가 운영되고 있었다. 생도 중에서 중대장 소대장을 선발해서 자율적으로 부대 운영을 하는 제도인데 나는 운동선수로 명성을 날린 덕분에 격주로 중대장 후보생이 되었다.

중대장 완장을 차고 중대를 호령하는 영광(?)을 얻은 대가로 학과출장 전에 조교들에게 '빳다'를 이십 대 이상 덤으로 맞아야 했으니 어쩌면 그 직책을 맡지 않는 것이 행운이었는지도 모르겠다.

그래도 얻는 것이 있다. 나는 아무리 애를 써도 구두 광은 내지 못했는데 구두를 다른 생도가 반짝반짝 빛나게 광을 내주어도 내 손으로 먼지라도 털면 어느새 빛나던 광은 감쪽같이 사라져 점호시간이면 전전긍긍하는 나를 조교들은 슬쩍 눈감아주기도 하고 절대 용서가 없는 요령 피우는 짓도 가볍게 웃어넘겼다.

그만하면 특혜를 누리는 셈이었다.

오늘은 모처럼 특수훈련이 중단되었고 소대별 운동시합을 가질 기회를 얻었다. 하사관 학교 입교 후 처음 있는 일이라 우리들은 그동안의 긴장되었던 심신을 한꺼번에 풀어버리려는 듯 야단법석이었다.

소대별 축구시합, 배구시합 대진표를 짜느라 분주하고 응원팀도 구성했다. 소대장은 물론 오늘은 조교들도 조를 나누어 각 소대로 편성되었고 중대장은 상품을 걸었다. 그야말로 성대한 체육대회가 된 것이다.
　나는 축구를 할 때는 골키퍼를 하랴 배구시합에는 공격수로 활약하랴 제일 바쁜 사람이 되었다. 나의 눈부신 활약으로 우리 소대는 다른 소대들을 이기고 배구, 축구 두 종목 모두 우승을 했다. 중대장의 상금을 받아들고 소대장 이하 전 소대원은 축제 분위기다.
　내가 소대원들의 목마를 타고 연병장을 돌고 있을 때였다. 수색중대에서 배구 친선게임을 하자고 제안이 오자 우리 소대 소대장이 앞장서서 승낙을 해버렸다. 수색중대와의 시합에서는 훈련생도의 긍지로 혼신의 힘을 발휘해서 악전고투 끝에 3세트에서 간신히 승리를 했다. 모두들 승리를 축하해 주었고 중대장까지 칭찬을 아끼지 않았다.
　그러나 승리에 도취된 소대장의 과욕이 문제였다.
　"야! 이왕이면 오늘 이곳에서는 아무도 도전 못하도록 무적을 만들어 버려! 교육받는 병들 나오라고 해!"
　내무반에서 휴식을 취하고 있는 보수교육생(기갑학교를 졸업하고 부대배치를 받기 위해 보수교육을 받는 일병들)을 강제로 불러냈다.
　그들과 시합이 시작되었다. 주공격수인 나는 하루 종일 쉬지 않고 시합을 한 관계로 피로가 겹쳐 몸을 제대로 움직일 수가 없었다. 악을 쓰고 젖 먹던 힘까지 다 동원해 보았지만 소용이 없었다. 점프는 되지 않고 스파이크 하면 엔드라인 아웃 아니면 네트에 볼을 처박기 일쑤였다. 이미 몸은 나의 통제권 밖에 있었다.
　그런대로 1세트는 이겼으나 2세트부터 스코어는 점점 벌어지고 회생불능상태가 되자 응원소리도 점점 작아지고 우리 선수들은 긴장하고 있었다. 군대에서 운동은 곧 전투력으로 평가를 받아 경기에 패하면 곧 사망으로 간주한다. 기갑학교를 갓 졸업한 병들에게 이런 수모를 당하는 것은 치욕 중에 치욕이었다.

"지면 큰일 나! 이겨야 해! 파이팅!"

몇 번 작전타임을 불러도 보았지만 지칠 대로 지친 우리선수들에게는 이미 기울어진 승부를 바꾸기엔 역부족이었다.

3세트 스코어는 20 대 15.

마지막 한 포인트를 남겨놓고 상대편 서브다. 세터가 올려주는 볼을 향해 혼신의 힘을 다해 점프했다. 그리고 상대편 코트를 보고 힘껏 볼을 내리쳤다. 그러나 볼은 보기 좋게 우리 쪽 그물에 처박히고 말았다.

'삐~익' 하는 호각소리와 함께 심판의 손이 상대 코트를 향해 번쩍 올라가는 순간 나는 정신이 아찔했다. 게임은 끝났고 우리는 패배했다. 주변은 숨소리 하나 없이 고요하기만 했다.

"전 중대원 집합!"

소리를 지르는 중대장의 표정에서 심상치 않음을 느낄 수 있었다.

"야! 이 병신 새끼들아. 기갑학교 갓 졸업한 병들한테도 져버려. 훈련 더 받아야 하겠구먼."

"대장님, 오늘은 모두 제 잘못입니다. 저 혼자 벌을 받게 해주십시오."

"……"

그날 중대장은 전체에 벌을 내리는 대신 선수들에게만 특수훈련을 명하고 사라져버렸다. 그날 새벽 두 시까지 나를 포함한 선수들은 지옥을 오고가는 기합을 이겨내야 했다.

"기상! 전 후보생은 완전군장으로 집합!"

　새벽 네 시. 불침번의 고함소리가 곤히 잠든 내무반의 정적을 여지없이 깨버렸다. 완전군장에 M1소총을 '앞에총' 하고 48킬로미터 구보다.
　예정에 없는 일인 것으로 보아 어제 시합에서 병들에게 진 보복임에 틀림없다고 긴장을 늦추지 않았는데 예상은 빗나가지 않았다. 오늘은 농수로는 물론 조그만 웅덩이까지 그냥 지나가는 법이 없었다.
　물 속을 기고, 포복하고, 뒹굴다 뛰고……. 산으로 들로 냇가로 안 가는 곳이 없었다. 아침도 점심도 없는 특수훈련이었다. 되돌아오는 길에 나는 자꾸 정신이 혼미해졌다가 다시 돌아오곤 했다. 이를 악물고 정신을 차리려 했지만 소용이 없었다.
　어제 운동시합에 밤 두 시까지 기합을 받은 후유증 탓인지 위병소를 400미터 남기고 그만 쓰러지고 말았다.
　눈을 뜨니 의무실이었다. 평소 나를 아끼던 태권도 교관인 손 하사가 문안을 왔다.
　"박윤신, 이제 괜찮아?"

"네, 괜찮습니다."

"너는 견딜 줄 알았는데 창피하게 이게 무슨 꼴이냐?"

"사람이 시원치 않아서 그렇지요 뭐."

"자~식 힘내!"

그는 내 어깨를 툭 치더니 피식 웃고 의무실을 나갔다. 들녘에 벼이삭이 누렇게 익어 고개를 숙이고, 하늘이 높고 푸른걸 보니 벌써 가을이 된 것이다.

***

전차교육을 받던 도중에 나는 10월 1일 국군의 날을 맞아 실시하는 A군사령관 배 배구시합에 출전하기 위해 하사관 학교로 복귀했다. 출전팀은 사단을 비롯해 직할예하부대와 예비군, 원주시 산하단체, 학교선수까지 참가하는 군관민 친선체육대회였다. 군사령관과 시장이 함께 주관하는 대회인 관계로 하사관 학교에서도 연습하는 동안 신경을 많이 써 주었다.

시합은 원주공설운동장에서 진행되었는데 공교롭게도 산 하나 넘으면 내 고향 제천이라 시합 도중 고향을 무척이나 가고 싶고 구경꾼 중에 혹시 와있을지도 모르는 고향사람 찾느라고 시합공이 제대로 보이지 않았다.

우리 팀은 운 좋게 결승까지 올랐으나 XX사단에게 패하여 준우승을 하는 데 그쳤다. 하사관 학교에서는 기대 이상의 성과를 올렸다고 학교장이 직접 우리를 환영해 주었다.

어느새 24주가 다 지나가 졸업할 때가 되니 죽이고 싶도록 미웠던 조교들과도 그동안 정이 많이 들어 헤어지기가 섭섭했다.

잊지 못할 병영생활

하사관 학교를 졸업한 나는 하사 계급장을 달고 동창이 있는 수색중대가 아닌 탱크대대로 배치를 받았으나 이곳에는 여단 근무시절 운동시합으로 자주 만나던 병사들도 있고 기갑학교 동기생들도 있어 아주 낯설지는 않았다.

하사관 학교 동기생 10여 명과 함께 탱크대대에 도착하니 집이 충주인 이종태 하사와 함께 이미 3중대로 발령이 나 있었다.

우리 기갑부대에는 다른 병과보다 유난히 하사들이 많았다. 탱크 승무원 숫자에 맞춰 편성된 소대이기 때문에 소대 인원도 보병과는 편성이 달랐고 하사 이상과 병들의 숫자가 같은 기형적인 인원 편성을 특색으로 하고 있다.

그런 데다가 전차병 기수가 같으면 비슷한 고향에서 같은 날짜에 군번을 받고 입소한 장병들이라 하사 고참과 병 고참은 고향 동창이거나

선후배였다. 그러니 생사를 넘나드는 고된 훈련으로 쟁취한 하사 계급장이 빛이 날 리가 없었다.

행여 병들 군기 잡겠다고 집합이라도 시키면 고참 병장과 마찰은 필연적이고 그럴 때는 영락없이 고참 하사가 나타나 혼이 나는 것은 우리 졸병 하사였다.

그것으로 끝나는 것이 아니다. 하루 일과가 끝나면 우리는 고참 하사들 앞에 불려가 병들 군기 하나 제대로 못 잡는다고 기합을 받아야 했다.

이런 일이 매일 반복되니 우리도 가만히 앉아서 당할 수만은 없었다. 중대 생활을 시작한 지 일주일째 되던 일요일 날 나는 전입하사 동기들을 불러 모았다.

"우리 이런 꼴 당하려고 고생해서 하사 계급장 단 것 아니잖아?"

제일 먼저 불만을 터뜨린 것은 이종태 하사였다.

"그래, 맞아. 지금 우리 꼴이 이게 뭐야. 정말 한심하군."

"우리도 무슨 대책이 있어야 하겠어."

"뭉치면 산다고 했잖아. 뭐 좋은 방법 없을까?"

궁리 끝에 우리는 고참 하사들을 상대로 반기를 들기로 합의를 보았다. 나와 이종태 하사가 주모자가 되기로 하고 시간을 정하여 모두 행동을 통일하기로 굳게 약속을 했다. D데이는 그날 밤으로 정했다. 휴일은 대대장과 참모들은 물론 중대장들도 없는 날이라 거사(?)하기 용이하다는 다수의 의견을 받아들인 것이다.

이제 남은 것은 실행뿐이다. 약속대로 우리들은 무단이탈을 해서 밖에서 술을 먹되 절대 취할 정도로 먹지 않고 술 냄새만 풍기되 철저히 취한 것으로 위장했다. 거사(?)는 점호시간 직전에 부대로 돌아와 각자 중대에서 동시에 실행에 옮겨졌다.

"야! 이 새끼들아 다 죽여버리겠어!"

고함소리와 동시에 수통이 날아가 복도에 떨어지고 관물들은 어지럽게 침상에 뒹군 채 내무반이 아수라장이 된 것은 막 점호준비를 끝내려는 시간이었다. 작전개시 5분도 안 되어 우리들은 일을 끝내고 모두 침상에 누워 코를 골기 시작했다.

우리의 기습작전에 허를 찔린 고참 하사들은 부대에 미칠 파장을 고려해 우리들에게 협상을 제안해 왔다. 협상결과는 우리의 대승이었다. 그들은 내무반장을 비롯한 전권을 우리들에게 양보한 것이다.

이렇게 해서 내가 계획한 작전은 대성공으로 끝났고, 나와 이종태 하사는 각자 내무반에서 하사 생활 일주일 만에 내무반장을 맡게 되었다.

이종태 하사는 충주가 고향이었는데 군에 입대하기 전에 충주에서는 알아주던 폭력배로 성격이 난폭하고 고집이 센 친구였는데 의리가 있어 교육기간 동안 나와는 절친하게 지내던 사이였다. 다리 신경을 다쳐 구보를 할 때면 고통을 참으려고 악을 쓰는 모습이 안쓰러워 보였다.

그래서 훈련을 받을 때면 늘 그의 배낭과 M1소총을 내가 들고 뛰곤 했었다. 그 일을 잊지 못하는지 늘 고맙게 생각하고 항상 나를 따랐다. 그 후 그는 한쪽 눈을 잃고 광대뼈가 부서지는 사고를 당해 병원으로 후송된 후 지금까지 행방을 알 길이 없다. 지금 어디서 잘 살고 있는지 소식을 묻고 싶다.

***

처음으로 주번하사 근무를 지정받고 나니 걱정이 되었다. 일주일 동안 중대의 모든 업무를 관장해야 하는데 졸병하사가 임무를 수행하기란 쉽지 않을 것 같았다.

"그렇지! 바로 그거야!"

나는 곧바로 박광운 병장을 찾았다.

"박 병장, 우리 중대 고참 병장들 모두 P·X로 불러줘. 내 오늘 한턱낼 테니."

"박 하사 무슨 좋은 일 있어?"

"아니야. 여기 온 지도 꽤 되었으니 한턱내고 싶어서 그래."

"알았어. 술 사 준다는데 안 올 애들 있겠어."

"박 병장 고마워."

나는 고참들에게 술을 한 잔씩 따라주었다.

"내가 오늘 막걸리 세 말 살게."

"하사한테 신고 받긴 처음인걸. 하여튼 고마워."

주거니 받거니 술좌석이 무르익어가고 있었다.

"실은 너희들한테 부탁이 있어서……."

"뭔데? 말해봐."

"내일부터 내가 주번하사를 처음으로 하는데 애로사항이 있어서 그래."

"말하라니까."

"너희들 내일 아침 점호시간에 열외 없이 참석 좀 해줘."

"그것도 부탁이라고 하냐? 알았어. 그렇게 하지 뭐."

"그래! 그래!"

공짜로 술을 얻어 마신 탓인지 모두 쉽게 대답을 해 주었다.

"집합상태가 양호해서 오늘 일조점호는 모든 것 생략하고 이것으로 끝마친다. 각자 내무반으로!"

점호를 막 끝내려고 하는데, "네가 나를 찾았냐?" 하면서 김 병장이 뒷짐을 지고 어슬렁거리며 내 앞으로 걸어오고 있었다. 김 병장은 사고를 치고 영창을 밥 먹듯이 들락날락하는 자로 군 생활을 십 년도 넘게 하고 있었다. 전과도 탈영, 폭행, 명령 불복종, 하극상 등 다양했다.

김 병장은 누구의 얘기도 듣는 법이 없는 안하무인이다 보니 중대장도 그의 일에는 간섭을 하지 않았고 그가 나타나면 중대원들은 자리를 피하기가 일쑤였다. 고참 병장들 술 사 먹이고 만들어 놓은 자리를 이렇게 망치고 부하들 앞에 망신당하는구나 싶어 나도 모르게 화가 치밀어 올랐다.

"그래 내가 널 불렀다. 이 자식아!"

나는 차고 있던 4·5구경 권총을 꺼내 거꾸로 잡고 김 병장의 이마를 내리찍었다. 눈 깜짝할 사이에 일어난 일이라 김 병장은 이마에 피를 흘리며 그 자리에 쓰러지고 말았다.

"나 군대생활 하고 싶은 놈 아니야. 지휘보고 해!"

나는 뒤돌아서 내무반으로 돌아와 버렸다.

김 병장은 운이 좋게도 2시간 의무대에서 치료를 받고 무사히 내무반으로 돌아왔다. 지휘보고도 되지 않았고 누구도 그 일을 이야기하는 사람이 없었다. 나는 P·X에서 술과 안주를 사들고 내무반에 누워 있는 그를 찾아갔다.

"김 병장님, 미안해요. 내가 성질이 지랄 같아서 그만……."

"아니야. 내가 잘못했어. 우리 앞으로 잘 지내보자고."

"알았어! 다신 그런 일은 없을 거야. 용서해 줘. 앞으로 형으로 모실게."

김 병장은 그 일이 있은 후로 내 일이라면 발 벗고 나서 주었다. 하루는 그와 술을 같이하면서 세상 돌아가는 이야기꽃을 피우느라 점호시간이 다 되어서야 내무반에 올라왔다. 문을 열고 내무반에 들어서는데 때마침 입대 동기인 이영규 병장이 침상에 엎드려서 빳다(엉덩이를 포꽂을대나 곡괭이 자루로 맞는 일)를 맞고 있는 것이 눈에 띄었다.

 병장이 되어서도 신병을 받지 못해 식기 닦는 신세를 면하지 못한 데다가 조종사라는 직책 때문에 전차정비, 무기수입 등 온갖 굳은일은 도맡아 하고 있는데 매까지 맞는 것을 보니 동기로서 미안한 생각이 들었다.

 "이 자식들 누구 멋대로 기합을 줘. 졸병 기합 주려면 너부터 나한테 빳다 맞고 시작해!"

 나는 고참이 들고 있는 야전삽 자루를 빼앗으며 고함을 쳤다.

 "이 병장 너는 일어나!"

 그때였다. 어디선가 번개 같은 주먹이 나의 턱을 명중시켰다. 얼얼한 뺨을 비비며 옆을 돌아보니 난롯가에 김효선 하사가 나를 노려보고 서 있었다. 김효선 하사는 내무반장을 나에게 넘겨준 일로 평소 나를 곱지 않게 보고 있던 터라 잘 걸렸다는 표정이다.

 "선배님, 애들 보는데 주먹으로 치지 말고 빳다를 치시지요."

 나는 난롯가에 서 있는 그에게로 바짝 다가갔으나 그는 아무런 대꾸도 없이 그냥 인상만 쓰고 있었다. 담배를 하나 꺼내 불을 붙이고 나서 연기를 내뿜었다.

 "에이, 쌍! 더러워서 군대생활 못하겠네. 오늘 끝내버리고 말아!"

 이빨을 으드득 갈며 그를 노려보아도 미동도 하지 않는다.

 "아니야 그래도 참아야지. 그래 참자!"

 나는 독기를 품은 눈으로 그를 응시한 채 피우던 담뱃불로 팔뚝에다 참을 인(忍)자를 새기기 시작했다. 뜨거운 담뱃불에 지져지는 살점에 글자가 거의 완성될 무렵 그는 내 시야에서 어디론가 사라지고 없었다. 내무반은 무거운 침묵이 흐르고 침상에 앉아 있던 병사들만이 하얗게 질린 얼굴로 나를 쳐다보고 있었다.

그래도 병사들에게는 내가 인기 만점이다. 왜냐하면 내가 주번하사를 할 때면 당직사관을 어떻게든 설득시켜 취침점호를 취했고, 행여 졸병들이 감기라도 들면 객지에서는 몸이라도 건강해야 된다고 억지로 내무반에서 휴식을 취하게 하는 한편 먹을 것을 듬뿍 사다가 주곤 했다.

또 그들이 서야 할 보초를 몰래 서 주면서 불침번에게는 너만 아는 일이니 내가 대신 보초선 것을 다른 사람이 아는 날에는 그날이 제삿날이 될 것이라고 으름장을 놓았다. 그런 내 행동 탓인지는 모르겠지만 중대원들은 나를 무척이나 좋아하고 잘 따랐다. 그들은 담배 배급이 나오면 담배 안 피우는 병사들 것을 몽땅 모아 내 관물대 안을 가득 채워놓는 일을 빼놓지 않았다.

모두들 나를 보면, "박 하사님 담배 한 대 드릴까요? 술 한 잔 사 드릴까요?" 하고 묻는 것이 인사가 되어버렸다.

내 P·X장부는 술 먹고 흥청망청 쓰다보니 월급 받은 지 3일도 안 되어 동이나 버린다. 나는 돈이 없으면 중대장 이하 하사 이상 전 간부들 장부에 가로열고 '박 하사'라는 이름을 기록(당연히 갚을 길이 없고 갚을 생각도 안 하면서)하고 승낙 없이 물건을 사버리는 일을 서슴지 않았다. 그러다보니 현금으로는 동전 한 푼 누구도 나에게 빌려주는 사람이 없었지만 개의치 않았다.

나를 중대에서는 일명 '골통'이라고 불렀다. 아무도 못 말리는 고집불통인 데다가 하고 싶은 것이 있으면 생각 없이 일만 저지르는 행동을 빗대어 지어준 이름이었다.

***

벌써 추운 겨울이 가고 어느덧 파릇파릇한 새싹이 돋아나는 봄을 맞고 있었다. 봄이 되면서 나의 부대생활은 온통 내 세상이 되었다. 내무반장도 다른 동기에게 인계하고 배구연습에만 열중하는 배구선수 책임자가 된 것이다.

우리 팀은 단일팀으로도 군단대표로 활약할 만큼 실력을 갖추고 있었고 봄부터 가을까지 다른 일은 하지 않고 합숙훈련장에서 배구연습만 열중했다. 부대에서는 우리의 건강을 염려하여 부대에서 기르는 돼지 10마리와 오리 100마리를 보급해 주었다.

정비반에 근무하는 김 중사가 책임자로 있었지만 영외거주자인지라 실제로는 내가 모든 것을 관리감독하고 있었다. 우리 배구팀은 주위에서는 상대할 팀이 없는 가공할 위력을 가진 팀이었다. 오른쪽 전위를 맡은 최봉락의 190센티미터 거구에서 내려 꽂는 공격과 함포사격처럼 적의 후방을 유린하는 거포 김재환, 또한 188센티미터의 키에 스피드를 겸비한 이찬호와 내가 왼쪽 공격을 맡고 있어 세터를 포함한 여섯 명이 모두 공격수이다 보니 볼이 어디에 떠있던 관계없이 공격이 가능했고, 특히 나의 180도 회전공격은 시간차를 혼합한 특수한 공격으로 상대방 선수들이 전혀 예측할 수 없는 비밀무기였다.

당시는 6인조 배구가 막 도입되던 시기여서 6인조 배구에 경험이 있는 선수는 그리 많지 않았다. 그런데 우리 선수들은 모두 군 입대 전에 6인조 선수경험이 있어 감히 대적할 팀이 없는 것은 당연한 일인지도 모른다. 우리 팀은 전승가도를 달렸고 모든 시합에서의 우승은 이제 당연한 것으로 누구든 믿을 정도였다.

전투가 없는 곳에서 부대를 평가하는 것이 운동이었고 우리 팀의 우승은 곧 전투력 평가로 이어져 지상의 왕자다운 면모를 알리는 데 손색이 없는 데다 주변 타부대의 부러움을 한 몸에 안고 있었다.

우리 부대에 설치된 운동연습장은 연습경기를 위해 방문하는 타부대 선수들로 늘 북적거렸다. 멀리 사단 대표선수들도 우리에게 기술을 배우겠다고 방문할 정도로 인기가 대단했다.

우리 선수들은 이 영광을 계속 유지하기 위해 피나는 노력을 계속했고 야간에는 당시 세계를 재패한 일본여자 배구팀의 훈련 장면과 올림픽에서 동메달을 획득한 일본남자 배구팀의 연습장면을 녹화한 필름을 보면서 작전에 관한 연구도 게을리 하지 않았다.

또한 시합 열흘 전부터 손톱 발톱은 물론 면도까지 하는 일이 없었다. 시합 전날에는 산기슭에 있는 연고 없는 묘를 찾아가 승리기원 성묘를 드리고 야간 점호를 취해 여자 빨간 팬티를 입지 않으면 시합에 출전시키지 않는 전통(?)을 세웠다.

또 시합 당일에는 시합장에 도착할 때까지 '산~에는 진달래~ 들엔 개나~리……' 목청을 높여 우리들이 정한 승전가를 부르기도 했다. 운동 시합에서는 이상하게도 징크스가 있다고 믿고 있었기 때문이다.

어느 일요일이었다. 그동안 시합으로 쌓인 피로가 누적되어 선수들 모두가 쉬고 싶은 눈치였다. 마침 일요일이라 오전에 간단히 몸을 풀고 쉬기로 마음먹었다.

"오늘 훈련은 오전으로 끝이다. 오후에는 푹 쉬도록 할 것" 하고 나는 선수들을 쉬도록 했다. 모두가 환호성이다. 오전연습을 마친 나는 이찬호, 박광운 병장과 함께 부대 밖에 있는 주막집을 찾았다.

"어머! 박 하사님. 이렇게 일찍 웬일이세요?"

방문을 반쯤 열고 얼굴을 내민 주인여자는 속살을 드러낸 채 웃으며 인사를 한다. 밖에서는 술을 퍼내느라 독을 바가지로 긁는 '달그락' 소리가 방안에까지 들리더니 이내 술상이 들어왔다. 객기 부린다고 막걸리에 소주를 섞어 마셨더니 금방 정신이 몽롱해지기 시작했다. 취기가 올라 바람을 쐬러 밖으로 나왔다.

갑자기 인근 공병대대에 근무하는 김종철 상병이 생각났다. 내가 방황하던 시절, 김 상병은 제천 역전에서 구두닦이를 하면서 내가 술 마시고 갈 곳이 없으면 여인숙으로 데려가 재워주던 친구다.

그가 2개월 전에 나를 찾아왔다. 군에 입대하여 공병병과를 받고 이곳으로 배치 받아 왔다고 한다.

"야, 너 철이 아니야!"

"형! 이게 얼마만이야. 보고 싶었어!"

종철이와 나는 그날 기억이 없을 정도로 술을 퍼 마셨다.

그가 갑자기 생각이 나고 보고 싶어서 나는 발걸음을 공병대로 옮겼다. 모자는 삐뚤어지고 앞가슴은 풀어헤친 채 휘청거리는 몸을 겨우 지탱하고 있는 내 모습이 가관이었다.

"야~ 인마~, 종~철이 어디~ 있어. 이리 데리고 와."

내 혀 꼬부라진 소리를 듣고도 초병은 말없이 앞만 바라보고 서 있다.

"너 내 말이 말 같지 않냐? 뭐 이런 새끼가 있어!"

소리를 버럭 지르며 초병 앞으로 한 발짝 나서려는 찰나 어디선가 주먹이 날아들었다. 나는 얼굴을 맞고 '아이쿠!' 하는 신음소리를 내며 코를 움켜쥐고 그 자리에 주저앉았다. 순식간에 벌어진 일이었다. 정신을 차려보니 코를 정통으로 맞았는지 코피가 줄줄 흐른다.

"어떤 새끼야!"

벌떡 일어서며 소리치는 내 목소리를 듣고 위병소 안에서 20여 명의 병사들이 우르르 몰려나오는 것이 보이는 순간 나의 몸은 비호처럼 허공을 날았다. 순간적으로 위기의식이 발동한 것이다.

위병소 문을 나서던 병사 몇 명이 턱과 가슴에 내 주먹을 맞고 쓰러졌고 순식간에 위병소 주변은 아수라장이 되었다. 급기야는 주번사령 완장을 찬 대위가 쫓아 나왔지만 그에게도 내 주먹은 반사적으로 날아가고 있었다.

때마침 그곳을 방문한 보안대 하사의 연락을 받고 출동한 우리 부대 당직부관에게 강제호송당하는 것으로 싸움은 끝이 났다.

싸움의 발단은 이러했다. 그날 공병대대에서는 무단이탈해서 술을 먹고 들어온 부대원 20여 명을 위병소에 모아놓고 육사를 갓 졸업한 소대장이 훈계를 하고 있던 중이었다. 그때 마침 내가 위병소를 찾아갔고, 술 취한 낯선 병사가 초병에게 시비 거는 것을 본 소대장은 그 이유도 묻지 않고 주먹질을 한 것이다.

이성을 잃은 나는 이들이 집단으로 공격하는 것으로 오해를 했다. 위기를 느낀 나는 반사적으로 그들에게 대항한다는 것이 주번사령에게까지 폭력을 행사하는 사고를 친 것이다.

우리 부대의 그날 당직사령은 우리 중대장이었다. 내가 부대에 도착하여 지프차에서 내려서 보니 중대장은 연병장에서 나를 기다리고 있었다.

"중대장님, 나 영창 보내주십시오."

중대장은 어이가 없다는 표정으로 "저 새끼 데려다 재워!"라는 한마디를 남기고 당직실로 사라져버렸다. 술에 취한 나는 그 후에 일어난 일을 기억하지 못했다.

눈을 떠 보니 주막집 방안에 누워 있는데 벌써 해가 중천에 떠 있었다. 전날 마신 술 때문인지 머리가 어지럽고 속이 메스꺼웠다. 철조망을 넘어서 살금살금 숙소로 돌아왔다.

"박 하사님, 중대장님이 찾는데요."

"언제?"

"벌써 한참 되었어요. 박 병장, 이 병장은 벌써 불려갔고요."

중대장실에 도착해서야 사태가 심상치 않음을 직감했다. 문을 열고 들어서니 중대장이 의자에 지그시 눈을 감고 앉아 있는데 그 옆에는 박 병장과 이 병장이 무릎을 꿇고 앉아 있었다. 잠시 침묵이 흘렀다.

" 박 하사 너 어제 무슨 짓을 했는지 알아?"

"……"

"박 하사, 너 운 좋은 줄 알아. 내가 정 대위를 잘 알아서 다행이지. 너 이놈아. 남한산성 갈 뻔한 거 알기나 해?"

"잘못했습니다."

"너 인간이 불쌍해서 내가 대신 빌었다. 그러니 지금 내 차 내줄테니 당장 정 대위에게 가서 손이 발이 되도록 빌어. 어서 나가!"

그길로 정 대위를 찾아가 손이 발이 되도록 빌었다. 징오가 되시야 겨우 용서를 받고 돌아오니 그때까지 중대장은 자리에서 꼼짝도 하지 않고 앉아 있었다.

"너희들 세 놈 모두 지금부터 연병장에 나가 잘못을 뉘우칠 때까지 해 뜨는 쪽을 바라보고 부동자세로 서 있어!"

소리는 질렀지만 그 목소리는 어딘가 모르게 정이 듬뿍 담긴 목소리였다. 정 대위는 우리 중대장이 대위로 병기기지창에 근무할 때 소위로 임관되어 첫 근무를 시작했다고 한다. 그가 대위로 승진할 동안 중대장

157

은 진급을 하지 못해서 지금은 같은 계급이 되었지만 아직도 상사의 예를 갖추고 있었다. 그런 인연이 있었던 관계로 하극상에 근무자를 폭행한 내가 무사할 수 있었던 것이다.

여름의 햇살은 정오가 넘자 더욱더 뜨거워져 태양을 바라보고 있는 우리들 몸뚱이를 사정없이 내리쬐고 있었다. 이마에 맺힌 땀방울은 얼굴로 흘러내리고 등줄기에도 땀방울이 송골송골 맺혀서 입고 있는 군복을 적시고 있었다.

운동장에 부동자세로 서서 나는 깊은 생각에 잠겼다. 내 멋대로 생각하고 행동하면서도 늘 하늘이 날 버렸다고 목숨마저 날려 보내려 했던 지난 세월들……. 천길 절벽을 언제나 남의 도움으로 다시 올라오고도 감사할 줄 몰랐던 지나간 세월들이 가슴 깊은 곳에서 하나씩 다시 떠오르고 있었다.

감고 있던 눈을 뜨는 순간 이 세상이 정말 아름답게 보였다. 다른 사람의 도움을 감사히 생각하고 남들을 용서하는 마음이 왜 나에겐 없었을까? 눈을 뜨면 이렇게 아름다운 세상을 왜 나는 이제까지 눈을 감은 채로 살아왔을까? 후회와 감동이 교차하는 이정표 밑에 서 있는 너무 어리석은 나를 이제야 깨달을 수 있었다.

이 아름다운 세상을 살려면 마음부터 아름다워야 한다. 이 세상 모든 고통을 혼자 다 짊어진다 해도 행복한 마음으로 웃으며 살자. 그것이 이날 중대장이 나에게 준 귀중한 선물일 것이라고 생각한 나는 이제부터 후회 없는 삶을 살기로 마음속으로 굳게 다짐했다.

"너희들 충분히 반성한 것으로 알겠다."

중대장은 우리들이 불쌍해 보였는지 삼십 분도 안 되어 중대장실로 불러들였다. 중대장에게 너무 고맙고 죄송스러웠다. 중대장 은혜에 보답하는 길이 없을까 하고 궁리를 하다 우선 술부터 끊기로 작정했다.

이날부터 나의 피나는 노력은 시작되었다. 술로 기억력을 마비시키려 했던 내가 술을 끊기란 여간 어려운 일이 아니었다. 하루에도 몇 차례씩 술 생각이 나서 P·X에 뛰어 들어갔다가 입술을 깨물며 먹고 싶은 충동을 억지로 참아야 했다.

이십여 일이 지나니 막걸리 딱 한 잔만 하고 싶은 생각이 머릿속에 꽉 차 있어 좀처럼 발길이 떨어지지 않았다. 참으면 참는 것만큼 술을 먹고 싶은 생각이 더 든다. 그래도 이를 악물고 참았다.

한 달이 지난 후에 술자리에 앉아보았더니 참을 만하여 그때부터 자신감이 생겼다. 그 후 전역할 때까지 술을 먹지 않았지만 알코올 중독자에 위험인물로 낙인찍힌 이미지는 6개월이 지나도록 나를 그림자처럼 따라다니며 좀처럼 사라지지 않았다.

가나안 농군학교 학생이 되다

술을 마시지 않은 지 한 달이 다 되어갈 무렵, 나는 중대장의 추천으로 가나안 농군학교 교육을 다녀왔는데 그곳에서 김용기 장로의 가르침을 받은 것이 내 일생에 얼마나 많은 보탬이 되었는지 지금도 교육을 받았던 모든 일들이 빠짐없이 기억에 생생하게 떠오른다.

"박 하사, 자네한테 딱 어울리는 교육이 하달됐는데 가지 않겠나?"

어느 날 중대장은 나를 불러 은근히 교육갈 것을 권유했다. 농촌 지도자들만 받는 가나안 농군학교 교육을 군에서 특별히 위탁을 했다고 한다. 우리 부대에서는 나를 포함해서 1중대 이 하사, 3중대 고 하사 등 3명이 선발되었다.

가나안 농군학교는 서울 천호동과 경기도 광주를 경계로 하는 외곽에 위치하고 있었는데 일요일 저녁까지 입교를 해야 하므로 토요일 오전에 출발했다. 함께 입교하는 이 하사의 집이 가나안 농군학교에서 가까운 청평에 있어서 우리들은 이 하사 집에서 하룻밤을 묵기로 했다.

청평 댐을 지나 설악 면소재지에 도착해 버스에서 내렸다. 그곳에서도 오리 길을 더 걸어가서야 이 하사 집에 도착했다. 이 하사 어머니는 군에서 고생하는 아들이 왔다고 닭을 잡아 가마솥에 끓이고 밥을 짓는 등 야단법석이다.

이 하사 아버지에게 선물로 준비한 소주를 한잔 권했더니 술을 못한다면서 오히려 나에게 잔을 권한다. 술을 마시지 않은 지도 한 달이 되어 이제는 제법 참을 만한데 어른이 주는 술잔을 사양하기도 민망하여 오늘 하루만 술을 마시기로 마음을 바꾸었다.

이 하사 아버지가 자리를 뜬 후에도 혼자 병에 남은 술을 홀짝거리고 있었다. 한 병을 거의 다 마셔갈 무렵 창식이란 자가 이 하사를 찾아왔다. 창식이는 이 하사 동네친구였다. 우리는 인사를 나누고 술을 주고받으니 금세 술병이 바닥이 났다.

닭이 솥에서 삶기는 구수한 냄새가 내 코를 자극한다.

"우리 한잔하러 갈까?"

"어머니가 준비하는 저 닭이 아깝기는 한데…… 그러시 뭐."

닭이 다 삶아지기도 전에 창식이와 나는 집을 나와 면소재지로 향했다. 면사무소 옆에 조그만 주막집이 하나 있었다. 우리는 그곳에서 술을 마시기로 작정하고 안으로 들어갔다.

처음 만난 사람들 같지 않게 마음이 통하여 술을 마시다 보니 어느덧 자정이 넘었다. 창식이란 사람은 술이 약한 탓인지 술상에 코를 박고 어느새 잠이 들었다.

그를 남겨두고 나 혼자 그곳을 나와 이 하사 집을 찾아 오솔길을 걸었다. 한참을 걷다 보니 앞에 시냇물 위로 외나무다리가 놓여 있는 것이 눈에 띄었다. 비틀거리는 몸을 추스른 후에 정신을 바짝 차리고 조심스럽게 다리 위에 한발 한발을 옮겨놓았다. 다리를 거의 다 건넜다 싶었는데 '아뿔싸!' 그만 발이 미끄러져 다리에서 떨어지고 말았다.

눈을 뜨니 이 하사 집 안방에 발가벗겨진 몸으로 이불에 쌓여 누워 있었다. 밤이 늦도록 돌아오지 않자 동네 사람들이 나를 찾아다녔는데 찾고 보니 내가 시냇물을 베개 삼아 정신없이 코를 골고 다리 밑에서 자고 있더란다. 그래서 집으로 데려와 옷을 벗기고 안방에 잠을 재웠다고 했다.

너무도 창피해서 눈만 껌뻑이며 꼼짝도 하지 않고 누워 있었다. 얼마 있다가 정신을 차리고 보니 부대에서 가져온 가나안 농군학교 입학금 800원이 감쪽같이 없어졌다. 이런 낭패가 어디 있겠는가 싶고 걱정이 태산 같았다. 다행히 이 하사 집에서 돈을 빌려주어 학교 입학을 할 수 있었다.

가나안 농군학교에 도착하니 우리와 함께 교육을 받을 공수부대와 공군병사들이 이미 도착해 있었다.

가나안 농군학교는 약 만여 평 되는 땅에 과수, 채소 등 각종 농작물을 비롯해 소, 닭 등 모든 가축들을 기르는 대단위 농장이었다. 이곳은 쓸모없는 황무지였는데 6.25전쟁이 끝나던 해에 김용기 장로가 이곳으로 와서 토담집을 짓고 가족과 함께 개간을 하여 지금의 농장을 만들었다고 한다. 김 장로는 해방 후 여운형 선생을 따라 정치활동을 하다가 그와 헤어지면서 정치활동을 마감하고 농촌활동의 기틀을 마련하기 위해 이곳에 이주를 했다.

포탄껍질을 구해 매달아놓고 새벽 네 시에 그는 기상나팔 대신 종을

친다.

"땡땡땡! 땡땡!"

요란한 소리가 울려도 너무 피곤한 가족들은 일어날 기미가 보이지 않는다.

'삼천리 반도 금수강산…… 일하러 가세 일하러 가…….'

이번에는 가족들이 일어날 때까지 방문 앞에서 찬송가를 부른다. 그들 가족의 고달픈 일과는 이렇게 시작되었다.

한 끼의 밥을 먹기 위해서는 네 시간 이상 일을 해야 하고 그래서 아침식사를 하기 위해서는 새벽 네 시에 일어나 일을 해야 한다.

새벽부터 밤늦게까지 곡괭이로 파헤친 땅에 씨앗을 심고 가꾸기를 십여 년. 사막과도 같은 이 땅이 어느 사이 꿀물이 흐르는 가나안으로 변했다는 것이다.

농장이 완성된 후부터는 어려운 농촌을 잘살게 하기 위해 젊은 후계자 양성에 온 정열을 쏟았고 그 노력이 지금의 가나안 농군학교가 되었다고 한다.

이곳 교육생들은 농협장의 추천을 받아야 입교할 수 있다. 이들은 1, 2, 3차로 나누어 교육을 받는데 1차 교육은 정신교육으로 10일, 2차 교육은 두 달간 이론과 실습을 겸한 농축산물 재배 교육, 3차는 6개월 동안 농작물 등에 대한 세부적인 기술을 습득하는 실습교육을 시키고 있었다.

교수진을 살펴보면 아버지 김용기 장로는 교장, 큰 아들은 목사, 둘째는 교감, 셋째는 농장장 및 시청각 교육장, 사위는 법학 및 축산담당, 첫째 둘째 며느리와 큰딸은 의식주교육 및 급식담당을 맡고 있다.

이들의 집들도 중앙에 교장 집을 중심으로 울타리 없는 농장 동서남

북에 아들, 딸집들이 둘러싸고 있다. 밤낮으로 기도에만 열중인 교장 부인만 유일하게 지도교육에 불참했다.

이곳 일과는 '새벽 네 시에 기상해서 새벽기도와 성경공부, 여섯 시 점호와 동시 10킬로미터 구보 후 아침식사, 여덟 시부터 오전 정신교육 후 중식, 오후 한 시부터 각종 교양 및 농장실습 후 석식, 오후 여섯 시부터 밤 열두 시까지 시청각 교육과 저녁성경공부 및 점호 후 취침'으로 단 1분의 개인 시간도 허락하지 않았다.

식사는 하루 계란 한 개 이외에는 순수한 야채 반찬이 아침, 저녁이고 점심은 식빵 한 조각에 라면 국물뿐이었다. 식사군기가 엄하여 받은 음식은 밥 한 알도 남기지 말아야 함은 물론 국이나 반찬도 남겨서는 안 되었다.

그뿐이 아니었다. 군에서는 3보 이상 구보이나 여기서는 1보 이상 구보로 학교 내에서는 걷는 사람은 눈을 씻고 보아도 없었고 식사시간은 식탁교육이란 명목으로 한 시간을 다 보냈다.

군의 정예부대로 손꼽히는 공수부대와 기갑교육을 받은 우리도 새벽 네 시에 '천당에 가는 길 험하여도~' 기상을 알리는 찬송가 멜로디가 흘러나오면 '여기가 지옥이다 어서 일어나라'는 소리로 착각할 정도였으니 사회에서 받는 교육치고는 혹독한 교육이라 아니할 수가 없다.

이 학교는 이상한 특색이 있었다. 만여 평 되는 농장에는 울타리가 없고 출입하는 데는 아무런 제한이 없었고, 아무도 개인행동을 간섭하지 않았다. 교육생들에게도 하루 일정만 알려주었지 결코 강요하는 경우는 없었다.

점호는 인원 숫자만 확인하지 누가 참석하고 안 했는지는 관심도 없었다. 그야말로 모든 것은 스스로의 선택에 달려있다.

그런데도 한 명의 불참자도 없고 불평 한 마디가 없다. 자유로우면서도 무엇인지 모르는 이상한 힘에 온몸이 꽁꽁 묶여 있는 것 같은 느낌이지만 싫지 않은 느낌이었다.

5대 강령과 14개 규약을 만들어놓고 몸소 실천하도록 하고 맨손으로 가족과 함께 이루어놓은 이 농장에서 우리는 나도 모르게 근면과 절약, 도덕과 질서를 몸으로 배우고 있었다.

교육은 김용기 장로의 공공질서 지키기부터 시작한다.

"여러분 서울역 공중변소가 왜 지저분한지 아십니까? 일보 앞으로와 정조준을 실천 안 해서 그렇습니다. 일보 앞으로가 무엇인지 생각해 보세요. 앞사람이 힘이 약해 자국을 남기면 다음 사람은 더러워 그것 안 밟으려고 일보후퇴, 그러니 화장실 밖에까지 흘러나온 소변 때문에 공중변소 사용할 수 있습니까?

또 정조준을 잘해야 될 볼일을 잘못하여 구멍 옆에 한 무더기 실례를 하고 사라지면 다음 사람은 치울 생각은 하지 않고 한쪽 다리 들고 다시 옆으로, 그래서 공중변소는 악취가 진동하니 누가 사용하겠습니까? 여러분들이라도 일보 앞으로와 정조준을 잘 지킵시다."

골덴 양복에 고무신을 신고 늘어진 안경테 너머로 가끔 눈웃음 짓는 김용기 장로의 구수한 목소리가 점심시간을 훨씬 넘겨도 멈출 줄 몰랐다.

"비누칠은 많이 해서 좋은 것이 아닙니다. 세숫비누는 여자는 세 번, 남자는 한 번 문질러도 충분히 할 수 있는데 우리나라 사람들 너무 낭비가 심합니다. 여러분은 꼭 그렇게 하세요.

치약 껍질은 왜 버립니까. 자원 없는 나라에서 퓨즈를 만들어 쓰면 얼마나 좋은지 아세요?

그리고 여러분들은 비싼 돈 들여 결혼식장 구하지 말고 신붓감 구하면 이리로 오세요. 주례는 막사이 상을 수상한 내가 서고 밀가루 한 포로 빵을 구우면 손님접대는 넉넉할 것이고 신랑은 재건복 맞추는 돈만 들면 되니 얼마나 절약이 됩니까?"

근검절약하는 예를 들어가면서 술술 넘어가는 그의 강의는 듣는 사람의 심금을 울리기에 충분했다. 잘살기 위한 노력은 스스로 하는 것이지 남이 가르쳐 주는 것이 아니며 한 끼를 먹기 위해서는 네 시간을 일해야 하는 것은 가나안 농군학교의 5대 강령 중의 하나로 이를 실천하면 누구나 잘사는 낙원을 이룰 수 있으니 동참하라는 그의 말을 가슴 깊이 꼭 간직하고 싶었다.

열흘의 교육을 마치고 귀대하면서 나는 가나안 농군학교에서 배운 모든 것을 실천하는 그의 제자가 되겠노라고 마음속으로 다짐을 했다. 그러나 수십 년이 지난 오늘날까지 행동으로 보여주지 못한 아쉬움이 남아 고인이 된 그의 모습을 회상하며 미안한 생각을 한다.

* * *

모처럼 군대생활 마지막 정기휴가를 받아 홀가분한 마음으로 고향 제천행 열차를 탔다. 하사관 학교 졸업휴가 열흘을 제외하고는 지금까지 정기휴가는 물론 포상휴가도 반납하고 먼 길을 가본 적이 없었다.

사회와 떨어져 있는 군대생활에 오히려 마음이 편했기 때문이다. 아마 기억하고 싶지 않은 과거가 다시 떠오를 것 같은 공포에 바깥세상이 두려웠는지도 모르겠다.

달리는 열차의 기적도 한결 경쾌한 소리로 노래 부르는 것 같았다.

"어머니, 저 왔습니다."

"윤신아, 오랜만이다. 군 생활 고생 안 되니?"

집 안을 들어서자 어머니는 보이지 않고 초등학교 동창인 복남이가 우리 집에서 나왔다.

"네가 웬일로 우리 집에 와있니?"

"너희 집 서울로 이사 간 지 한참 되었는데, 너 연락 못 받았구나. 내가 이리로 이사 왔다."

"뭐, 서울로 이사 갔다고. 어디로?"

"글쎄, 너희 아버지 말씀으로는 큰형 집으로 간다고 그러던데……. 어딘지는 잘 모르겠다."

나는 그날로 인천 누나 집을 찾아갔다. 누나의 말을 빌리자면 아버지는 점점 늘어나는 고리채를 감당할 수가 없어 재산을 모두 처분하고 큰아들과 함께 살겠다는 핑계로 고향을 떠나 이곳으로 오긴 했으나, 죽어도 큰아들 집에는 가지 않겠다고 하여 월셋방 하나 얻어서 두 분이 지내시는데 생활비는 아버지가 반신불수 된 몸으로 부평 역전에서 길가는 사람 사주관상 보아주고 받는 몇 푼으로 겨우 생활하고 계신다고 했다.

누나는 이 말을 내게 전하면서 서러움에 북받친 듯 눈물을 하염없이 흘리고 있었다. 누나도 생활이 어렵기는 마찬가지였다. 결혼 후에 시집살이를 견디지 못하고 이곳 인천으로 분가를 했으나 매형이 마땅한 직장을 구하지 못하고 정미소에서 일을 하며 근근이 생활을 하는 처지였다. 그러니 마음만 아프지 부모 도울 형편이 안 되었다.

집에서 한가히 휴가를 보낼 형편도 아니라서 바로 부대로 돌아가고 말았다. 귀대하는 즉시 나는 중대장을 찾아갔다.

"중대장님, 저 장기복무 신청하겠습니다. 허락해 주십시오."

"뭐라고? 박 하사가 장기복무하겠다고. 하! 하! 하! 너 휴가 다녀오더니 무슨 바람이 불어서 그래."

"집안이 파산을 해서……. 꼭 허락해 주십시오."

"너는 안 돼!"

사고뭉치인 내가 장기복무하면 군대생활 적응하지 못하고 또 사고나 칠 것으로 생각한 모양이다.

때를 맞추어 부대 개편 작업이 진행되어 우리 부대는 새로 창설된 기계화 여단으로 소속되어 XX사단으로 편입되었다.

중대장 의견을 무시하고 여단에 장기복무 신청서를 제출했으나 소속 중대장의 의견을 첨부하라고 되돌려 왔다. 결국 나는 장기복무를 포기해야만 했다.

전역할 날이 한 달 앞으로 다가왔다. 이제 사회로 나가면 무엇을 하여야 할지 걱정이 앞선다. 학교는 포기한 지 오래되고 근근이 살아가는 부모를 보살펴야 하는데 마땅히 할일이 없다. 머리를 싸매고 고민을 해봐야 뾰족한 생각이 떠오르지 않았다.

"내가 없어지면 형들이 부모님들 모셔갈 수도 있을 거야. 어차피 난 죽은 목숨이잖아."

생각이 여기에 미친 나는 홍천 노천리에 있는 재건학교로 가기로 결심을 굳혔다. 그곳에서 아이들을 가르치겠다는 생각이었다.

한편 파란만장했던 군대생활은 정도 많이 들어 아쉬운 생각도 들었다. 특히 중대장은 나를 새사람으로 만들어 주었으니 무엇인가를 보답을 하고 싶었다. 생각 끝에 우리가 떠나더라도 오래 기억해 달라고 각자 이름이 적힌 거울을 선물하기로 전역동기들과 의견을 모아서 거울 네 개를 사가지고 소대내무반까지 하나씩 벽에 걸어주었다.

선물을 받은 중대장은 군에서 제대하는 놈들이 부대에 선물하는 경우는 군대생활 이후 처음이라면서 좋은 선물 받았으니 그냥 지나칠 수 없다고 회식자리를 마련해 주었다. 중대장의 회식이 끝나자 이번에는 소대장이 전별식을 준비했고 이런 행사는 전역 하루 전까지 계속되어 우리들은 행복한 고생을 해야 했다.

　우리가 전역하는 날 부대는 비상이 걸려 출동준비를 하느라 대원들이 분주하게 움직이고 있었다. 그래도 헤어지는 것이 서운했는지 짬을 내어 우리들을 배웅한다고 야단들이다.

　정들었던 부대를 떠나는 마음은 울적하기만 하다. 같은 침상에 누워 희로애락을 같이했던 전우들! 이제 헤어지면 다시는 보지 못할 것 같아 손을 꼭 잡고 한참동안이나 서로 아쉬운 작별의 인사를 나누었다.

　"몸 건강해야 한다. 언젠가는 또 만날 수 있겠지……."

　말끝을 얼버무리고 훌쩍거리며 정문을 나오는 우리들 저 멀리엔 '부르릉' 거리는 전차 시동소리만 발길을 재촉하는 듯 했다.

구름아 걷혀라. 밝은 세상을 위해

전역을 하고 곧바로 홍천으로 갈 생각을 했으나 부모님을 뵙지도 않고 떠나는 것은 도리가 아닐 것 같아서 부모님을 뵙고 하직인사를 드리려고 부평으로 향했다.

아버지가 고향을 떠나 이사를 온 곳은 부평공단 앞쪽에 있는 갈월리(지금 명칭은 갈산동)였다.

"어머니 군복무 무사히 마치고 돌아왔습니다."

"얼마나 고생이 많았느냐? 어서 앉아라."

눈물을 글썽거리며 내 손을 잡으시는 어머니 모습이 그동안 많이 늙고 몸도 야윈 것 같아 내 마음이 편치 않았다.

"아버지는 어디 가셨어요?"

"……"

아버지를 찾는 내 물음에 어머니는 대답이 없다.

"아버지께도 인사드리고 떠나야 하는데……."
"어디를 가려고?"
"홍천으로 가려구요. 그곳에서 애들 공부 가르치는 일이나 할까 하구요."
"그래 가거라. 네 뜻이 그렇다면 누가 말리겠느냐. 가서 몸이나 건강하거라. 가려거든 아버지 보지 말고 그냥 떠나거라. 아버지 마음 아프게 하지 말고……."
 어머니는 혼잣말처럼 중얼거리며 넋이 나간 듯 멍하니 천장만 쳐다보고 있었다. 부모의 사랑은 바다와 같이 깊다고 했던가!
 별난 자식을 위해 온갖 고통 다 당하면서도 참아내더니 이제 영원히 부모 곁을 떠나려 하는 자식 앞에서도 눈물을 보이지 않으시려는 어머니! 그런 어머니가 너무 불쌍해 보였다.
 '미련한 놈! 네놈의 뜻이 뭐 그렇게 숭고하다고 자식을 위해 평생을 바친 부모가 단칸셋방에서 이 고생을 하고 계신데 어디로 떠나려 하는 것이냐?'
 자신에게 물어보아도 대답이 없었다. 한동안 침묵이 흘렀다. 야윈 어머니 얼굴을 다시 보는 순간 차마 떠날 수가 없었다. 내가 이대로 떠나면 두 분은 이곳에서 아무도 돌봐주는 사람 없는 쓸쓸한 삶을 마감할 텐데……. 이렇게 떠날 수는 없었다. 꿈이야 두 분 세상 떠나신 후에도 이룰 수 있지 않은가.
"어머니 제가 잘못 생각했어요. 안 가겠어요. 여기서 두 분과 같이 열심히 살겠습니다. 지금까지 저지른 불효는 다 용서해 주세요. 어머니!"
 눈물을 흘리는 내 뺨을 어머니는 어루만져 주셨다.
 직장을 구할 때까지는 동네 아이들을 모아 과외공부를 가르치는 일을 했다. 전역을 한 후 처음으로 구한 직장은 군대에서 운동을 같이하던 박광운 병장을 만나 그의 작은 아버지가 운영하는 수도 피아노사였는데 회사가 부도나 월급조차 받지 못했다.

두 번째로 구한 직장이 인천 화수동 부두에서 배를 지키는 야간경비였다. 내가 근무하는 부두는 동지나에서 조업을 하는 어선 50여 척이 정박하고 있는 곳이었다.

부둣가에는 잡아온 고기를 출하하는 어업조합건물 옆에 어선통제소가 있고 그 앞으로는 조그만 술집들이 다닥다닥 늘어서 있었다. 부두에 서 있노라면 끝없이 펼쳐지는 푸른 물결 속에서 비릿한 바다 냄새가 바람을 타고 내 코를 찌르고 멀리 섬을 비추는 등대불은 깜박깜박 졸고 있었다.

내륙지방에 태어나 바다구경 못한 나는 고국을 떠나 머나먼 이국땅에 온 것 같은 착각을 하곤 했다. 먼 바다에서 잡은 고기를 잔뜩 실은 배가 도착하는 새벽은 부두가 왁자지껄하지만 잠시 후 사람들은 간 곳 없고 곧 적막이 흘렀다.

"경비 아저씨 이리 오시오. 같이 술 한잔 합시다."

배에 남아 있던 어부가 나를 불렀다. 오랫동안 바다에서 생활을 해서 그런지 햇볕에 그을린 검은 얼굴이 유난히 빛나보였다.

"이거 맛 좀 보시오. 제법 싱싱한 건데 내가 술 한잔 하려고 감춰놓은 것이라오."

어부는 막소주를 양재기에 가득 따라 나에게 권하면서 안주자랑을 한다.

"바다에서 오랫동안 있었을 텐데 왜 집에 안 가셨소?"

"처자식 있는 집이 있으면 무엇 하러 이 짓 하겠소. 바다에 나가면 언제 죽을지 모르는데…….”
 주는 술을 그냥 받기 민망하여 한마디 했더니 한숨 섞인 목소리로 신세 한탄을 하는 그의 모습이 조금은 처량해 보였다.
 “저 넓은 바다에 나가면 넓은 세상이 다 내 것으로 보이지 않으시오?”
 “그렇게 좋아 보이시오?”
 그는 어이가 없다는 듯 나를 쳐다보며 쓴웃음을 지었다.
 그의 말을 빌리면 금방이라도 집어 삼킬 듯한 파도와 씨름하며 며칠을 바다에서 보내다 보면 의지할 곳 하나 없는 바다가 원망스럽고 언제 죽을지 기약이 없다고 했다. 그래서 뱃사람들은 부두에 돌아와야 안심이 되고 내일을 알 수 없어 벌어온 돈이 바닥날 때까지 계집과 술 속에 파묻혀 산다는 것이었다.
 듣고 보니 이들 생활이 광부들과 다를 바 없어 막장에서 일했던 시절을 회상하며 하늘을 쳐다보니 벌써 해가 중천에 떠 있었다. 어부의 넋두리를 다 듣지도 못하고 새끼줄에 매달아준 조기새끼 두 마리 들고 서둘러 집으로 돌아오는 내 마음은 씁쓸하기만 했다.
 뱃사람들과 애환을 같이하는 것도 나와는 인연이 아니었는지 회사가 문을 닫아 두 달 월급도 못 받은 채 부두경비를 그만두었다.
 제대 후 처음으로 예비군 훈련을 받는 날이었다. 장롱 속에 처박힌 예비군복을 꺼내니 군 생활이 생각났다.
 “모두들 몸 건강히 잘 있는지? 내 생각 하고 있겠지. 보고 싶구먼.”
 혼잣말을 중얼거리며 훈련장으로 향하는 내 머리 위엔 어느새 고추잠자리 한 마리가 하늘을 날고 있었다. 오후에는 도로주변 도랑을 파는 것으로 훈련을 대신했는데 새참으로 막걸리가 나왔다.
 객지에서 훈련을 받다보니 얼굴 아는 사람 한 명 없고 멋쩍기도 해서 술을 마시려고 우르르 몰려드는 사람들 뒤쪽에 혼자 멍청하게 서 있었다.

"이거 좀 들고 일하시지요."

사람들 속에서 한 사람이 막걸리가 철철 넘쳐흐르는 양재기를 들고 와 내게 내밀었다.

"나한테까지 뭘 이렇게……."

엉겁결에 술잔을 받아들고 서로 인사를 나누었다.

그는 연덕열이라고 자기 이름을 소개하면서 고향은 괴산이고 삼익악기 제재반장으로 일하고 있다고 했다. 나는 고향이 제천이라고 하니까 고향사람 만나서 반갑고 객지에서 외로운데 친구하자고 제안을 해 나도 쾌히 승낙했다.

그의 추천으로 나는 삼익악기 제재반에 취직을 했다. 목재를 나르고 톱밥을 퍼내는 잡일이었지만 임금은 다른 부서(초임일당이 230원)보다 월등하게 많은 일당 500원이어서 잔업을 하면 월급이 거의 2만원이 다 되었다. 그 정도 월급이면 살기에 부족함이 없을 테니 덕열이가 너무 고마웠다.

덕열이에게 보답할 기회를 찾고 있는데 마침 그의 동생이 재수를 하고 있어 과외공부를 시키겠다고 자청을 했더니 그는 기뻐서 어쩔 줄 몰라 했다. 덕열이 동생 덕희는 어릴 때 얼음판서 스케이트를 타다가 송곳에 찔려 한쪽 눈을 실명했다고 한다. 이를 비관하여 공부할 생각을 안 하는 것을 구슬리고 달래어 열심히 공부시킨 보람이 있었는지 중대 부고에 합격했다.

덕희를 합격시키고 나니 회사에서 퇴근을 하면 할일이 없어 무료하게 생활을 했다. 무엇을 할까 고민하다가 공단에는 여공들이 많은 사실을 알고 그들을 상대하는 군고구마 장사를 하기로 마음먹었다.

삼익악기에서 못 쓰는 목재를 얻어다가 리어카에 포장마차를 만들고 옆집 양장점에서 전기를 빌려 전등을 달아 놓으니 제법 어울리는 장사터가 되었다. 옥고시랑 오징어 다리 등이 진열된 진열대 밑에 연탄불 속에서 군고구마 익는 냄새가 구수하게 흘러나가니 지나가는 행인들의 발길이 멈출 만도 하다.

이곳은 많은 공단아가씨들이 퇴근하는 길목이라 찾아오는 손님도 처음에는 꽤 많았다. 삼익악기 동료들이 찾아와 얼른 돈 벌어 전세방도 얻고 예쁜 색시 얻어서 장가가라고 응원을 해 주었다.

그러나 사람일이란 의욕만 가지고 되는 것이 아닌 모양이다. 초장에 잘되던 장사가 직장동료들의 격려 방문과 함께 동료들의 술자리로 변했다. 남정네들 술 먹는 모양이 보기 싫었던지 공단 아가씨들의 발길이 하나둘씩 뜸해졌다. 나중에는 찾아오는 손님이 없어 텅 빈 장소가 되고 말아서 어쩔 수 없이 장사를 그만두었다.

삼익악기 입사한 지 한 달쯤 지나서 회사 창설기념으로 부처간 체육대회가 열렸을 때 목재부 배구선수로 출전한 것을 계기로 사내 대표선수가 되어 공단이 주최하는 시합에 출전하여 우승을 하게 되었다. 그때부터 배구 시합에 참가한 다른 회사에서는 나를 스카우트하려고 혈안이 되었고 이 소문은 멀리 부천에까지 퍼져 나갔다.

나는 운동선수로 스카우트되어 또다시 회사를 옮기게 되었는데 그곳

은 부천시 춘의동에 있는 한일 단조였다. 이 회사는 쇠를 달구어 함마로 찍어내어 크랭크 같은 자동차 부품 등을 만드는 곳으로 임금이 다른 회사보다 월등하게 많고 신분도 보장되어 부천에서도 이름난 회사였다.

입사를 하자마자 나는 회사 근처에 방을 얻어 부모님을 모셔 왔다. 이곳에서 열심히 일해 집도 사고 기술도 배워 행복한 가정을 이루고 부천에서 뼈를 묻으려는 각오를 새롭게 다졌다.

나는 2·5톤 라스코 함마에서 일을 했는데 이곳에서는 자동차 크랭크를 찍어내었다. 여기서는 함마를 조작해 크랭크를 찍어내는 기술자 장동우, 그 옆에서 벨트를 타고 온 누렇게 익은 쇠뭉치를 금형 판에 옮겨놓는 집게 잡이 이기춘, 화로 속에 잘 익은 쇠를 골라내서 컨베이어 벨트에 옮기는 가내야끼 김현황, 마지막으로 굽기 위해 쇳덩어리를 화로에 넣는 나까지 모두 네 명이 한 조를 이루어 작업을 했다.

무거운 쇳덩이를 들고 계단을 올라가 화로에 넣기란 여간 힘든 일이 아니었지만 보수를 두둑이 받는 기쁨으로 열심히 일을 했다.

부천으로 직장을 옮기게 된 것은 하늘이 나에게 준 소중한 기회라고 지금도 믿고 있다. 왜냐하면 이곳에서 내 인생의 전환기를 맞는 경찰에 입문하게 되었기 때문이다.

이곳으로 직장을 옮긴 지도 5개월이 지난 어느 날 오후 네 시쯤으로 기억된다. 휴식 시간이었다. 기계를 오랫동안 사용하면 열을 받기 때문에 휴식이 필요해서 그때를 맞춰 우리들은 휴식시간을 가졌다.

분주하게 일하던 인부들도 화장실을 다녀오는 사람, 벌겋게 달아오른 화로를 피해 공장구석에서 담배를 피우는 사람들 모습이 여기저기 보이고 기계소리가 멈춘 공장 안은 고요하기만 했다. 나도 피곤한 몸을 벽에 기댄 채 휴식을 취하고 있었다.

"쿵! 쿵! 쿵! 쿠르르쿵!"

갑자기 요란한 굉음소리가 연속해서 고요한 공장에 울려 퍼지고 있었다. 깜짝 놀라 벌떡 일어나 보니 나와 같이 일하는 가네야끼 현황이가 '으아~악!' 하는 외마디 비명소리와 동시에 바닥에 누워 뒹굴고 있었다.

놀라서 우리들이 뛰어갔을 때는 이미 그의 오른팔 반쪽은 온데간데 없고 바닥엔 검붉은 피가 흥건히 고여 있었다. 라스코 함마는 이 사실을 모르는 듯 계속 쿵! 쿵! 소리만을 내면서 돌아가고 있었다.

나는 그를 업고 정신없이 뛰었다. 공장 트럭에 몸을 싣고 병원에 도착해서도 제정신이 아니었다.

현황이는 경희대학교 체육과 3학년 재학 중에 부모님 사업이 부도나서 학교를 그만두었고 이곳에서 공장 생활을 한 지도 벌써 5년이나 되었다고 한다. 처음 입사할 때는 기술을 배울 생각이었는데 아직까지 기술은커녕 조수인 집게 잡이도 못하고 있는 것이 평소에 불만이었다. 오늘 아침 기술자가 없는 틈을 타서 기계조작 한 번 해보겠다고 덤볐다가 이 꼴을 당한 것이었다.

그의 운명이 너무 얄궂고, 신세가 너무 불쌍해 나는 밤을 새워 울고 또 울었다. 살려고 발버둥치는 사람들에게 하늘은 왜 이렇게 가혹한 것일까? 이제 자식과 부인을 위해 그는 무엇을 해야 할 것인가? 병상에 누워 고통을 삼키고 있는 그를 생각하면 가슴이 답답하다.

멀쩡한 팔을 빼앗아간 라스코 함마가 원망스러웠다. 그날부터 나는 기계만 쳐다보아도 끔찍스러워 일손이 잡히지 않았고 일에 싫증을 느끼기 시작했다. 나는 병원에 문병 간 길에 몇 달을 쓰지 못하고 모아놓은 만 원짜리 몇 장을 몰래 그의 침대 밑에 숨겨놓고 온 것으로 내 도리를 다한 것인 양 위로로 삼았다.

* * *

"박씨, 동사무소에 가보시오."

사무실에서 급히 찾는다는 연락을 받고 달려온 나에게 우 과장이 뜬금없이 던진 말이다.

"네? 동사무소에는 왜요?"

"부천시에서 주최하는 운동시합이 있다고 박씨를 동사무소에서 좀 빌려 달래."

"날 빌려 달래요?"

"내가 자랑한 것이 잘못이지 뭐."

"그럼 제 월급도 동사무소에서 주나요?"

"사람 순진하기는. 아무튼 월급은 회사에서 지불할 테니 걱정하지 말고 운동이나 잘하시오."

"알겠습니다."

나는 동사무소로 가서 동장에게 인사를 했다.

"내가 박 선생 빌려 달라고 회사에 떼를 썼는데 잘 좀 부탁합니다."

동장은 모여 있는 선수들을 나에게 일일이 소개시켜 주었다. 지긋지긋하던 회사에서 벗어나니 마음이 한결 가벼워진 데다 옛날 운동실력 발휘해볼 기회가 생겨 기분이 좋았다.

부천은 시로 승격된 지가 아직 1년도 되지 않아 도시의 면모를 제대로 갖추지 못하고 있을 뿐 아니라 아직은 읍 단위를 크게 벗어나지 못하고 있었다. 번화한 곳이라고는 부천역 주변뿐이고 대부분의 지역이 과수원과 논밭을 낀 자연부락으로 형성되어 있었다.

동사무소도 '당아래' 사거리에 있는 단칸건물에서 원미, 춘의동을 함께 관할하고 있었으니 선발된 선수라고는 모두 동네사람들로 구성되어 있었다. 연습할 장소도 마땅치 않아 장소를 이곳저곳을 옮겨 다녀야 하고, 땀 흘리면 씻을 곳도 없어 우리 회사 샤워장 신세를 지기도 했지만 그래도 모두가 힘을 합쳐 최선을 다하는 분위기였다.

가끔 동네사람들이 손수 지은 밥과 반찬을 가지고 와서 열심히 해달라고 부탁을 할 때에는 선수들 모두가 고마워서 어쩔 줄 몰라 했다.

하루는 우리 회사 경리과장인 우 과장이 빵과 우유를 사들고 찾아와서 "박씨 월급 값하려면 꼭 우승해야 돼!" 하면서 회사에서 나를 어렵게 입사시켰다고 은근히 자랑을 한참 늘어놓은 다음에야 자리를 떴다.

우 과장이 간 다음 같이 운동하는 한기웅이 입을 열었다.

"박 선생 다니는 회사 임금도 많고 좋다는데 정말이냐?"

"월급은 많은데 희망이 있어야지. 나 직장 옮기려고 생각 중이야."

"왜? 다른 사람들은 그 회사 못 들어가서 안달인데."

"모두 잘못 알고 있어. 꼭 병신 되기 알맞은 곳이야."

"그래?!"

깜짝 놀라는 그에게 얼마 전에 일어난 사고를 자세히 설명해 주었다. 한기웅은 나보다 세 살 위로 동사무소 옆에 살고 있는데 고등학교시절 배구선수 생활한 경력도 있는 데다 성격도 쾌활하여 누구와도 어울리기를 잘했는데 특히 나를 친형제처럼 대해 주어 금세 친해질 수 있었다.

"박 선생 공무원 해보고 싶은 생각 없어?"

한참을 생각하던 그가 나에게 조심스럽게 물었다.

"공무원이라니, 무슨 공무원?"

"동사무소에 임시직으로 다니던 후배가 대학에 진학한다고 사표를 내어서 자리가 비어 있는데 박 선생이 원한다면 내가 동장에게 부탁해 보려고."

"한 선배! 나 좀 도와줘. 그 은혜 잊지 않을 테니."

"박 선생만 좋다면 우리는 대환영이지. 오래 있을 것 뭐 있어. 지금 당장 나하고 동장 찾아가자고."

그는 나를 앞세워 동사무실로 동장을 찾아갔다.

"동장님, 임시직 자리 하나 있죠? 우리 박 선생이 근무하고 싶다는데 오늘 당장 채용합시다."

"글쎄,…… 나야 대환영이지만 회사에서 허락하겠어? 박 선생 운동선수로 특별채용했다고 자랑이 여간 아니던데. 회사에서 허락만 한다면 그렇게 하겠지만."

동장은 고개를 갸우뚱히면서 나에게 회사의 승낙을 받아오라고 한다. 동장의 말이 끝나기가 무섭게 나는 회사로 달려갔다.

"과장님 나 동사무소에 취직하려고 하는데 허락해 주십시오."

"박씨, 무슨 소리인지 모르겠네. 동사무소에 운동하라고 보냈는데 근무를 하다니요?"

그는 좀처럼 동의를 하려 하지 않았다. 오히려 사장한테 이야기하여 월급을 파격적으로 올려 주겠다고 했다. 그러나 나는 다시는 올 것 같지 않은 기회를 절대로 놓치고 싶지 않았다.

"과장님 내 몸 늙어지면 운동은 끝인데 그때까지 기술도 못 배우면 책임지겠습니까? 가엾은 인생 하나 살려주시면 평생 은혜 잊지 않겠습니다."

"……"

한참동안 침묵이 흘렀다.

"본인이 살길 찾아 간다는데 어쩌겠소. 그렇게 하시오."

운동시합이 끝나고 나는 동사무소 임시직으로 근무를 하게 되었다. 동사무소 일을 하면서 한 달 후에 있을 공무원 채용시험 공부를 하기 위해 일과 후에 동사무소에 남아서 공부를 하기 시작했다.

동장은 내가 공부하는 것을 알고 찾아오는 사람에게 내가 운동선수이고 곧 정식직원이 되어 우리 동사무소에서 근무할 것이라고 입에 침이 마르도록 자랑을 했다.

퇴근 후에 사무실에 남아서 공부를 하고 있을 때였다.

"힘든데 술이나 한잔 하지."

한기웅이 소주병과 두부 한모를 들고 들어와 책상에 내려놓는다.

"공부할 때는 술 마시면 안 되는데……."

"괜찮아. 힘들 때 술 한 잔은 약이 될 텐데 뭐. 공부는 잘되고 있는 거지?"

가져온 술병을 거의 바닥낼 때쯤 동료직원 서최근이 들어왔다. 그도 순경시험 공부를 하고 있었는데 올해가 벌써 다섯 번째 도전이라고 한다. 인천 송도고등학교 졸업생으로 유도가 5단이고 체격도 건장한 네다 부지런하여 경찰에 입문하면 형사가 꼭 어울릴 것 같았다.

"둘이만 하지 말고 같이 한잔합시다."

"아이고! 서 주사 이 밤중에 여긴 어쩐 일이오?"

"박 주사 공부 잘하나 감시할 겸해서 왔지요. 지금쯤 기웅이 선배가 여기 와 있을 것 같았는데 내 예감이 딱 맞았구먼. 나도 술 한 병 사왔지요" 하면서 소주병을 주머니에서 꺼냈다.

하던 공부는 팽개치고 술판이 벌어져 제법 분위기가 어울릴 무렵이었다.

"박 주사, 동서기 때려치우고 나하고 같이 경찰시험 봅시다."
"맞아. 박 주사는 운동선수이니 동서기보다 순경이 더 어울릴 것 같아."

기웅이 맞장구를 쳤다.

"순경한테 잡혀갈 일만 했는데 순경은 무슨……."
"직업을 선택하려면 제대로 해야지. 박 주사는 꼭 순경이 되어야 해."
"그것 봐. 한 형도 내 생각하고 같잖아. 오늘부터 당장 동서기 시험 때려치우고 순경시험 시작해. 책은 내가 사다 줄 테니."

그날 우리들의 만남이 내가 서장이 되어서 이곳으로 오게 될 인연인 줄은 아무도 예상하지 못했다. 결국 나는 진로를 변경하여 순경 시험에 합격했으나 서최근은 또다시 실패하여 영영 경찰에 입문하지 못하고 말았다.

경기도 지방경찰학교에 입교를 한 것은 대통령 영부인 육영수 여사가 피격당하던 8·15광복절 사건이 일어난 지 5일 뒤인 1974년 8월 20일이었다. 114명이 이곳에서 12주 교육을 마치고 그해 11월 4일 졸업을 했다. 그러나 어찌된 일인지 임용이 되지 않았다.

한 달, 두 달 세월만 가고 임용소식을 아무리 기다려도 소식이 없으니 날이 갈수록 점점 불안하기만 했다. 집안 생활도 걱정이었다. 세상인심이 후하지만은 않아서 전에 근무하던 회사를 찾아가 임용될 때까지 잡일이라도 시켜 달라고 사정해보았지만 소용이 없었다.

그렇다고 무작정 기다리고만 있을 수 없어 매형이 일하는 정미소에 상하차반에서 일을 하기로 했다. 상하차란 볏가마니를 차에서 내려 창고에 쌓거나 창고에 보관한 쌀을 차량에 운반하는 것으로 그곳에서는 가대기(일본어)라고 부른다.

이 일은 일당을 받는 것이 아니라 싣고 내리는 양만큼 보수를 받는 일이라 힘은 들지만 수입이 좋았다. 그래서 욕심을 부려 달려들었는데 막상 일에 부딪혀 보니 생각과는 딴판이었다.

나보다 덩치가 작은 사람들도 가마니를 메고 상판을 가볍게 오르내려서 하는 일이 별것 아닌 줄 알았는데 그게 아니었다. 차에서 던져주는 벼 가마니를 받는 순간 무슨 바위덩어리가 어깨에 떨어지는 것 같아 몸의 중심을 잡지 못하고 휘청거렸고 널빤지가 흔들거려 상판은 도저히 오를 수가 없었다.

온몸을 흘러내리는 소낙비 같은 땀 때문에 눈을 뜰 수가 없었다. 등짝 주변살갗이 모두 벗겨지는 상처만 남겨 놓고 오전 작업을 끝으로 두 손 들고 말았다.

이를 딱하게 여긴 상차반장이 기루꾸미(도정기계 맨 위쪽에 설치된 깔때기에 벼를 가마니에서 꺼내 모아놓는 일)로 일을 바꾸어 주었다. 그 일도 처음에는 벼 가마니가 커다란 깔때기(벼를 도정하기 위해 기계로 내려 보내기 전에 기계 위편에 모아 놓는 곳) 위에 쌓여 있을 땐 갈고리질은 하기 수월했으나 시간이 갈수록 깔때기 밑쪽에 있는 가마니를 끌어 올려 벼를 쏟기란 여간 어려운 일이 아니었다.

젖 먹던 힘까지 동원해 낑낑거리며 애를 써도 능률이 전혀 오르지 않고 코피만 주르륵 흘러내렸다. 급한 김에 옆에 있는 새끼줄을 풀어 양 콧구멍을 틀어막았지만 흐르는 피는 멈추지를 않는다.

옆에서 같이 일하던 인부가 보다 못해 달려와 내 목을 뒤로 젖히고 목을 탁탁 치고는, "됐소. 이젠 피 안 나올 테니. 그건 그렇고 당신 이런 일 할 사람 같지 않은데 어쩌다 이렇게 되었수? 쯧! 쯧!" 혀를 차며 안타까

183

워했다.

"고맙~습~니~······."

인사말을 끝내지도 못하고 나는 너무 힘이 들어 그 자리에 주저앉고 말았다. 한참을 쉬고 난 뒤 다시 일을 시작했으나 쌓인 피로가 풀리지 않아 힘을 쓸 수가 없었다. 이를 악물고 며칠을 버티다보니 요령이 생겨 처음보다는 조금 수월한 느낌이 들었다.

정미소 일도 매일 있는 것이 아니고 필요한 일정량을 도정 하고 나면 한동안은 일이 없어 수입이 일정치 않았다. 정미소가 쉬는 날은 건너 마을에 밭 매는 일까지 쫓아다니다 보니 이제는 막노동꾼이 다 되었다.

행여나 임용되지 않으면 어떻게 하나 걱정하면서 기다린 지 8개월이 다 되어가던 어느 날 정말 반가운 소식이 왔다. 어머니가 웃음이 가득한 얼굴로 편지 한 통을 내밀었다.

6월 20일 경찰국에 임용신고를 하러 오라는 내용이었다. 1974년 8월 20일 경기도 지방경찰학교에 입학하여 그해 11월 4일 졸업한 지 7개월 16일이나 지난 후이다.

1975년 6월 20일!

그날은 경찰계급장을 달고 임용신고를 한 날이어서 나에게는 평생을 두고 잊을 수 없는 날이다. 그동안 혹시 임용이 되지 않을까 걱정이 되어서 잠을 이루지 못하던 날이 얼마나 많았던가. 그냥 기쁘기만 하고 아무 생각이 나지 않았다.

스스로 꿈을 접어버리고 잃어버린 세월들 속에 몸을 던졌던 내 인생이 이제야 기적소리 울리며 세상 밖으로 달리고 있지 않은가!

저 밝은 태양을 향해!

3 33년의 기나긴 여정

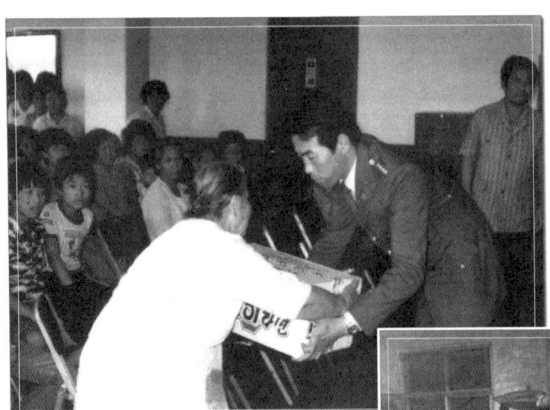
구로파출소 소장 시절 불우이웃돕기

관내 모범학생 격려

우리 소장님

명예퇴임하는 분들과 함께

경찰이 되다

꿈에도 그리던 순경 계급장을 달고 경찰생활을 시작하려고 첫 근무지인 비봉지서를 가기 위해 수원에서 시외버스를 탔다. 덜컹거리며 흙먼지를 날리는 시외버스는 어느새 시내를 벗어나 꼬불꼬불한 산길을 달리고 있었다. 비봉지서를 가는 길은 비포장도로를 따라 수원에서 근 삼십여 리를 달려야 했다.

창가에 앉아서 밖을 내다보니 주변 산들은 어젯밤 한바탕 쏟아진 비에 싱그러움을 한층 더해가고 한낮인데도 숲 속에서는 산새 우는 소리가 요란스러웠다.

나는 차창에 몸을 기대고 눈을 감은 채 생각에 잠겼다. 내 나이 스물아홉. 컴컴한 터널을 헤매고 다니던 내가 갑자기 쏟아지는 밝은 햇빛을 받기엔 너무 벅차다는 느낌을 지워버릴 수 없었다.

"돌이켜 보면 세상에 못된 짓도 많이 한 놈인데……."

중얼거리던 나는 문득 까마득한 옛날처럼 느껴지는 제천에서 있었던 일이 생각났다. 인천에서의 학교생활을 청산하고 제천에 내려와 '동일'이와 술집과 당구장을 어울려 다닐 때의 일이다.

어느 날 밤 동일이와 나는 술이 취한 채 당구장에서 몇몇 친구들과 당구를 치고 있었다.

"야, 너희들 우리 어머니 좀 살려줘! 한식이(중학교 동창)가 다급한 목소리로 당구장 문을 박차고 들어왔다.

"무슨 일인데 그래?"

"전매청 직원 놈들이 우리 집에서 술 마시다가 술상 다 부수고 우리 어머니까지 때리고 지금 난리 났어. 좀 도와줘."

"이 자식들 그냥 내버려 두어서는 안 되겠구먼. 야! 우리 모두 가보자!"

내가 소리치며 당구장 밖으로 뛰어 나가자 한식이는 앞장을 섰고 친구들도 내 뒤를 따랐다. 한식이네 집에 도착해 보니 난동을 부린다는 전매청 직원들은 보이지 않았다.

종업원들 말로는 전매청에 오늘 인사이동이 있어 직원들이 회식을 왔었는데 술안주 문제로 사소한 시비가 있었고 그 일로 인해 기분 나쁘다고 다른 집으로 자리를 옮겼다고 한다.

한식이 어머니의 만류에도 불구하고 우리는 전매청 직원들을 찾아 나섰고 멀지 않은 술집에서 술을 마시는 그들을 발견하기란 그리 어렵지 않았다.

술집 앞에 포진한 우리들은 심부름꾼을 시켜 일행 중 한 명을 술집 밖으로 불러내었고 문을 열고 밖으로 나서는 그의 뒤통수를 미리 준비한 각목으로 사정없이 내리쳤다.

"으~윽." 신음소리와 함께 그는 고목나무 쓰러지듯 고꾸라져 의식을 잃어버렸다. 뒤따라 나온 주인이 쓰러진 그를 등에 업고 병원으로 뛰었다. 전매청 직원들이 술집에서 뛰어 나오고 주위에는 구경꾼이 몰려드는 등 집 주변은 순식간에 아수라장이 되어버리고 말았다.

그때 '삐~익' 밤공기를 가르는 호각소리가 들리고 제복을 입은 경찰이 뛰어오는 모습이 멀리 보였다.

"야! 짭새다. 튀어!"

누군가가 외치는 고함소리에 우리들은 각각 흩어져 정신없이 골목길을 뛰어 그 자리를 벗어났다. 다행히 전매청 직원은 병원에서 찢어진 머리를 몇 바늘 꿰맨 것 이외에는 별다른 이상이 없었고, 이튿날 한식이 어머니가 전매청과 파출소를 찾아가 손이 발이 되도록 빌어서 사건이 마무리되었다.

허구한 날 술만 먹으면 사람 때리고 술집 괴롭히던 내가 경찰공무원으로 제복을 입고 주민을 상대로 근무를 시작해야 하다니, 제복을 입은 나를 다시 보아도 실감이 나지 않고 과연 내가 그 일을 해낼 수 있을까 하는 걱정이 앞섰다.

두 팔을 벌려 기지개를 켰다. 가슴에 달린 경찰 흉장을 보며 흘끔흘끔 곁눈질을 하는 승객들이 겸연쩍어 어색한 웃음을 지었다.

"비봉입니다. 내리실 분 안 계세요?"

"아가씨, 고마워요."

차장에게 손을 흔들어 주고 차에서 내리니 마침 이곳은 장날이라 조그만 장터에 왁자지껄하는 장꾼들로 제법 생기가 돌았다.

내가 근무할 지서는 장터에서 그리 멀지 않았다.

"박 순경, 만나서 반갑네. 나 지서장일세. 같이 근무할 우리 직원들을

소개하지."

 지서장은 직원들에게 인사를 시키면서, "박 순경은 초임이니 선배들한테 할일 빨리 배우게" 하는 당부도 잊지 않으셨다.

 집안 형편이 말이 아니어서 따로 셋방을 얻어 생활할 만한 여력이 없었다. 아버지가 시골을 떠날 때 다 갚지 못한 돈을 남에게 피해를 주면 안 된다고 돈이 생기면 꼬박꼬박 시골로 내려 보내곤 했다.

 첫 월급이 삼만 원이 조금 넘었는데 내 생활비를 쓰고 나면 부모님께 보낼 돈이 거의 없을 것 같았다. 생각다 못한 나는 생활을 지서에서 하면서 생활비를 최대한 아끼기로 하고 숙직실에다 취사도구를 준비해 직접 숙식을 해결했다.

 야간근무를 도맡아 해준 대가(?)로 직원 부인들이 반찬을 만들어 보내주었고 동네 사람들이 소식을 전해 듣고 쌀을 보내주어 삼만 원에 가까운 돈을 집으로 보내 줄 수 있었다.

담배는 몰래 파랑새를 태웠는데 어느 날 예비군 중대장에게 들키고 말았다.

"박 순경, 담배가 그게 뭐요?"

"왜 담배가 어때서 그러시오."

"순경이면 그래도 동네 유지인데……."

"여보시오. 내가 왜 파랑새를 태우는지 아시오? 아버님이 아직도 풍년 초만 태우시는데 자식이 어떻게 아버지보다 낳은 담배를 태울 수가 있겠소. 아버님 돌아가실 때까지는 필터 달린 고급담배는 태우지 않을 거요."

"박 순경 대단한 사람이구먼. 내가 배울 것이 많네요."

그날부터 그도 파랑새를 태우면서 어찌나 내 자랑을 하고 다니는지 얼굴이 뜨거울 지경이었다.

비봉지서 생활은 마냥 즐겁기만 했다. 50cc 오토바이 뒷좌석에 호구조사 카드를 동여매고 담당마을에 나가면 동네 이장이 닭 한 마리 잡아서 한턱을 내었다.

흰 쌀밥에 술까지 권하며 올해는 날씨가 좋아서 벼농사가 풍년이라고 귀띔해 주는 이장 이야기를 듣고 있노라면 시골인심의 넉넉함이 밥상 위에 다 있는 것 같아 흐뭇하기만 했다.

칠월 중순이었다. 새로 부임한 서장님의 초도순시 일정이 잡혔다고 비봉지서에서는 비상이 걸렸다. 지서 직원들이 서장님을 대면할 기회는 이때밖에 없으니 첫인상이 좋아야 한다며 유리창을 닦고 주변청소를 하느라고 야단법석을 떤 지가 벌써 며칠 되었다.

오늘이 우리 지서 초도방문일이라 아침부터 부산하기만 하다. 면장, 조합장, 교장선생 등 관내유지를 불러 모아놓고 우리는 구석구석을 다니며 청소점검부터 시작하여 일렬로 도열하여 경례연습 하느라 정신이 없다.

한참을 기다려서야 지서에 도착한 서장님(이석영 총경)의 웃음 짓는 모습은 내가 생각하고 있던 위엄서린 얼굴이 아니고 인정이 넘치는 인자한 모습이었다.

업무보고를 받고 지역유지와 면담을 끝낸 서장님은 우리들과 마주앉아 토론할 시간을 마련해 주었으나 모두들 꿀 먹은 벙어리들이다. 첫 대면에 애로사항이나 얘기를 하면 서장이 어떻게 생각할까 하고 서로 눈치만 보는 것 같았다.

"박 순경, 자네 총각이지?"

"네, 그렇습니다."

내가 총각인 줄 족집게처럼 알아내는 서장님의 솜씨에 내심 깜짝 놀랐다.

"지서장, 오늘부터 박 순경 신부 될 사람 구해서 보고하게. 이 동네 처녀로 말이야. 신붓감 구하면 내가 주례는 설 테니까."

"네! 알겠습니다!"

"박 순경, 내가 왜 자네 장가보내려는지 아는가?"

"……"

"자네를 보니 생각나는 일이 있어서 말이야."

머리만 긁적이고 있는 나에게 서장님은 옛날 근무지에서 있었던 이야기를 들려 주셨다.

"경감승진을 하여 충남 강경경찰서 논산 지서장으로 발령을 받았을 때의 일입니다. 직원 중에 총각이 하나 있어 우체국 교환아가씨와 결혼을 시켰지요. 부부는 두메산골 지서를 자원하여 들어가 못 쓰는 땅 수만 평을 개간하고 그곳에 특용작물을 재배하는 한편 관내 주민들에 대한 봉사를 열심히 한 결과 '경찰 봉사왕'으로 선발되어 일계급 특진을 했답니다."

이야기를 마친 서장님은 "자네를 보는 순간 갑자기 옛날 그 친구 얼굴이 떠오르고 자네도 그렇게 할 수 있을 것 같은 생각이 들어 여기 떠나지 못하도록 장가보낼 생각을 한거라네"라고 설명을 하시면서, "지서장, 내가 박 순경 신붓감 구하라고 한 것 직무명령이야. 꼭 실천에 옮기도록 해" 하고 지서장에게 다시 한 번 다짐을 시키셨다.

지서장은 서장님의 명령을 수행하기 위해 관내 곳곳을 헤매며 나의 신붓감 찾기에 온 정성을 쏟았다. 그러나 일이 성사되기도 전에 내가 101경비단으로 전출을 했다.

그래서 결국 나는 비봉에서 장가를 갈 기회를 영영 잃고 말았다. 그곳을 가끔 찾아갈 때면 인자하시던 이석영 서장님과 나를 장가보내려고 애쓰시던 지서장님 얼굴이 떠오르곤 한다.

세종로 1번지(푸른 지붕 아래서)

세종로 1번지에 있는 청와대 101경비단에시 근무했던 1년은 나에게 많은 변화를 가져다주었다. 난생 처음으로 대통령을 대면하기도 했고 나와 평생을 같이할 아내를 처음 만났던 때이기도 하다.

101경비단은 청와대 내 외각 경비를 맡고 있어 말이 경찰이지 군대로 다시 돌아간 느낌이 들었다. 그러나 대통령이 계시는 청와대를 경비하는 것만으로도 영광이었다.

대통령을 처음 만났을 때를 생각하면 지금도 아찔한 생각이 든다. 내가 근무하는 초소는 비서실 건물에서 대통령 집무실로 통하는 오솔길에 설치된 초소로 대통령 특별보좌관 및 비서관과 이발사 등 소수의 인원만이 출입할 수 있고 일체의 출입이 제한된 곳이었다.

초소 앞 오솔길은 산책코스로 새벽에 대통령과 조우하는 중요한 길

목이었고 이른 새벽이라 왕래하는 사람이 없이 초소 주변은 조용하기만 했다. 날씨가 쌀쌀하여 손을 비비고 서있는데 인기척이 나서 소리 나는 쪽을 바라보았다.

지팡이를 휘두르며 오솔길을 따라 내려오는 박정희 대통령을 보는 순간 나도 모르게 심장이 멈춘 듯 온몸이 땅에 얼어붙어 버렸다. 너무 긴장한 탓이라 생각하고 숨을 고르고 있을 때였다.

"고생이 많구먼. 오늘 날씨가 제법 쌀쌀한데 춥지는 않은가?"

대통령의 목소리가 내 귓전을 스치고 지나갔다.

"순경 박윤신! 춥지 않습니다!"
"고생이 많구먼."
빙그레 웃으며 나에게 손을 내밀어 악수를 청하셨다.
"고맙습니다!"
"수고하게."
"계속 근무하겠습니다!"

대답이 끝나기도 전에 그는 오솔길 따라 내 시야에서 점점 멀어져 가고 있었다. 잠시 후 정신을 차린 나는 '휴~우' 하고 긴 한숨을 내쉬었다. 내가 대통령과 마주보고 대화를 하다니 꿈인지 생시인지 분간이 잘 되지 않았다.

대통령과의 대면은 비록 짧은 시간이었지만 한낱 초병인 것이 부끄러웠던 생각이 없어지고 긍지를 갖게 되었다. 초소 근무를 마치고 돌아와 근무복장을 벗고 막 휴식을 취하려는데 경무과 호출을 받았다. 경무과장과의 개별면담이 있었다.

"박 순경은 부모와 같이 생활하고 있는 것 같은데 어려운 점은 없는가?"
"네, 잘 지내고 있습니다."

가정환경과 근무에 불만이 없는지를 형식적으로 간단히 물어본 후 면담은 끝이 났고 과장실을 막 나오려는 참이었다.

"박 순경."
"네? 저 말입니까?"
"자네가 애로사항 없다고 하여 내 이 말은 안 하려고 했는데……. 부모님과 좀 깨끗한 곳에서 생활할 형편은 안 되나? 앞으로 노력해보게."
"과장님 죄송합니다. 앞으로 노력하겠습니다."

과장이 우리 집 사정을 아는 것 같아 그만 얼굴이 홍당무가 되어 과장실을 뛰쳐나왔다. 이튿날 퇴근해서 주인집 얘기를 들어 보니 어제 청와대에서 직원이 나와서 집 주위를 돌아보고 나에 대한 것을 이것저것 묻고 갔다는 것이다.

내가 101경비단으로 전입을 하면서 부평역 부근으로 이사를 왔다. 이사 온 집은 월 4천 원에 보증금도 없는 십여 칸이 한 줄로 붙어 있는 벌집이었는데 여름에는 비가 줄줄 새어 그릇으로 빗물을 받아야 했다. 이런 사정을 청와대에서 알았다고 생각하니 창피하기 이루 말할 수 없었다.

그날로 누나를 찾아가 30만 원을 빌려 전셋집으로 이사를 했다. 그러나 그때 얻어진 불우경찰관이란 명칭은 집을 마련할 때까지 끈질기게 따라다니며 나의 작은 자존심을 건드리곤 했다.

이듬해 봄 어느 날 경호실에서 체육대회 날짜를 통보해 왔다. 차실장(차지철 경호실장)이 직원 사기와 부대별 경쟁력 강화를 위해 봄·가을 정기적으로 체육대회를 개최할 예정인데 종목은 배구, 축구, 씨름이라고 한다.

군에서는 훈련소까지 쫓아가 선수들을 선발해 오느라 야단법석이었다. 나는 101경비단 배구선수로 선발되었다.

"박 순경, 혹시 XX사단 선수로 출전하지 않았어?"

선발된 선수 중에서 낯이 익은 사람이 내 앞으로 다가왔다. 어디서 본 듯한 사람인데 금방 기억이 나지 않는다.

"네, 그런 적이 있습니다만……."

"나 결승에서 만났던 ㅇㅇ사단출신 정병모야. 야! 정말 반갑다!"

"아~ 이제 생각이 나네요. 군단시합 결승에서 전위를 보았던 분이시군요. 정말 반갑습니다. 그런데 여길 어떻게?"
"나 3중대 1소대장이야."
"아~ 그렇습니까."
너무 뜻밖이고 반가워서 무슨 말을 해야 좋을지 몰랐다. 내가 총경이 될 때까지 늘 곁에서 격려와 도움을 아끼지 않았던 그분에 대한 고마움을 영원히 기억하고 싶다. 여수서장을 마지막으로 정년퇴직을 한 그분은 현재 청소년 지도육성회 사무총장으로 근무하고 있어 종종 만나서 옛이야기를 주고받곤 한다.
101경비단에 근무하면서 매년 실시하는 정기하계휴가를 받았을 때의 일이다. 휴가기간 동안 모처럼 시간을 내어 고향인 제천을 찾아볼 기회를 가졌다.
이제 안정된 직장도 있고 청와대 근무한다는 것을 자랑하고 싶기도 해서 오랜만에 순목이네 집을 찾아갔다. 내가 경찰에 입문하여 지금 청와대 근무를 한다고 했더니 순목이 아버지가 깜짝 놀라는 표정이다.
"자네 간부 후보생 나왔는가?"
"저~어, 형편이 안 되어 순경으로 경찰에 들어갔습니다."
"우리 사위가 지금 원주에 있는 단구 지서장으로 근무하고 있다네."
"네? 단구 지서장이라구요?"
"그래. 우리 사위가 경찰 간부 후보생 나왔지."
"그랬군요."
"청와대를 가고 싶다는구먼. 어떻게 하면 되겠나?"
"……"
얼굴이 빨개져 그 자리에 오래 앉아있을 수가 없었다. 인사를 하는 둥 마는 둥 마치고 할머니 방에 왔을 때는 등골에 땀이 흥건하게 젖어 있었다.

 그런데 할머니 방에서는 더 청천벽력 같은 소식이 나를 기다리고 있었다. 할머니 얘기로는 학진이(순목이 고종사촌)가 지금 경찰전문학교(지금의 경찰종합학교)에서 순경 교육을 받고 있는데 경호요원이라고 한다. 경호요원이라면 101경비단에 배치될 것이 분명하다.

 순목이 가정교사 시절에 학진이도 같이 가르쳤는데 그렇게 되면 나와 초병으로 같이 근무할 것이 틀림없으니 난처한 노릇이었다. 애써 찾은 조그만 자존심이 여지없이 망가지는 것 같아 할 말을 잃었다.

 왜 그 많은 직업 중에서 그들은 하필이면 같은 경찰이 되어 나를 이렇게 괴롭히는지 도대체 알다가도 모를 일이었다. 고민 끝에 중대장을 찾아가 사정을 해보기로 마음을 굳혔다.

 가정교사를 하던 집 사위가 청와대에서 상관이 되는 것을 마음속으로 받아들이기 힘들었고 스승과 제자가 같은 초병으로 얼굴을 마주보는 것만은 피하고 싶었다.

 중대장(옥봉한 경감)은 부하들의 애로사항을 잘 들어주는 지휘관이었다.

 "중대장님께 용무가 있어 왔습니다."
 "박 순경 무슨 일이라도 있나?"
 "제가 경찰전문학교에 가서 근무하고 싶은데 중대장님께서 도와주십시오."
 "경찰전문학교는 왜 가려고 그러지?"
 "아버님이 중풍으로 거동이 불편하신데 제가 보살펴 드려야 합니다."
 "자네가 아버지 모시고 있는가?"

"네, 부모님과 같이 생활을 하는데 아직 장가를 못 가서 제가 직접 보살펴 드려야 합니다."

"집이 어딘데?"

"전문학교 바로 옆에 있습니다. 중대장님 꼭 도와주십시오. 부탁드립니다."

"박 순경은 효성이 지극하구먼! 내 꼭 갈 수 있도록 힘을 쓰겠네."

"중대장님 고맙습니다."

그러나 일이란 마음먹은 대로 되는 것이 아닌 모양이다. 중대장이 애쓴 보람도 없이 101경비단에서 근무한 지 일 년 만에 나는 경찰전문학교가 아닌 경기도 평택경찰서로 전출되었다.

101경비단에서 운동연습을 할 때 일이었다. 합숙소에서 나와 안양에 있는 대농배구코트로 막 출발하려고 하는데 아버지가 쓰러져 생명이 위독하다는 연락을 받았다.

너무 놀라고 급한 마음에 한걸음에 집으로 달려왔다. 오는 도중에도 걱정이 되어 조바심이 나고 눈물까지 흘렸다.

"아버지! 돌아가시면 안 돼요!"

방문을 열면서 다급하게 아버지를 찾았다.

"형, 오랜만이야."

아버지는 보이지 않고 언제 왔는지 군에 입대한 성신이(사촌동생)가 웃으며 인사를 한다.

"아버지는?"

숨을 헐떡이는 나를 보고도 그는 아무 일 없다는 듯 태연하게 딴청을 부린다.

"형 앉아봐. 군대 간 동생 보고 싶지도 않았어?"

"그래, 군에서 고생 많지. 언제 휴가 나왔냐? 그런데 우리 아버지 어느 병원으로 갔는지 알아?"

아버지가 걱정이 되어 다른 말 할 시간이 없었다.

"형 미안해. 사실은 내가 거짓말 한 거야. 청와대에서는 근무시간에 면회도 안 되고 나올 수도 없다고 들었거든. 내가 형과 급하게 상의할 일이 있는데……."

"무슨 일이 그렇게 급해? 사람 놀래 죽는 줄 알았잖아."

어이가 없어 그만 웃고 말았다.

"형, 나하고 같이 갈 데가 있어. 이건 형한테 중대한 일이고 오늘 꼭 해결해야 돼."

그는 다짜고짜 서울로 가자고 나를 끌고 밖으로 나왔다. 화를 낼 수도 없고 오늘은 운동연습도 틀린 것 같아 그를 따라가 보기로 하고 전철을 탔다.

"형, 궁금하지? 실은 형 중매해 주려고 그래."

"너 지금 사람 놀리는 거야?"

성난 목소리로 꽥 소리를 질렀다.

"그럼 형은 장가 안 갈 거야? 서른이 넘은 노총각이 돼가지고 고맙다고 하지는 못할망정 왜 화를 내!"

"화나지 않게 됐어. 그게 뭐 그리 급하다고 사람 놀라게 해?"

"인자(사촌여동생)가 형한테 딱 어울리는 신붓감 구해놨는데 그쪽에서 오늘 꼭 선을 보자고 해서 급하게 형을 찾은 거야."

동생 이야기가 고맙기는 한데 집안형편이 어려운 나에게 어떤 여자가 시집와 같이 살겠나 싶어 썩 마음이 내키지 않았다.

"누가 장가간다고 하기나 했냐?"

퉁명스럽게 쏘아붙이는 말에도 그는 아랑곳하지 않았다.

"부모님 생각도 해야지. 형 결혼 서둘러야 해. 그 여자 양장점 재단사인데 생활력이 강하고 마음씨도 아주 곱다는데 이번 기회 놓치면 형은 평생 가도 그런 여자 못 구해."

이미 약속을 해 놓았으니 어쩔 수 없다면서 강제로 나를 끌고 약속장소로 갔다. 서울 명동 한 구석에 있는 본전다방에 들어서니 인자가 자리에서 일어나며 "오빠, 여기야 여기!" 하고 조용한 다방이 떠나갈 듯 큰소리로 우리를 부른다.

앞에 앉아있는 아가씨를 힐끗 보니 갸름한 얼굴이 밉지 않고 마음씨가 착하게 생겼다는 것을 바로 느낄 수 있었다. 이 여자라면 우리 부모님과 함께 살 수 있겠다 싶어 그리 싫지가 않았다.

그래도 처음 보는 선이라 별로 할 말도 없고 '나한테 시집오시오' 하는 말을 하기도 멋쩍어 근처 음식점에서 순두부 한 그릇 같이 먹고 헤어진 게 그날 한 일의 전부였다. 돌아오는 길에 동생들에게 주변머리가 그렇게 없어서야 장가가기 영 글렀다고 핀잔만 들었다.

내가 선을 본 여자(원명화)는 고향이 같은 제천이었다. 명화는 6·25 전쟁 때 아버지를 여의고 초등학교를 졸업 후 서울로 이사를 왔다고 한다.

양장점을 경영할 때 대헌이(그의 사촌 여동생)를 데려다 재단 일을 가르쳤는데 대헌이는 인자 중학 동창이었다. 자주 놀러오는 인자를 그는 동생처럼 아끼고 있던 참이었다.

그런 인연으로 인자가 나에게 중매를 하게 된 것이었다. 우리는 참으로 기이한 인연인가보다. 시집 장가가는 데 뜻이 없기는 두 사람이 매일반이었으니 말이다.

나는 생활 형편이 말이 아니라 처자식 고생시키기 싫어서 장가가는 것을 엄두도 못 내고 있었고, 그는 외아들로 자란 오빠의 술주정과 행패에 견디지 못해 경영하던 양장점 문을 닫고 명동에서 재단사로 일하면서 미국으로 이민 갈 생각만 하고 있었는데 동생들 성화에 못 이겨 선 한 번 보았을 뿐이라고 한다.

몸이 달아오른 것은 엉뚱하게 두 사촌 여동생들이었다. 일을 성사시키려고 있는 말 없는 말 다해가며 양쪽을 설득시키기에 온갖 정성을 다했으나 혼사는 인륜지대사라는 말 그대로 하늘의 인연이 아직은 성숙하지 못했는지 내가 갑자기 평택경찰서로 전출을 가는 바람에 연락이 뜸해져 서로의 인연이 멀어져 가는 듯했다.

신혼생활

내가 평택경찰서에서 근무한 곳은 송탄읍에 있는 서정지서였다. 서정지서는 출장소에서 지서로 승격된 곳으로 미 공군부대가 있는 시내는 송탄지서에서 관할하고 서정지서는 외곽우범지역을 담당하고 있어 관할구역이 넓고 사건사고가 많은 곳이었다.

한 달에도 절도사건은 헤아릴 수 없이 많고 강도사건이 몇 건씩 발생하는가 하면 온갖 신고사건으로 편안한 날이 하루도 없었다. 특히 교통사고를 포함한 변사사건이 빈번하게 발생하여 내가 그곳을 떠나기까지 일 년 반 동안 나 혼자 처리한 변사사건이 100여 건이 넘었으니 그 실태를 짐작하고도 남을 만할 것이다.

초임지에서 범죄발생보고서 한 장 작성해 보지도 못하고 101경비단으로 전출돼 초소경비만 하던 나로서는 일이 여간 힘든 것이 아니었다. 처음 변사사건 신고를 받고 현장에 도착해 보니 연탄가스로 질식사한 노부부의 시체가 방안에 고이 잠든 채로 누워 있었다.

그 현장을 보고 경험이 없는 나는 어찌 할 바를 몰라 방안을 들락거리기를 무려 5시간이나 했다. 지서로 돌아온 나는 방안 약도에다 누워 있는 시체를 그려온 것이 고작이어서 이를 본 지서장이 혀를 차며 웃는 기막힌 꼴을 당해야 했다.

어디 그뿐이랴. 기차가 역에 1분간 정차하는 사이 객차에 실려 있는 미제물품이 송두리째 털리는 서부활극 같은 사건이 종종 발생하지를 않나, 어떤 때는 폭력배들의 행패현장에 신고를 받고 출동하면 한 손에는 식칼을 들고 다른 한 손에는 청산가리를 움켜쥐고 서서 "형님, 나 괴로운 사람이요. 죽는 꼴 보기 싫으면 그냥 돌아가시오" 하면서 은근히 겁을 주는 통에 제복 입고 싸움질할 수도 없고 작은 경찰봉 하나로 이들을 상대하느라 진땀을 흘릴 때가 한두 번이 아니었다.

이렇듯 풋내기 순경생활은 고달프게 하루가 가지만 몸으로 체험하는 경찰경력이 나도 모르게 차곡차곡 쌓여가고 있었다. 고참 흉내 내기로 눈코 뜰 사이 없이 바쁜 생활이 두 달이 지나갔다.

어느새 웬만한 사건은 단독으로 처리해도 무리가 없을 정도로 성숙되어 일에 자신이 생겼고 궂은 일 도맡아 하는 막내가 되기에 손색이 없었다.

어젯밤엔 비가 싸락눈으로 변하더니 아침 날씨가 제법 쌀쌀한 것을 보니 곧 겨울이 닥칠 것 같다. 아침 조회를 마치고 오늘은 소재지외 순찰을 하려고 오토바이를 손질하고 있었다.

"박 순경님, 저~ 할 얘기가 좀 있어서 왔어요."

평소에 안면이 있는 오토바이 가게 종업원이 찾아왔다.

"어쩐 일이냐. 무슨 일 있어?"

"어제 어떤 사람이 오토바이를 팔러왔는데 도둑놈 같아서 신고를 하려고요."

"그래? 그 사람 지금 어디 있는데?"

"물건은 가게에 두고 갔는데 오늘 돈을 받으러 온다고 했어요."

나는 그가 절도 용의자임을 직감하고 차석(방부길 경장)에게 상의를 했다. 우리들은 즉시 수사회의를 열어 용의자 검거 방법을 의논했는데 신고인과 만나는 장소에서 불심검문을 하되 방 경장은 용의자를, 나는 신고자를 검문하기로 작전을 세웠다.

신고자까지 검문을 하는 것은 용의자가 신고자를 의심하는 것을 방지하고 그를 보호하기 위함이었다. 약속장소는 들어가는 문이 하나밖에 없는 목로주점이다. 약속시간이 되어 방 경장과 나는 주점 문을 열고 안으로 들어갔다.

주점은 목로에 탁자가 서너 개 있는 작은 집이었는데 다른 손님은 없고 귀퉁이 탁자에 앉아있는 두 명 중에 한 명이 신고자라서 판별하기가 수월했다.

"선생님, 주민등록 좀 봅시다."

방 경장이 용의자 앞으로 다가가는 순간 나도 신고자에게 "당신 어디 사시오?" 하고 물으며 손을 내밀어 주민등록증을 제시하기를 요구했다.

"저 위층 사진관이 누나집이라서 놀러왔는데요."

용의자는 벌떡 일어나더니 방 경장을 밀치고 밖으로 뛰어 나갔다. 뒤따르던 방 경장은 도망치는 그의 몸을 두 팔로 감싸 안았고 나도 재빨리 그를 앞질러 가드레일을 뛰어넘으면서 그의 왼손을 잡고 수갑을 채우려고 허리를 구부리는 순간이었다.

갑자기 왼쪽 볼이 시원한 느낌이 들었다. 들고 있던 과도에 내 목이 찔린 것이다.

"저놈~ 잡~아라······."

찔린 목 부위를 움켜쥐고 몇 발자국 뛰면서 소리를 질렀으나 입 가득히 고인 피로 말문이 닫혀버렸고 온몸의 힘이 빠져 도망가는 그를 바라보기만 한 채 땅바닥에 주저앉고 말았다.

방 경장이 나를 얼른 택시에 태워 송탄시내에 있는 병원으로 옮기고 서둘러 수술을 시작했다. 다행히 칼은 목과 턱 사이를 뚫고 입 안을 통과하여 입술까지 상처가 났으나 목에 있는 동맥은 비켜나가 위험한 고비는 넘겼다고 김 원장(김 외과병원 원장)은 안도의 한숨을 쉬었다.

한 시간이 지나서야 겨우 솟는 피를 멈추고 봉합하는 수술을 마쳤다. 수술대에서 일어나 거울을 보니 얼굴이 표면상으로는 변한 곳이 별로 없어 씽긋 웃었다.

"당신 사람이요, 귀신이요? 마취도 못하고 수술을 했는데 얼굴 표정 하나 변하지 않더니 그래 죽을 고비를 넘기고서도 웃음이 나옵니까? 어서 누워요."

웃는 내 모습을 본 원장이 얼굴에 긴장이 풀리면서 내게 한마디를 했다.

수술 직후에는 별 이상이 없던 얼굴이 시간이 가면서 퉁퉁 부어올라 입을 벌릴 수가 없었고 음료수 빨대도 애를 써야 간신히 입에 물 수가 있었다.

병원 침상에 누워 천장을 바라보니 한심한 생각이 들었다. 품속에 칼을 품고 있는 것을 알고도 용감하게 범인을 검거하려다가 다 잡은 범인을 잡지도 못하고 오히려 범인에게 상해를 입고 병원 신세를 지다니 내가 생각해도 한심하고 한편으로는 월급 몇 푼 받으려고 목숨을 내놓을 뻔한 신세가 처량하기도 했다.

빨대를 입에 물고 겨우 우유 몇 모금을 마시고 병원 신세를 진 지도 열흘이 지났다. 눈을 뜨면 보이는 천장도 오늘은 낯설고 쓸쓸하게 보인다. 답답하여 창문을 활짝 열어 제치니 어젯밤에 내렸는지 먼 산은 흰 눈으로 하얗게 덮여 있었다.

이번 일이 부모님께 알려질까 봐 걱정이 되어 누나에게 신신부탁을 해서 아직은 부모님이 모르고 계시지만 언젠가는 알 것 같아 걱정이 앞섰다. '부모님이 아시면 혹시 돌아가실 수도…….' 불안한 생각이 문뜩 들어서 마음을 진정시키고 있는데 노크소리가 들렸다.

"많이 다치셨다면서요. 좀 어떠세요?"

뜻밖에 명화가 위문을 왔다.

"아니 여기까지 어떻게……."

명화는 가지고온 우유에 빨대를 끼워 권했다.

"오늘 인자에게 소식 듣고 깜짝 놀랐어요. 그래도 좀 나았나 봐요."

맑은 미소를 담고 있는 명화의 모습을 바라보고 있자니 나와 결혼할 생각이 없다면 여기 오지 않았을 거라는 생각이 들었다.

"이렇게 와 주셔서 고맙습니다. 오신 김에 내 물어볼 게 있습니다."

"무슨 말씀이신지……?"

"나는 어떤 여자를 죽도록 사랑해서 그 앞에 피를 토하고 쓰러질지라도 부모와 함께 생활하지 않겠다는 여자와는 결혼할 수 없습니다. 부모와 함께 지낼 수 있는지 알고 싶습니다."

"……"

명화는 내 말에 대답을 피하고 고개를 숙이고 있었다.

"대답이 없으신 걸 보니 그렇게 하겠다는 걸로 알겠습니다."

"셋째 아들로 알고 있는데 왜 부모님을 모십니까?"

"셋째도 자식인데 무슨 상관이 있습니까. 나는 부모님을 모신다고 생각하는 것은 잘못이라고 봅니다. 자식이 어떻게 부모를 모십니까? 부모 슬하에 있는 것이지. 우리 형제 중에는 내가 부모님 사랑을 제일 많이 받아서 같이 있고 싶어서 그렇습니다."

"저는 노인들과 같이 생활해 본 적이 없어서 방법을 모르는데요."

수줍은 모습으로 대답을 하는 그는 미소를 품고 있었다.

반응이 나쁘지 않음을 눈치 챈 나는 지금이 기회라 생각했다.

"그건 내가 알려줄 테니 걱정하지 말아요. 그리고 인자한테 들어서 알듯이 가진 것 하나 없는 빈털터리지만 집사람 굶게 하지 않을 자신은 있습니다. 나와 결혼해 주십시오!"

용감하게 그를 와락 껴안았다.

"네, 그럴게요."

내 품 안에서 한참동안 새근거리던 침묵을 깨고 나에게 들려오는 그의 목소리는 가늘게 떨리고 있었다.

병원을 퇴원해서 지서에 출근한 뒤로 내 생활은 무척 바빠졌다. 퇴원 후에 바로 휴가를 내어 양가 부모님과 형제들에게 인사를 올리고 약혼식 날짜까지 정했다.

그런데 걱정이 있었다. 신붓감 놓치기 아까워 서두르긴 했으나 모아 놓은 돈이 한 푼도 없으니 약혼 날짜는 부득부득 다가오는데 걱정이 이만저만이 아니었다. 생각하다 못해 배짱 좋게 결혼식 때 축의금 들어오면 갚겠다고 약속하고 관내 금은방에서 외상으로 패물을 준비하기로 했는데, 아뿔싸! 명화가 시계는 서울에서 꼭 사달라고 했다.

그럴 수 없다고 발뺌을 했더니 이미 서울에 맞추어 놓았으니 당장 서울로 올라가자고 성화다. 십만 원이나 되는 시계 값을 당장 구할 방법이 없어 난감한 일이었다.

"명화 씨. 내 지금은 가진 돈이 없으니 좀 빌려 줄 수 없겠소. 금방 갚을 테니."

고민 끝에 그에게 슬쩍 손을 내밀어 보았다.

"이거 친구한테 빌린 돈인데 며칠 후에 갚아주세요."

그런데 지금 생각해봐도 그 돈은 친구 돈이 아닌 듯싶었다. 왜냐하면 그 후로 나는 엉큼스럽게 갚을 생각조차 해본 적이 없고 아내도 그 일을 잊은 듯이 내게 지금까지 돈을 달라는 것은 고사하고 이야기조차 꺼낸 적이 없기 때문이다.

1977년 5월 7일 많은 하객들의 축하를 받으며 우리는 결혼식을 올렸다. 결혼식장엔 관내 주민들과 옛 친구들은 물론 순목이 형제들과 할머니까지 와서 축하를 해 주었다.

자살소동까지 벌인 나를 생각해 주는 마음이 고마워 신혼여행에서 돌아오는 길에 순목이 할머니를 찾아뵙고 인사를 올렸다.

신혼생활은 서정리 지서 관사에서 시작했다. 관사는 워낙 낡아 벽에서는 모래가 우르르 흘러내렸고 부엌 하나에 방 한 칸 있는 것이 너무 협소해 살림살이를 들여놓을 틈이 없었다.

시집올 때 가져온 장롱은 부평 부모님 계신 곳에 놓아두고 간단한 가재도구만 챙겨와 살림을 시작하다 보니 어린애 소꿉장난 같은 느낌이 들었다. 궁색한 살림이었지만 아내는 불평 한마디 하지 않고 잘 견디어

주었고 이곳에서 첫아들(상희)까지 낳았다.

신혼생활에 깨가 쏟아진 지 2개월이 지난 7월 중순경이었다. 아내와 오붓이 점심을 먹고 있는데 지서에서 급한 연락이 왔다. 장 순경이 괴한의 칼을 맞고 병원에 실려 갔다는 것이다. 깜짝 놀란 나는 들고 있던 숟가락을 떨어뜨렸다.

'뭐 백주 대낮에 직원이 칼에 찔려?'

그길로 지서를 향해 달음박질을 쳤다. 지서에 도착해 보니 특수강도로 복역을 마치고 몇 달 전에 출소한 이기영이란 놈이 장 순경을 찌르고 지금 다방에서 종업원을 인질로 잡고 우리 직원들과 대치하고 있다고 한다.

내가 다방으로 달려갔을 때는 이미 그는 인질을 풀어주고 다방 옆 술집 마루에 걸터앉아 칼을 움켜쥔 채 우리들을 노려보고 있었다.

"어찌된 일입니까?"

"글쎄 저놈이……."

차석(방부길 경장)은 기영이를 가리키며 사건내용을 귀띔해주었다. 지서 옆 버스정류소에서 폭행사건이 발생했는데 피해자는 엉금엉금 기어서 지서로 들어왔고 차석은 범인을 잡으러 밖으로 뛰어나갔는데 장 순경이 그 뒤를 따랐다고 한다.

도망가던 범인은 장 순경을 보고 "너 이 자식 오늘 잘 만났다" 하면서 뒤로 돌아와 다짜고짜 장 순경 어깨를 수차례 찌르고 다방으로 들어가 인질극을 벌이고 이곳까지 온 것이라고 했다.

"기영아 너 왜 그래?"

"형 내가 찾았는데 어디 갔었어?"

"나 밥 먹고 오는 길인데, 너 장 순경 찔렀다면서. 어떻게 그럴 수가 있어!"

한발 다가가서 그의 옆에 앉았다.

"장 순경 놈은 건방져서 당해야 돼! 그 자식 내가 며칠 전부터 벼르고 있던 참이야. 인생 불쌍해서 목숨은 살려주었지만."

"너 칼 버려, 인마!"

"내 칼 빼앗으려고 그러지."

"칼 버리고 이야기하자."

"이거 장난 아니야. 형이 내 칼 한 번에 쳐서 떨어뜨리면 순순히 수갑을 받겠지만 실수하면 나와 형 몸은 걸레 되는 줄 알아. 자신 없으면 물러서."

손에 힘을 주어 칼을 꼭 움켜잡는 것을 보고 주저하지 않을 수 없었다. 사실 내가 그의 옆에 앉은 것은 대화를 하다가 기회를 보아서 재빠르게 그의 손을 쳐서 칼을 떨어뜨리고 검거하려는 속셈이었는데 그가 눈치를 챈 것 같았다.

기영이를 처음 만난 것은 서정지서로 전입해 온 지 한 달이 채 안 되었을 때였다. 술집에서 행패를 부린다는 신고를 받고 출동을 했다. 술집 바닥은 깨진 유리조각과 안주접시가 여기저기 흩어져 있고 주인여자는 귀퉁이에 서서 벌벌 떨고 있는데 한 녀석이 의자에 앉아 술잔을 들고 꼼짝도 하지 않고 있었다.

나는 의자에 앉아 있는 녀석이 물건을 부숴놓고 경찰에게 시비 걸고 한 짓이란 것을 직감으로 느낄 수 있었다.

"아주머니, 여기 부서진 물건 값과 술값이 전부 얼마나 됩니까?"

신고내용은 묻지도 않고 깨진 물건과 술값을 묻는 내가 이상했던지 주인여자는 고개를 갸우뚱한다.

"그건 왜 물어 보시는데요?"

주머니에서 2천 원을 꺼냈다.

"이거면 되겠습니까?"

"아니 순경 아저씨가 왜 돈을 주세요."

사양을 하는 것을 억지로 손에 쥐어주었다.

"저놈 내가 사람 만들려고 교육시키고 있는데 엊그제 교도소에서 나와서 아직은 세상이 좋게 안 보이나 봅니다. 돈이 좀 모자라더라도 받으시고 저놈 용서해 주시지요."

"저야 고맙지요."

아직도 꿈쩍하지 않고 앉아 있는 그를 향해 "야 이 새끼야! 빨리 꺼지지 못해!" 소리를 버럭 질렀다.

그때서야 그는 슬그머니 일어나서 나를 향해 꾸뻑 고개를 숙이더니 한마디 말도 없이 밖으로 사라져 버렸다. 그날 저녁 그가 지서로 찾아와서 할 얘기가 있다면서 밖으로 나를 끌어냈다.

목로에서 막걸리 한 잔을 단숨에 꿀꺽 마시더니 다짜고짜 나를 형님으로 모시겠다면서 땅바닥에 넙죽 엎드려 큰절을 하고 무릎을 꿇는다.

"이 사람 이게 무슨 짓이야."

"나 동생으로 받아주지 않으면 절대 안 일어납니다."

"그래그래 받아주지."

그의 손을 잡아 의자에 앉혔다.

"형님 고맙습니다. 앞으로 잘 모시겠습니다."

그는 이름이 '기영'이라고 하면서 강력전과만도 10범이 넘고 특수강도로 복역하고 나온 지 며칠밖에 되지 않았다고 했다. 교도소생활을 하면서 자기를 교도소로 보낸 경찰들이 미워서 술 취한 김에 화풀이 좀 하려고 했는데 내가 하는 행동을 보고는 형님으로 모시고 싶어 찾아왔다는 것이다.

나도 어두웠던 과거얘기를 들려주며 마음잡고 열심히 살기를 그에게 당부했다. 그 후부터 그는 어렵고 힘든 일이 있으면 나와 상의를 했고 기분이 좀 나빠도 나와 술을 먹고 풀어버리곤 했다.

나도 그에게 많은 도움을 받았다. 외제물품을 몰래 파는 피의자를 검거해 조사 중에 감시가 소홀한 틈을 타 피의자는 수갑을 찬 채로 도주해 버리고 설상가상으로 창고에 보관했던 압수한 물건까지 새벽에 감쪽같이 없어지는 기상천외한 사건이 발생했을 때였다.

아침에 출근하니 일을 당한 장 순경이 얼굴이 새파랗게 질려 있는 꼴이란 눈뜨고 보기 민망할 정도였다. 다급한 나는 그를 급히 찾았다.

"기영아! 너희들 이럴 수 있어! 자식들 의리라고는 파리 xx만큼도 없는 놈들 아니야!"

"형, 무슨 일인데 그래?"

눈이 휘둥그레진 그가 나에게 물었다. 그에게 전후 사정이야기를 다 해주고 물건 내놓으라 했다.

"내가 한 짓 아니야. 내가 그럴 사람으로 보여?"

어이없다는 표정이었다.

"너는 아니지만 너희들 소행이 틀림없어. 오늘 저녁까지 물건 갖다 주면 없던 일로 할 테니까 네가 책임지고 찾아와."

"알았어. 내가 한번 찾아볼게."

그가 지서를 나간 지 두 시간도 안 되서 물건을 찾아 지서로 보내 주었다. 이렇듯 내가 어려움을 겪을 때는 몸 사리지 않았고 내 말이라면 끔쩍하게 생각하는 터라, 오늘 일도 내가 점심시간에 자리를 비우지만 않았어도 미리 예방할 수 있었던 사건이었다.

한참을 망설이다 나는 자리에서 일어나고 말았다. 칼을 꼭 잡고 나를 응시하고 있는 그의 모습엔 도대체 빈틈을 발견할 수가 없어 섣불리 공격하다가는 그의 말대로 더 큰 사고가 발생할 것을 우려해서였다.

내가 옆자리를 뜨자 장비라고는 경찰봉 하나밖에 없는 우리들로서는 아무도 그에게 접근할 수가 없었다. 긴장감이 맴도는 대치상태가 계속되고 주변엔 구경꾼들이 하나둘씩 모여들기 시작했다.

주위를 의식했던지 그는 벌떡 일어나더니 "가까이 오지 마! 어떤 놈이든 가까이 오면 다 죽여 버릴 테야!" 소리치면서 밖으로 뒷걸음질쳤다.

그때였다. 구경하던 젊은이가 갑자기 발을 걸자 그는 중심을 잃고 쓰러졌다. 그때를 놓치지 않고 나는 번개처럼 몸을 날려 그의 손에 잡힌 칼을 발로 걷어찼고 칼은 그의 손을 떠나 허공을 날아 길바닥에 떨어졌다.

이 순경이 그를 덮친 것은 눈 깜짝할 사이였다. 두 손에 채워진 수갑을 내려다보던 그는 나를 향해 "형 미안해. 이럴 줄 알았으면 형 진급이나 시켜 줄 대형사고나 칠걸." 하면서 씽긋 웃고 이내 고개를 돌려버렸다.

며칠 전에 살인사건 범인으로 검거된 용의자가 그와 이름이 같아 놀란 마음으로 혹시나 해서 알아보았더니 그가 아닌 동명이인이라고 한다. 그리고 그는 지금 별 탈 없이 잘 지낸다는 소식을 들으니 안심이 되고 그가 앞으로도 선량한 시민으로 남기를 기대해 본다.

***

첫아이를 낳고 한 달도 되지 않아 아내는 아직 몸도 회복되지 않았는데 갑자기 부평경찰서로 발령을 받아 이삿짐을 꾸려 부모님이 계시는 삼릉으로 이사를 하여야 했다.

큰방 하나를 중간에다가 판자로 칸막이를 하고 미닫이를 만들어 방을 두개로 꾸며서 우리들이 아랫방을 사용하고 윗방은 부모님이 사용했다. 아랫방을 사용하는 것이 부모님께 죄스러운 마음이 들었지만 갓난아기 건강을 생각해 어머니가 한사코 윗방을 고집해 어머님의 말씀을 따랐다.

그러나 여간 불편한 것이 아니었다. 아내가 아침밥을 하려면 두 분 깨어나실까 조심조심 그것도 시부모 잠자리를 넘어서 다녀야 하는 불편을 감수해야 했다.

어쩌다 서른을 꽉 채운 노처녀가 나 같은 놈 만나서 사서 고생하는 것 같아 안쓰럽고 늘 마음이 편치 않았으나, 싫은 내색 한 번 없이 웃는 얼굴로 대하는 아내의 모습을 바라볼 때면 그저 고맙고 행복한 생각이 들었다.

부평경찰서에서의 근무지는 부천시에 자리 잡은 심곡지서였다. 심곡지서는 경인선 철도를 경계로 하여 부천시 남쪽지역을 대부분 관할하고 있어 꽤나 넓은 지역을 담당하고 있었다. 직원도 다른 지서나 파출소보다 월등히 많았고 담당 정보 수사형사까지 상주하고 있어 작은 경찰서 같은 기분이 들었다.

사건도 얼마나 많은지 하루 평균 열다섯 건 이상 사건을 배당 받다보면 근무가 끝난 다음날 밤 열두 시까지 밀린 사건을 처리하느라 외박하는 날이 헤아릴 수 없이 많았다. 지서에서 밤을 새우고 며칠 동안 가지 못한 집이 궁금하여 만사 제쳐놓고 퇴근하려던 참이었다.

"박 순경 전화 받아. 예쁜 아가씨 같은데."

옆에 있던 차 경장이 농담 한마디를 슬쩍 건네며 전화기를 내민다.

"네, 박 순경입니다."

"저예요."

"저라니요, 누구십니까?"

"벌써 제 목소리도 잊으셨어요."

"네?"

전화기에 들려오는 목소리는 알 듯 모를 듯 누구인지 기억이 나지 않았다. 다방 김 마담? 아니 며칠 전에 같이 술 마시던 미스 강인가? 도대체 누구인지 알 수가 없다.

전화기를 든 채로 잠시 머뭇거리다 수작을 잘못 떨면 실수할 것 같아서, "야 이년아! 어떤 년인데 아침부터 사무실로 전화하고 지랄이야! 전화 끊어!" 소리를 꽥 지르고 전화기를 팽개치곤 "아침부터 재수 없는 날이군" 투덜대며 집으로 향했다.

집에 도착하니 아내가 방문을 나서다말고 나를 보고 무슨 일인지 배를 움켜쥐고 웃기만 한다.

"여보 왜 그래 무슨 일 있어?"

"당신 내 남편 맞아요?"

더 못 참겠다는 듯 허리를 움켜쥔다.

"왜 그래? 아침 잘못 먹은 것 아니야."

"같이 사는 마누라 목소리도 기억 못하는 남자가 남편자격이 있기나 하나요."

"아침에 전화한 여자가 당신이야. 난 그런 줄도 모르고……."

창피하고 미안해서 얼굴을 똑바로 들 수가 없으면서도 부처님처럼 너그러운 마음으로 나를 이해해주는 아내가 오늘따라 더욱 아름답게

217

보였다.

이제 우리 집은 행복하다고 나는 자랑하고 싶다. 아버지는 한 푼이라도 벌어서 아들 살림에 보태겠다고 여전히 부평역 앞에서 길 가는 사람을 상대로 사주관상을 보고 계시고, 어머니의 고질병인 속앓이도 요즘은 상태가 좋아져 나들이할 정도는 되었다.

아내는 내 월급이 너무 적어서 평생 전세 못 면하겠다며 이웃에서 옷가지를 가져다가 수선하는 일을 부업으로 하여 제법 저축도 하고 사는 형편이 되었고, 상희도 건강하게 잘 자라주어서 전세를 사는 형편이지만 그야말로 남부럽지 않게 사는 신세가 되었다.

틈을 내어 내가 근무하던 한일단조와 동사무소를 방문하여 옛 동료와 술 한잔하는 것도 잊지 않았다.

대통령 경호원 시절

22특경대에서 3년 넘게 근무한 세월은 소용돌이치는 역사의 현장 중심에 서 있었다. 영원히 잊지 못할 박정희 대통령 시해 사건을 그곳에서 맞이했고, 12·12사태 등 국가안위가 위태로웠던 사건을 겪으며 대통령을 세 분이나 모셔야 했다.

심곡지서에서 근무한 지 어느새 두 달이 후딱 지나가버렸다. 어젯밤엔 유난히 사건사고가 많아 밤을 꼬박 새웠다. 교대는 했지만 아직 처리할 일들이 산더미처럼 쌓여있어 퇴근은 엄두도 못 내고 목욕이라도 갔다 올 생각으로 막 파출소 문을 나서려고 할 때였다.

"박 순경 전화 받아."

소내 근무자가 소리를 쳤다.

"네, 박 순경입니다."

"나 22특경대 경무과장인데, 자네 무슨 배짱으로 발령이 난지 이틀이 지나도록 오지 안고 뭐해? 당장 오지 않으면 징계조치할 거야!"

놀라서 어리둥절하고 있는데 이번엔 경찰서 인사담당 전화를 받았다. 토요일 늦게 인사발령 통지를 받아서 미처 연락을 못했으니 지금 당장 22특경대로 가서 신고를 하라는 것이다.

허겁지겁 달려와 숨을 고르며 22특경대 정문을 들어섰다.

"윤신아 너 빨리 버스에 타!"

버스 창문 사이로 손짓하는 정 계장(정병모 경위를 나는 늘 정 계장이라 부른다)을 발견하고 깜짝 놀랐다.

"정 계장님이 여긴 어쩐 일이세요?"

"나 여기 근무하잖아. 너 운동선수로 차출됐어. 운동 연습하러 가야 되니까 빨리타!"

경호실 운동시합이 얼마 남지 않아 급하게 발령을 내다보니 알려주지도 못했다고 미안해했다.

"잘 있는 사람 이렇게 골탕 먹여도 되는 거요?"

곱지 않은 시선으로 정 계장에게 한마디 던지고 이내 활짝 웃었다. 집 가까이 돌아온 심곡지서 근무는 추억으로만 남긴 채 청와대로 다시 돌아가게 되었다.

오늘은 순목이 할머니를 찾아볼 생각으로 신당동으로 발길을 돌렸다. 22특경대로 전입 왔을 때 인사를 드리러 와 보니 몸도 많이 허약해지셨고 우유로만 식사를 대신하는 것을 보고나니 걱정이 되어서 자주 찾아보기로 마음먹었으나 생각대로 그리 쉬운 일은 아니었다.

"순용이 아범한테 선생님 안부는 잘 듣고 있어요. 자주 만난다고 하던데. 부모님은 안녕하시고요?"

할머니는 무척이나 반가워하며 부모님 안부부터 물어보셨다. 나는 순용이 아범이 누구인지 궁금하면서도 차마 묻지 못했다.
"네, 부모님 강령하시고 저희 식구들 모두 건강하게 잘 있습니다만 할머니 건강은 어떠신지요."
"늙은 사람이 뭐 성할 날 있나요. 그래도 매끼 잘 먹고 있으니 더 바랄 게 있겠어요."
할머니는 금이빨을 살짝 드러내고 웃으신다.
"순용이 아버지가 누구냐?"
"우리 매형이잖아요."
벌써 고등학생이 된 종문이의 대답이다.
"매형 누구?"
"우리 매형이 몇 명 되나요. 정옥이 누나 하나밖에 없는데."
벌써 고등학생이 된 종문이가 이상하다는 듯 나를 쳐다본다.
"그럼 순용이가 정옥이 아들이구나. 매형 이름이 무엇이냐?"
"권혁표요."
돌아서 집으로 오는 길은 마음이 편치 않았다.
"청와대를 오겠다고 하더니 온 모양이구나."
어느 부서에서 근무하는지 궁금하여 이튿날 출근히자마자 정 계장에게 넌지시 물어보았다.
"혹시 권혁표라고 알아요?"
"응. 경찰동기생인데 네가 어떻게 알아?"
"지금 어디 근무하는데?"
"경호 2과에 근무하잖아. 내가 만나게 해줄까?"
신라호텔 행사장에서 정 계장의 소개로 그를 만났다. 나는 깊은 고민에 빠졌다. 왜 하필이면 그가 경호처에 근무를 하는지 원망스러웠다.

계급도 비교할 수 없을 만큼 차이가 나는 데다 근무를 할 때도 경호과의 지시를 받아야 하는 부서에 있는 내가 처량하기 그지없었다.

'또 도피를 해야 하는가?'

자신에게 물어보았으나 대답이 얼른 나오지 않는다. 대통령을 사복 경호하는 이곳 22특경대에 전입을 올 수 있었던 것도 정 계장이 아니었으면 불가능했다. 지방에서는 전입이 금지된 부서를 대장에게 그가 억지를 부려 내가 이곳에 전입 올 수 있었던 것이다.

그런데 애써준 사람들은 생각도 하지 않고 내 자존심에 금이 간다고 또 도망을 치겠다고? 그리고 처자식 있는 놈이 도망만 다니는 패자로 남아서 어쩌겠다는 거냐? 그렇다. 이제 당당하게 현실과 부딪혀 보자.

이런 생각을 한 나는 밝은 표정으로 그와 인사를 나누었다. 이제 내가 할 일은 그와 계급격차를 줄이는 것이라고 생각했다.

'충성'지 시험을 칠 때의 일이 생각난다. 경호실에서는 '충성'지 책을 발간하여 모든 경호원에게 이를 암기토록 하고 종종 시험을 치곤 했다.

실장(차지철 경호실장)이 직접 시험장에 나와 현장을 감독했으니 모두 긴장하지 않을 수 없었다. 모두가 강당에 모여 예비시험을 칠 때이다. 나는 남들보다 한문 실력이 뛰어나고 글씨를 빨리 썼다. 암기도 잘 하는 편이어서 다른 직원이 끙끙대고 있을 때 답안지 작성을 마치고 강당을 내려와 버렸다.

"박 순경은 학교 다닐 때 공부 잘했었나봐."

당직근무를 서고 있는 나에게 제대장(노석태 경감)은 일부러 말을 걸었다.

"무슨 말씀입니까?"

"답안 쓰는 실력이 대단하던데."

"아~ 네~ 칭찬해 주셔서 고맙습니다."

"자네 진급시험 공부해보지. 아마 꼭 합격할 거야. 이거 내가 주는 귀중한 선물이니 받게."

느닷없이 곱게 포장한 책 한 권을 내 손에 쥐어주곤 밖으로 나가버렸다. 첫 장에 '꼭 합격하기를 기원합니다. 노석태' 라고 적힌 경찰법 책이었다. 그는 경사시험공부를 하는 조장(김원길 경장)에게 나와 함께 공부하라고 부탁까지 해놓았다.

김 경장의 권유로 퇴근하지 않고 부대에 남아서 같이 공부하기로 했으나 그때까지만 해도 시험 경험이 없는 나로서는 승진 시험이 어렵다는 인식을 못하고 있었다.

김 경장의 서브노트를 빌려 보니 어려운 것이 없었다. 시험도 별것 아니구나 싶어 긴장도 푼 채 잠자기가 일쑤였다. 그런데 잠을 자다 깨어 보면 밤이 깊도록 그는 공부에 열중하고 있는 것이 아닌가.

처음에는 무슨 공부를 저렇게 미련하게 하나 했으나 일주일이 지나니 슬슬 두려움이 생기기 시작했다. 다들 저렇게 열심히 공부하면 내 정신상태로는 낙방할 것이 불 보듯 뻔했다.

마음을 고쳐먹고 독하게 공부를 시작하려는데 김빠지게 매년 8월에 실시하는 정기 승진시험이 올해는 없다고 한다. 실망한 우리는 승진의 꿈을 접고 각자 집으로 돌아가야 했다.

대통령 초도순시며 각종행사를 따라 전국을 누비다 보니 빠른 세월은 해를 넘겨 벌써 7월 중순을 지나고 있을 무렵이었다. 구내방송으로 직원이름을 호명하며 2층 강당으로 집합하라는 대장 명령이다.

무슨 일인가 싶어 어슬렁거리며 강당으로 모여든 우리들에게 대장의 카랑카랑한 목소리가 들려왔다.

"너희들은 모두 이번 승진시험 응시자격이 있는 자들이다. 오늘부터 여러분들은 집으로 퇴근할 수 없고 부대에서 시험 날까지 숙식하면서 공부한다. 밥은 내가 먹여 줄 테니 공부 열심히 해서 부대를 빛내주기 바란다. 이것은 대장의 직무명령이므로 이유가 없다. 교육과장은 밤 열두 시에 점검을 실시하여 졸거나 게으름을 피우는 놈이 있으면 사정없이 몽둥이찜질을 할 것. 이상!"

대장이 애를 써준 덕으로 우리들은 응시자의 8할이 넘는 직원이 합격의 영광을 얻었으니 대장님에 대한 고마움은 지금도 가슴속에서 사라질 줄 모른다. 나도 1700여 명 응시자 중에 114명을 뽑는 합격자 명단에 오르는 기쁨을 맛보았으나 17등이라는 성적이 썩 마음에 들지 않았다.

공부를 하려면 제대로 해야겠다는 생각에 시험 합격자 발표가 있던 그 이튿날 종로서점에 가서 시험에 관계된 책은 보이는 대로 몽땅 사가지고 왔다. 그날부터 틈만 나면 책과 씨름을 하는 내 생활에 다른 변화를 구할 공간이 없어져버렸다.

청와대의 생활은 거대한 수레바퀴 속에서 폭풍처럼 다가오는 역사의 소용돌이를 몸소 겪어야 했던 날들이었다. 10·26국가원수 시해사건을 그곳에서 눈물로 맞아야 했고, 비명에 간 동료들은 역적이 되어 조문객 하나 없이 쓸쓸히 떠나는 모습을 차마 볼 수 없어 뒤돌아 눈물을 흘렸다.

최규하 대통령 권한대행을 수행하다가 그분이 대통령으로 당선되던 날의 기쁨도 잠시 12·12사건이 일어났을 때는 목숨조차 기약할 수 없는 긴장 속에 밤새워 가슴 졸이던 일에서부터 5·18 때는 최규하 대통령의 5·24특별담화문 발표를 근접해서 지켜보았고 박충훈 대통령 권한대행 시절에는 또다시 집무실 및 수행경호를 담당해야 했던 일 등등…….

영원히 잊혀지지 않을 역사의 현장 한가운데서 방황하고 있었던 생활들이 지금도 주마등처럼 머릿속을 맴돌고 있다.

우리를 아끼던 초대 최홍규 대장이 경무관으로 진급해 떠나버린 후 2대 김우현, 3대 조귀포, 4대 반용호 총경을 새로운 대장으로 모시면서 세월은 흘러갔고 전두환 대통령 취임 일 년이 다 되어 갈 무렵 나도 정들었던 22특경대를 떠나야 했다.

부모님 살아생전에

청와대에서 구로경찰서 신도림파출소로 전입 왔을 때의 일이다. 몇 년 만에 경찰복을 입으니 어딘가 어색해 보이고 몸에 맞지 않는 것 같아 자주 거울을 보는 습관이 생겼다.

사람의 마음이 이처럼 간사한 것인지는 내가 겪어 보니 알 것 같기도 하다. 엊그제까지만 해도 경호관이라고 양복 다려 입고 거들먹거리던 몸이라 내가 언제 경찰이었나 하고 착각을 한 것 같아서 며칠 동안은 경찰제복에 적응하느라 애를 먹었다.

신도림파출소 관할에는 조그만 제조공장들이 많아 오후가 되면 일을 마치고 나오는 젊은이들로 좁은 골목길이 와자지껄했다. 벌써 통닭집에 하나밖에 없는 낡은 탁자에 서너 명이 둘러앉아 통닭 한 마리 시켜놓고 소주잔을 부딪치며 소리를 지르는 것을 보니 시골총각들임에 틀림없었다.

골목길을 빠져나온 대부분의 젊은이들은 집으로 갈 생각은 안 하고 이렇듯 술타령이다. 밤이 깊어 갈수록 술 취해 길거리에서 비틀거리거나 고래고래 소리 지르는 취객들로 길거리는 부산하기만 하고 파출소는 손님 맞을 준비에 바빴다.

소내 근무를 마치고 순찰을 돌려고 막 문을 나가려던 참이었다. 젊은이 하나가 이마에 줄줄 흐르는 피를 손바닥으로 씩 문지르며 파출소 문을 들어섰다.

"순경아저씨들 나 때린 놈 처벌 좀 해주이소."

"때린 사람 어디 있습니까?"

"이 자식 같이 왔는데 어디 갔어. 저 밖에 있네. 너 들어와 봐 인마!"

문밖에 같은 또래로 보이는 젊은이가 작업복 차림으로 서성이고 있었다.

"김 순경 저 사람 데리고 와봐."

내가 눈을 끔쩍했더니 김 순경은 알았다는 듯 씽끗 웃으며 고개를 끄떡이고 밖으로 나갔다. 그사이 나는 얼른 담배 한 개비를 꺼내 그에게 권하고 라이터를 꺼내 불을 붙여주었다.

"연기 안 나오네."

담배를 피우는 것을 보고 말을 걸었더니 그는 어리둥절했다.

"네?"

"아니 선생님 맞은 곳에서 연기 안 나오는 걸 보니 죽지는 않겠구먼. 이리 앉으세요."

"선생님 때린 사람 잘 알지요?"

"예, 같은 회사 다닙니다."

"그 사람 유치장 보낼 만큼 그렇게 밉습니까?"

"……"

"법은 오늘과 내일이 다르지 않습니다. 오늘 집으로 돌아가셔서 밤새도록 잘 생각해 보세요. 그래도 정말로 저 사람 용서가 안 되면 내일 새벽에 저를 찾아오시면 내 있는 실력 다 발휘해서 최고의 형을 살게 처벌하겠습니다. 화 풀리면 공연히 후회하지 말고 내 말 들으세요. 나 파출소 차석이니 내 이름 꼭 기억하시구요."

명함을 받아들고 한참을 생각하더니 "정말 내일 처벌해 줄 거지요?" 하면서 파출소 밖으로 나가버렸다.

밖에서 기다리고 있던 김 순경이 작업복 입은 젊은이와 안으로 들어왔다.

"선생님은 어쩌다 직장동료에게 주먹질을 했습니까?"

내 앞에 고개를 숙이고 서 있는 젊은이에게 물었다.

"둘이 말다툼하다가 화가 나서 그만…… 잘못했습니다. 용서해 주세요."

"용서는 나한테 빌 게 아니라 지금 빨리 약방에 가서 약사고 과일 한 바구니 준비해서, 참 돈도 성의껏 준비해 가지고 그 사람 집에 찾아가 무릎 꿇고 용서해 줄 때까지 빌어보십시오. 돈 벌겠다고 고향 떠나 객지에서 고생하면서 유치장까지 구경하려면 마음대로 하고. 그 사람 내일 새벽에 다시 온다고 했으니 그때는 용서고 뭐고 버스 지나간 뒤 손드는 꼴 될 테니 후회하지 말고……. 어~어, 빨리 가라니까 이 사람 뭘 하고 있어! 어서 가지 않구."

머뭇거리는 그의 등을 떠밀어 밖으로 내보낸 뒤 지금까지 소식이 없는 걸로 보아서 아마 해결이 잘된 듯싶다.

***

오늘은 함박눈이 펑펑 쏟아질 것 같다. 며칠 전부터 쌀쌀하던 날씨가 갑자기 풀리면서 12월 초순인데도 봄날 같은 포근한 날씨에 하늘은 잔뜩 찌푸려 있었다.

"벌써 첫눈이 오려나?"

하늘 한 번 쳐다보고 다음 순찰함을 가려고 길모퉁이를 돌아 큰길로 막 나오려는데 오토바이를 타고 가는 한 사내와 마주쳤다.

직업은 속이지 못한다고 순간 내 시야를 스친 것은 안전모를 쓰지 않고 운행하는 그의 모습이었다. '삐~익' 호각소리에 놀란 그가 길옆에 오토바이를 세웠다.

"선생님 안전모를 안 쓰셨네요."

"순경나리 한 번만 봐주시오. 멀리 가지도 않았는데."

"안전모는 꼭 쓰셔야 됩니다."

"당신 참 할 일 없는 사람이구먼. 순경이 도둑놈 잡을 생각은 안 하고 안전모 안 쓴 것이 뭐 그리 큰 죄가 된다고 그래!"

그는 갑자기 소리를 버럭 질렀다.

"선생님 면허증은 있으신가요?"

"그럼 면허증도 없는 줄 알아!"

여진히 큰소리를 치며 면허증을 지갑에서 꺼내 나에게 휙 던져버렸다. 땅에 떨어진 면허증을 주워서 스티커를 발부를 했다.

"선생님 집에 돌아가셔서 멋있는 액자에다 벌금 낸 영수증 넣어서 제일 자주 볼 수 있는 곳에 걸어놓으세요."

"당신 나 놀리는 거야?"

"아닙니다. 그리구 그 영수증 볼 때마다 못된 경찰 만나서 억울하게 낸 돈이니 다시는 그런 꼴 당하기 싫어서도 안전모 쓰겠다고 다짐해 보

| 229

십시오. 그렇게만 해주신다면 선생님께서 저를 아무리 욕해도 저는 감사하게 생각하겠습니다."

"이 사람 지금 무슨 소리를 하고 있는 거야."

"저야 선생님 생명 구할 수 있으니 백 번 욕을 먹어도 감사하죠. 우리는 국민의 생명, 신체 재산을 보호하는 것이 임무인데요 뭐. 그런 일 열심히 하라고 선생님들 세금내서 우리들 월급 주는 것 아닙니까?"

화난 얼굴로 내 말을 듣던 그는 한참을 껄껄 웃었다.

"미안하네. 난 그런 것도 모르고 화를 내다니. 내 앞으로는 내 생명 생각해서라도 자네 생각하며 꼭 안전모 쓰겠네."

면허증 받아들고 돌아서는 모습이 아름다워 보였다.

***

올해는 8월에 있던 정기승진 시험이 차일피일 연기되더니 11월 중순에야 실시되었다. 오전 객관식 시험을 끝내고 오후 첫 시간은 경찰법 응시시간이었다.

작년까지 백 명을 넘게 합격시키던 경사 시험이 올해는 그 반으로 줄어든다는 소문 때문에 시험이 무척이나 어려울 것이라고 응시생 모두가 생각하고 있었다.

나도 시험 감독관이 교실에 들어올 때까지 경찰법 아닌 행정법을 공부하고 있었는데 시험지를 받는 순간 깜짝 놀랐다. 50점 시험문제 제목이 '경찰 공공의 원칙을 논하라' 고 적혀 있는 것이 아닌가.

수험생이면 누구나 작성할 수 있는 평범한 문제여서 답안 작성을 하기를 망설이고 있었다. 심사숙고하던 끝에 답안을 다른 수험생보다 특별하게 작성하겠다고 마음먹고 답안지 쓰기를 시작했다.

서설 부분에 '경찰권 발동과 법치주의' 라는 소제목을 달았다. 법치주의 적용 아래 모든 법집행은 법에 근거를 해서 집행하여야 하지만 경찰권 발동은 긴급성을 요해 위해를 예측해서 일일이 법을 제정할 수 없는 제약이 따라 항상 인권 문제와 충돌된다. 이를 사전에 예방할 목적으로 조리 상의 한계를 설정했고 조리 상의 한계 중 하나가 공공의 원칙이다.

이런 내용을 밝히는 답안을 작성하다 보니 서설이 답안지 두 장을 넘겼고 아직 공공의 원칙 내용을 다 정리하지도 않았는데 시간을 보니 40분이 훌쩍 지나갔다. 이제 마감시간이 십 분도 채 안 남았는데 25점짜리 두 문제는 손도 못 대고 있었다. 얼마나 놀랐는지 등에서 식은땀이 흘러내렸다.

그 이후로는 어떻게 답안을 작성했는지 기억이 나지 않을 정도로 서두르다 보니 제대로 된 답안지인지 판단이 서지 않는다. 종료 종소리를 듣고 교실 밖으로 나온 나는 그만 눈물을 흘리고 말았다.

어떻게 한 공부인데 몰라서 못 쓴 것도 아니고 미련하게 시간조정을 못하다니…… 너무 억울해서 눈물이 절로 나왔다. 사실 나는 경장 시험 합격을 한 후로 단 한 번도 손에서 책을 놓지 않았다. 출근하는 전철 속에서도, 잠자리에서도 심지어는 술이 취해 들고 있던 책을 버스에 놓고 내린 적이 한두 번이 아니었으나 책을 들고 다니는 습관을 고집하고 있었다.

그런 덕분에 실력도 꽤 많이 늘어 웬만한 문제집은 한 시간에 300문제 정도는 거뜬히 소화해낼 실력이 되었고, 기본서는 30번 이상 읽다 보니 내 나름대로 이론적 체계를 세워 독자적으로 설명이 가능하게 기초를 튼튼히 다져왔었다.

그런데 한순간에 날벼락을 맞다니 한심스럽기 그지없다. 시험 발표

날은 마침 비번이었다. 시험에 떨어진 것이 틀림없는 것 같으니 동료들에게 비참한 꼴 보이기 싫어 일찍 집으로 퇴근해버렸다.

"야, 너 합격 축하한다. 공부 열심히 하더니 성적도 좋더라. 3등이야 3등!"

기분 상하여 누워 있는데 전화를 받아 보니 22특경대에 근무하는 경윤이의 목소리다.

"너 누구 약 올리냐? 되긴 뭐가 돼!" 불쾌한 소리로 전화를 끊으려 하자, "잠깐, 내가 왜 너한테 거짓말 해. 정 못 믿겠으면 회사에 나가봐 인마! 발표 났으니까. 그리고 너 술 살 생각이나 해. 엉뚱한 소리 하지 말구."

혹시 정말인가 싶어 파출소로 달려오니 파출소장이 나를 반겼다.

"박 경장, 아니 이제 박 경사인 걸 깜빡했네. 박 경사 고마워. 난 자네 때문에 합격했어. 그리고 자네 합격도 축하하고."

시험 열흘을 앞두고 한 시간에 몇 문제나 푸느냐고 묻는 그에게 300문제밖에 못 푼다고 했더니 시험이 끝나는 날까지 얼굴 구경 못했는데, 아마 그 소리에 자극을 받아서 열심히 공부했던 모양이다.

"자네 그 소리 했을 때 저놈이 사람인가 싶었지."

"소장님 축하드립니다."

고개를 꾸뻑 숙이는 내 얼굴엔 환한 미소가 감돌았다.

***

경사 계급장을 달고 대공1계로 온 지도 벌써 3개월. 과장(서부근 경정)이 급히 찾는다는 연락을 받고 과장실 문을 두드렸다.

"너 부모님 모시고 셋방살이한다는데 어려운 일은 없는가?"

"별 어려움 없이 잘 지내고 있습니다."

"생활이 상당히 어려울 텐데 마침 고척 파출소장 자리가 비어서 내 자네를 추천할 생각인데 어떤가?"

과장 말이 고맙긴 한데 마음이 내키지 않았다. 경찰서에 고참 경사들이 파출소장 하겠다고 눈에 불을 켜고 있는데 경사경력 3개월의 풋내기에겐 파출소장이 가당치도 않았다.

그뿐 아니라 총경 후보인 과장이 승진하여 훌쩍 떠나버리면 동료들의 시기와 미움으로 외톨이가 될 것이 뻔한 노릇이었다.

"과장님 저를 위해 애써 주시는 것은 고맙지만 아직 파출소장 할 자격이 안 됩니다. 다른 사람 추천해 주십시오."

"야 이놈아 기회가 있을 때 하는 거야. 집안형편도 어려운데 활동비라도 받으면 큰 도움이 될 것인데, 그놈 이상한 놈이네."

화난 표정으로 야단을 치며 파출소장을 고집했다.

나도 고집을 꺾지 않고 한사코 거절을 하니 하는 수 없다는 듯, "애~이, 이 병신 같은 놈아! 멍석 깔아줘도 못하냐? 그래 너 외사계장 시켜줄 테니 공부해서 경위나 되어라. 쯧 쯧!" 혀를 차며 밖으로 나가버렸다.

외사계는 직원이 달랑 두 명이고 대상이라곤 자장면 집을 운영하는 중국인 20여 명이 고작이니 첩보수집하기도 어려웠으나 그래도 경사 3개월 만에 경찰서 계장이 되었다는 긍지 하나 가지고 근무에 열중했다.

집에는 둘째 정임이가 벌써 세 살이 되어 아장아장 걸으며 재롱을 떨었고 아내 뱃속에는 셋째가 꿈틀거리고 있으니, 사는 집이 너무 좁아 생활하기가 여간 불편한 것이 아니었다.

그래서 방 두 칸 사이에 마루까지 있는 부평역 뒤편 동수동으로 이사를 온 지 한 달쯤 되었을 때의 일이다. 직원들과 외근활동을 마치고 사무실에 들어오니 어머니가 위독하여 병원에 계시니 빨리 오라는 내용이 적힌 메모지가 있었다.

아침에 출근할 때만 해도 아무 일 없었는데 어쩐 일일까 걱정하며 급히 병원으로 달려가보았더니 어머니는 한쪽 수족에 마비가 와서 말도 못하고 나를 보더니 눈물만 주르르 흘리고 계셨다.

아내 말로는 배가 아프다고 하여 점심 먹은 것이 체한 줄 알고 약을 사러 갔다 오니 이 지경이 되어 있어 놀라 병원으로 옮겼다는 것이다. 의사 얘기는 뇌졸중(중풍)인데 나이가 많아 장기간 치료를 해도 완치가 불가능하다고 하니 하늘이 무너지는 듯했다.

아버지도 거동이 불편한데 어머니까지 반쪽을 쓰지 못하신다니 이런 청천벽력이 어디 있겠는가. 할 말을 잃은 채 허공을 바라보던 나는 병원에서 어머니를 들쳐 업고 삼릉에 있는 한의원으로 향했다.

삼릉에 살 때 어머니 속병을 침으로 고쳐준 한의원 원장의 침술이 용하다는 것을 익히 알고 있었기 때문에 그러면 혹시 침술로 어머니 병을 고칠 수 있지 않을까 하는 가느다란 희망 때문이었.

눈물을 흘리며 어머니 병을 고쳐 달라고 호소하는 내 모습이 측은했던지 원장은 최선을 다해 치료를 해보겠다고 쾌히 승낙을 했다.

내가 살고 있는 집은 깊은 골목길 안에 있어서 택시가 들어올 수가 없다. 어찌할 도리가 없어 과장에게 사정이야기를 하고 일과시간에 틈을 내어 어머니를 업고 다니면서 치료를 할 수밖에 없었다.

우리 집은 비상이 걸렸다. 내가 거의 1킬로미터나 되는 한의원을 단번에 업고 갈 수 없으니 아내는 둘째를 등에 업고 남산만 한 배를 뒤뚱거리며 의자를 든 채 내 뒤를 따르고, 다섯 살짜리 첫째 놈이 앞장을 섰다.

어머니를 업고 가는 길은 눈물바다였다. 나는 어머니 살아계시니까

이렇게 등에 업고 갈 수 있다고 생각하니 기뻐서 눈물이 났고, 한편으로는 돈 많은 훌륭한 자식이 되었으면 경희의료원 같은 병원에서 편히 병 고쳐 드릴 텐데 자식이 못나서 어머니 고생시키는 것 같아 서러워서 울었다.

'어머니 빨리 병 나으세요!'

마음속으로 울먹이며 외치는 내 소리를 들었는지 목덜미에 떨어지는 어머니의 눈물이 땀과 뒤섞여 내 몸속으로 스며들고 있었다.

앞장서 가던 첫째 놈은 애비 어미 고생하는 것을 아는지 한의원에 도착하면 고사리 손으로 미리 문을 열고 서서 우리를 기다렸고, 치료가 끝나면 원장이 지어준 약봉지를 얼른 받아들고 다시 앞장을 서곤 했다. 지금은 직장인이 된 장성한 그놈을 볼 때면 그때 애비 마음 헤아려준 고마움에 더욱 사랑스럽기만 하다.

원장은 꽤나 나를 배려해 주었다. 많은 환자가 기다리고 있어도 내가 도착하면, "여러분 미인하지만 이분은 공무원인데 어머니 모시고 오느라고 공무를 못 보니 우리 양보 좀 해줍시다" 하곤 우선 어머니를 치료해 주었다. 한 달이 지났을 때 어머니 발가락이 조금씩 움직이자 기뻐 날뛰며 환자 자신의 의지와 아들의 지극한 정성이 하늘을 감동시켜 기적이 일어났다고 하면서 본인이 책임지고 걸어 다닐 수 있게 고쳐놓겠다고 큰소리를 쳤다.

정말 하늘의 도움인지 원장 의술의 덕인지는 알 수 없지만 두 달 후 어머니는 지팡이에 의지해 걸을 수 있는 기적을 이루어 내셨다.

우리 소장님

　　　　　　　나를 아껴주시던 과장이 충남 경비과장으로 발령이 나서 떠나버리고 경찰서도 새로 지은 건물로 이사 갈 준비에 정신이 없을 때였다.

건빵공장 창고에 대공1, 2계와 외사계가 같은 사무실에서 복작거리고 있는데 새 건물로 이사를 가면 얼마나 좋을까 생각하면서 짐정리를 하고 있는데, "외사계장, 파출소장으로 발령 났어. 축하해!" 대공과에서 제일 나이가 많은 정 형사가 사무실로 들어오며 나에게 손을 내밀었다.

"형님, 그럴 리가요. 내가 무슨 파출소장을 나갑니까?"

"방금 경무계장을 만나고 오는 길인데 남구소장이 무슨 일 있었나봐. 갑자기 형사반장으로 발령 나고 자네가 그 후임이래. 아마 곧 연락이 올 거야."

"그거 잘 됐네. 거기 내 관할이니까 자주 보겠구먼."

옆에 있던 박 형사(박양동 형사)가 끼어들었다.

그 말을 들은 나는 기쁘기도 하고 한편으로는 걱정도 앞섰으나 남보다 뒤떨어지지 않는 파출소장이 되어 보겠다고 마음속으로 다짐을 해 보았다.

파출소장으로 부임한 지도 꽤 여러 날이 지난 것 같다. 자동차 경적소리에 잠을 깨어 보니 이른 아침부터 파출소 앞길은 어수선하기만 하다. 버스정류소 앞 인도 위엔 버스를 기다리는 승객들의 잡담소리로 왁자지껄한데, 출근하려고 도로를 마구 건너는 젊은 남녀들이 지나가는 자동차들과 뒤섞여 좁은 도로는 인도인지 차도인지 구별할 수가 없다.

이런 광경을 바라보고 있던 나는 깊은 생각에 빠졌다. 며칠 순찰을 돌면서 파악한 관내 현황으로는 내가 무엇부터 시작을 해야 할지 도대체 생각나지 않고 혼란스럽기만 했다.

700미터 삼각형 공간밖에 되지 않는 곳에 5만이 넘는 인구가 살고 있으니 도로에 50미터씩 횡단보도를 설치해도 다 건너다닐 수가 없고, 어디 그뿐인가 방 한 칸이 등기상 집 한 채인 이곳에는 화장실이 설치된 집이 없다 보니 각 통마다 설치된 공중변소는 아침이면 전쟁터나 다름이 없다.

구로시장 앞길은 노점상들로 길을 메우고 한여름 뙤약볕을 피할 길 없는 아이들은 좁은 골목길이 그들의 유일한 안식처였다.

횡단보도를 바로 옆에 두고도 초등학교 학생들까지 무단횡단하기를 당연시하는 이곳에서 질서라곤 찾아보기 힘들었다.

"최 순경, 대공과에서 불온선전물 주워오면 상품으로 주려고 준비한 연필 남아 있나?"

"이곳에는 불온선전물이 살포되지 않아 그대로 남아 있습니다."

"얼마나 되지?"

"예, 연필 100자루와 노트 50권이 있습니다."

"그러면 오늘부터 직원들에게 나누어 주고 순찰근무 때 횡단보도 이용하는 학생들 보면 상품으로 주라고 그래."

"네?"

"학생들부터 교통질서 지키도록 홍보하려고 그러는데 좋은 생각 아니야?"

"그렇다면 이 연필 가지고는 턱도 없을 텐데요."

"연필은 내가 구해 올 테니 한번 시행을 해보고 반응이 어떤지 내게 알려줘."

지역주민들의 반응이 너무 좋았다. 소식을 들은 주민들이 너도나도 좋은 일 하는 데 써달라고 연필이랑 노트를 몇 권씩 사들고 파출소를 찾아오는 바람에 걱정했던 상품은 넉넉하게 되었다.

파출소장으로서 첫 작품은 대성공이었다. 교통질서를 잘 지켰다고 연필을 준다는 소문은 주변 각 학교로 퍼져나가 상품을 받기 위해 일부러 우리 관내 횡단보도에 서서 순경아저씨를 기다리는 타 지역 학교 학생들도 있었다.

심지어 쓰레기통을 뒤져서 버린 지갑을 파출소로 가지고 와 길에 떨어진 것이라고 노트를 받아가는 학생도 많았다.

"아이들이 100원짜리 동전을 주워 오더라도 그냥 돌려보내지 마시오. 꼭 주인 찾아서 돌려주겠다고 약속하고 상품을 전달하도록 해주십시오. 그래야 어릴 때부터 남의 물건 탐내지 않고 신고하는 버릇도 생길 게 아니겠소. 꼭 그렇게 하십시오."

신바람이 나서 직원들에게 이렇게 당부를 했고, 주변 파출소장들을 초청해 같이 동참해줄 것을 부탁하기도 했다. 어린 학생들이 질서를 지키기 시작하니 어른들도 동참을 해주어 무질서했던 관내는 점차 질서를 회복해 가고 있었다.

순찰 중이던 어느 날, 나는 초등학교 1학년이나 될까 말까 한 아이가 길모퉁이에 쪼그리고 앉아 열심히 철판 조각을 자르고 있는 것을 발견하고 발걸음을 멈추었다. 자세히 보니 꼭 동전만 한 크기로 철판을 자르고 있었다.

"너 그것 무엇에 쓰려고 그러니?"

"아저씨 이거 오락기에 넣으면 기계가 돌아가요."

신기한 발견이라도 한 듯 자랑스럽게 대답한다.

"그런 짓 하면 못써. 오늘은 이 돈 가지고 오락실 가고 앞으로 오락실 가고 싶으면 부모님한테 용돈 달라고 해."

주머니에서 천 원짜리 한 장을 꺼내 손에 쥐어주었다. '저놈은 커서 사기꾼은 돼도 도둑놈은 안 되겠구나' 생각하면서도 한편으로는 얼마나 오락실이 가고 싶었으면 저런 생각을 했을까 하는 생각에 마음이 편치 않았다.

이튿날부터 관내 오락실을 찾아다니며 주인을 만나서 돈 벌려거든 성인들 상대하는 영등포로 가서 장사하고 여기에 사는 어린아이들 사기꾼 만들지 말아달라고 사정하고 다녔다.

만약 문을 닫지 않으면 오락실 앞에 온종일 불심검문도 불사하겠다는 으름장도 놓아보고 자식 사랑하는 마음으로 문을 닫아달라는 애원을 한 것이 효과를 보았는지 몇 달이 안 되어 우리 관내에는 오락실이 모두 문을 닫았다.

직원들도 그 후로는 오락실이 생길 만한 곳이면 미리 주인을 설득하는 일에 몸을 아끼지 않아 청소년 범죄예방에 한몫을 단단히 했다.

* * *

파출소에서 얼마 안 떨어진 곳에 한 달에 112신고가 25회를 넘어 파출소 직원들이 골머리를 앓는 집이 하나 있었다. 단칸방을 개조한 2층 다락방에는 칠순을 넘긴 노부부가 살고 있는데, 생활이 어려워 화투판을 벌이고 고리를 뜯어 연명을 하고 있으니 신고를 받고 출동해도 치빌하기가 어렵다고 직원들은 짜증스러워했다.

가뜩이나 어려운 사람들만 사는 동네에서 도박이 유행처럼 번지면 어떻게 하나 하는 걱정으로 모두가 고민에 빠졌고 예방할 방법을 찾느라 애쓰는 모습을 직원들 얼굴에서 읽을 수 있었다. 머리를 맞대고 의논을 했더니 한 가지 묘안이 내 머리에 떠올랐다. '그렇지, 왜 진작 그 생각을 못했을까?' 나는 무릎을 탁치며 씽긋 웃었다.

이내 직원들과 함께 작전 계획을 세우고 날짜를 정하여 시행에 옮기기로 만반의 준비를 했다. 자정을 막 넘기려는 시간 출동 갔던 직원들이 십여 명과 함께 파출소 문을 들어서는데 무리 중에 머리가 벗겨진 영감이 유난히 내 눈에 띄었다.

"지서 주임님 죽을죄를 졌습니다. 한 번만 용서해 주십시오."

초라한 모습에 허리를 굽혀 몇 번이고 고개를 조아리는 영감이 집주인인 것을 바로 알 수 있었다.

"이 경장! 이 사람들 모두 사진촬영 하시오!"

이 경장은 벽에다 십여 명을 세워놓고 빈 셔터를 누르느라 부산을 떨고 직원들은 서류 작성한다고 갑자기 파출소 안이 어수선해지기 시작했다.

"여러분들은 지금 촬영한 사진이 전국에 배포되어 어디를 가든 상습 도박꾼임을 바로 알 수 있습니다. 만일 오늘 이후에 도박현장에서 검거되면 바로 구속될 것입니다."

사람들을 보아놓고 일단 겁을 준 뒤에, "영감님 이리 오세요" 하고 주인영감을 불러 세웠다.

그는 겁을 많이 먹었는지 반짝이는 대머리 위로 흘러내리는 땀을 닦느라 손을 연신 얼굴에 비벼댄다.

"영감님은 도박개장 죄로 오늘 형사 입건되어 잘못하면 구속될지도 모르는데 큰일 났습니다. 혹시 연로하셔서 유치장 안에서 세상 떠나시면 어떻게 하나? 왜 그런 짓을 하셨어요?"

"……"

그는 말문을 열지 못한 채 숨이 넘어갈 듯 얼굴이 백지장이 된다.

"영감님 도와드릴 방법이 한 가지 있기는 한데…… 영감님이 지키실 수 있는지 모르겠어."

혼잣말처럼 그에게 슬쩍 던져 보았다.

"주임님이 시키는 일이라면 무엇이든지 다 할 테니 이 늙은이 한 번 살려 주세요!"

"영감님 울지 마시고 내 말 잘 들으세요. 이제 다시는 도박하는 사람 집으로 끌어들이지 마세요. 약속 어기면 저도 도와드릴 수가 없습니다."

"네 네, 그렇게 하구 말구요. 주임님 감사합니다."

내가 이 경장에게 눈짓하자 기다렸다는 듯 얼른 준비해 두었던 순찰함을 가지고 나온다.

"이것은 특별 순찰함인데 영감님 방 안에 달아놓을 테니 관리를 잘하세요. 만일 안에 들어있던 순찰표가 분실되거나 순찰함이 없어지면 영감님께 책임을 물어 도박죄보다도 형이 무거운 공용물 훼손죄로 입건할 겁니다. 그리고 화투놀이는 절대 해서는 안 되니 제가 오늘 드리는 장기바둑판으로 동네사람들과 어울리면서 지내세요. 아직 우리나라에는 내기장기바둑은 도박죄로 인정하지 않으니 내기해서 자장면도 사 먹고요."

슬쩍 방법까지 알려주며 장기바둑판 주고 나서 영감을 훈방조치했다. 골치를 앓던 112신고사건 하나를 해결했다고 직원들이 기뻐했고, 영삼은 순찰함을 신주 모시듯 관리하고 장기바둑판 고리(?)로 생계 걱정도 없어져서 우리 파출소를 생명의 은인으로 알고 지낸다는 직원의 얘기를 듣고 나도 마음이 흐뭇했다.

***

파출소장으로 부임해 오면서부터 파출소 앞 언덕배기 오거리에서 아침 출근시간이면 비가 오나 눈이 오나 하루도 빠짐없이 교통정리를 했다. 처음에는 직원들도 소장이 직접 교통정리 하는 것이 이상했는지 수군대더니 이제는 내가 조금 꾸물거리면 "소장님, 시간 되었는데 보조교통 나가야죠" 하면서 성화다.

　나 말고 또 한 사람 단골이 있었는데 구로구청장이었다. 그는 매일 아침 여덟 시 반만 되면 어김없이 이곳에 나타나 나에게 악수를 청하며 "아이고! 소장님 또 나오셨네. 주민 위해 이렇게 열심이시니 정말 고마워요" 하는 인사를 빼놓지 않는다.

　그 무렵이면 동장도 주민들과 함께 교통 캠페인을 벌이며 이곳저곳을 분주히 돌아다니니 무단횡단하려던 행인들도 이제는 질서를 잘 지켰다.

　우리 동네는 어쩌면 행복한 곳인지도 모른다. 교통정리를 마치고 소내에 들어오면 서장님도 일부러 경비전화로 수고했다는 칭찬을 해주시니 어깨가 으쓱해지는 때가 한두 번이 아니고 경찰생활에 보람을 느끼곤 했다.

　오늘도 교통정리를 마치고 막 파출소 문을 들어서는데 소내 근무자가 내게 전화기를 내밀었다.

　"소장님 전화 왔는데요."

　"어디서?"

　"동구 파출소장이랍니다."

　"네, 선배님 접니다."

　"나 자네에게 부탁할 것이 있어서……."

　"무슨 일인지 말씀하시지요."

　"우리 파출소 방범 위원장 아들이 거기 있다는데 위원장 보낼 테니 선처 좀 해주게. 부탁하네."

"알겠습니다. 저한테 보내보시죠."

전화기를 내려놓고 직원들을 향해 물었다.

"어제 사건처리 한 것 없어?"

"폭행사건 하나 있습니다. 오늘 새벽에 글쎄 이놈이 큰형 같은 사람을 몽둥이로 두들겨 팼습니다."

"그놈 학생이잖아."

"예, 학생 주제에 술까지 처먹고…… 형사입건하려고 조사 중입니다."

십 분쯤 지났을까 고개를 떨어뜨리고 파출소 문을 들어서는 중년신사 모습이 짐작에 이놈 부모인 것처럼 보였다.

"동구 소장님이 보내셨죠?"

"네~."

"이리 오시죠."

그를 숙직실로 안내했다.

"경찰을 위해 도움주시는 것에 대해 감사드립니다. 우리도 도와드려야지요. 지금부터 내가 하는 말에 확실한 대답을 주십시오."

아들이 오늘 새벽에 한 일들을 자세히 설명하고 나서 다음과 같은 조건을 내걸었다.

첫째, 아들이 아버지가 경찰협력단체에서 봉사하는 대가로 오늘 여기서 죄를 묻지 않는다면 그 힘을 빌려 후에 살인 같은 더 큰 사고를 쳐 영원히 구제받을 수 없어도 후회하지 않을 자신이 있는지?

둘째, 법은 만인에게 평등한데 편파적으로 일처리를 하면 내일부터 파출소 문을 닫을 만큼 사회적 비난을 면하기 어렵고 나를 비롯해 사건을 처리한 직원은 옷을 벗어야 할 경우가 닥칠 텐데 이 모든 일들을 책임지고 처리해 줄 수 있는지?

셋째, 피해자가 직접 찾아와 우리들에게 처벌을 원하지 않는다는 적극적인 의사표시를 하도록 할 수 있는지?

이에 대한 답변을 확실히 해주고 책임질 수 있다면 아들을 형사입건 하지 않고 당장 훈방하겠다고 했더니 그는 대답을 못하고 한숨만 쉬고 있었다.

"위원장님, 집에 가서 기다리세요. 제가 현장조사도 다시 해보고 주위사람들에게 물어봐서 합리적으로 처리할 테니 걱정 마시고요."

그를 돌려보내고 이 경장과 함께 학생을 데리고 현장을 확인하러 갔다. 사건현장은 피해자 집 바로 앞이었는데 주민들이 무슨 일인가 싶어 우르르 몰려들었다.

"앞집 아저씨가 새벽에 몽둥이로 맞았다더니 이 학생이 때렸나봐."

한 아낙네가 학생에게 손가락질을 하면서 말을 건다.

"이놈 고등학생인데 술 처먹고 맏형 같은 사람을 때렸답니다. 아주 나쁜 놈 아닙니까? 이런 놈은 콩밥 먹어야 마땅하죠. 그렇죠?"

"행위야 괘씸하지만 학생 장래를 생각해서 용서해 주지요."

모여 있던 사람들이 이구동성으로 대답을 했다.

"아이구! 우리 아들 잠자고 일어나면 괜찮으니 어린 학생 콩밥 먹이면 안 되유! 용서해 주세유!"

군중 속에 끼어 있던 할머니는 아들이 맞은 것은 괜찮고 도리어 피의자를 용서해 달라고 하니 깜짝 놀랄 일이었다. 병원에서 돌아온 피해자도 학생 장래를 생각해 용서해 주라며 간청했다.

용서를 해 주더라도 이참에 버릇 단단히 고쳐야 된다고 생각한 나는 학생 아버지를 다시 불렀다.

"너 이놈! 아버지가 사회에 봉사하신다고 그 힘을 믿고 학생 놈이 술 처먹고 사고치고 다녀? 나는 너 같은 놈은 절대로 용서 안 하는 사람이야. 유치장 가기 전에 정신 좀 차리게 해주지."

황급히 달려온 그를 뒤에 세워놓고 아들에게 다짜고짜 체벌을 하기 시작했다.

"앉아! 일어서! 이 자식 동작 봐라!"

군에서 단련된 솜씨로 쉴 새 없이 한 시간가량 기합을 주고 나니 땀으로 얼룩진 그의 모습이 영락없이 물에 빠진 생쥐 꼴이었다.

"너 잘못한 게 무엇인지 알아?"

"네!"

목청이 터져라 외치는 소리가 하늘을 찌른다. 반성하는 모습이 역력한 게 이제 정신을 차린 듯싶었다.

"아들이 반성한 것 같으니 훈방하겠습니다. 집에서도 교육 잘 시키세요. 그리고 피해자에게 용서를 비는 것 잊지 말고요."

"고맙습니다, 정말 감사합니다. 이 은혜 잊지 않겠습니다."

고개가 허리까지 닫도록 숙이며 인사하는 그를 아들과 함께 돌려보내고 나니, 천사 같은 마음을 가진 사람이 이런 가난한 동네에만 있는 것 같아서 우리 동네에 큰 복을 내려주길 마음속으로 하늘에 빌었다.

***

우리 파출소의 골칫거리 중에 하나가 노점단속이었다. 관내 좁은 땅덩어리 1/4을 차지하고 있는 구로시장은 물건값이 싸다고 소문이 나서 주변사람들은 물론 멀리 시흥 난곡동 사람들도 일부러 버스를 타고 물건을 사러오곤 했다.

길거리에 채소랑 어물들을 무더기로 쌓아놓은 좌판과 긴 행렬을 이룬 리어카들이 찾아온 손님들과 어우러져 이른 아침부터 시장 앞길은 매일 시골 장터를 방불케 했다. 차량은 통행이 전혀 불가능하고 행인들도 어깨를 부딪쳐야 겨우 빠져나가는 이곳은 도로의 기능을 상실한 지 오래되었다.

시장상인들은 노점이 시장가격을 형성한다는 시장원리를 뻔히 알면서도 노점이 장사가 잘되면 단속 안 해준다고 경찰에 항의를 하는 것이 비일비재하다 보니, 번영회장으로부터 전화를 받는 것이 하루일과 중의 대부분을 차지하고 있었다.

오늘도 몇 번의 전화를 피하다가 어쩔 도리가 없어 번영회장실을 방문했다.

"소장, 나 청와대 좀 다녀와야겠어."

번영회장은 앉으란 말 한마디 없이 짜증스러운 목소리를 내뱉는다.

"청와대라니요?" 깜짝 놀라는 표정을 지었더니, "소장이 노점단속은 안 해주고 나를 피할 생각만 하니 청와대에 탄원서를 접수하려고 그래."

"아~ 그러십니까. 역시 회장님이십니다. 회장님이 아니면 누가 그런 생각을 감히 하겠습니까. 시장을 아끼는 마음은 정말 대단합니다. 이왕 하시려거든 회장님 단독으로 하지 마시고 시장상인 전체 서명을 받아서 하세요. 저도 청와대 근무를 해봐서 아는데 소수인원의 탄원서는 신경도 안 쓰던데요 뭐."

"소장 정말 이렇게 나올 거야! 나 죽는 꼴 보려고 그래!"

꽥 소리를 지르곤 한참을 씩씩거리던 회장은 "나 내일부터 단식투쟁할 테니 그렇게 알아!" 하고 퉁명스럽게 쏘아붙인다.

"그 방법도 좋은 것 같네요. 회원들에게 회장이 무엇인가 보여줘야

하니까요. 그런데 단식을 하더라도 몰래 빵이나 우유 들면서 하세요. 정말 아무것도 먹지 않으면 사람이 살 수 있나요. 회장님 죽고 나면 아무도 알아줄 사람 없습니다."

그의 얼굴이 벌겋게 달아오른 채 말없이 애꿎은 담배만 피우고 있었다. 잠시 담배 한 대 태울 시간을 준 다음 다시 입을 열었다.

"회장님. 내가 노점단속 잘할 수 있는 방법을 알려 드릴 테니 힘없는 소장만 혼내지 마시고 한 번 해보세요."

"어떤 방법인데?"

"기동대 경력 이용하면 깨끗하게 정리될 텐데 뭘 그리 걱정하십니까? 회장님은 우리 서장님 잘 아시니 부탁해 보세요."

며칠 후 보안계(현 생활안전계)에서 기동대 1개 중대로 노점단속을 할 예정이니 도와주라는 연락이 왔다. 소식을 들은 나는 직원과 함께 노점상이 몰려있는 곳으로 달려갔다.

내가 당신들을 처벌할망정 다른 사람들에게 단속당하는 꼴은 볼 수 없으니 스스로 질서를 지켜달라고 호소하면서 조금 후면 대대적인 단속반이 나온다는 것을 미리 알려주었다. 노점단속을 하러 기동대가 출동했을 때는 길거리가 깨끗하게 정돈된 후였다.

소식을 전해 듣고 번영회장이 파출소로 쫓아왔다.

"소장! 단속도 안 해주면서 정보까지 누설해! 당신 어떻게 책임질 거야?"

"하루아침에 노점이 없어지겠습니까. 근본적인 대책을 세워야지요."

웃어넘기는 내 행동에 아연실색하고 말았다.

"근본적인 대책? 그거 당신이 한 번 내놔 봐!"

"시장 앞길에 노점을 없애는 방법은 그 길로 버스가 다닐 수 있는 노선을 만드는 것밖에는 다른 방법이 없지요. 회장님 정계 쪽으로도 발이 넓으시니 추진해 보는 게 어떻겠습니까."

"버스노선?"

그는 무슨 좋은 생각이 떠올랐는지 벌떡 일어나더니 아무 말 없이 파출소를 나가버렸다.

고맙게 생각한 노점상들은 스스로 리어카 줄을 맞추는가 하면 좌판도 잘 정돈된 상태로 장사를 하고, 일이 끝나면 길거리 청소를 하는 등 솔선해서 질서를 지켜 주었다.

번영회장도 버스노선을 추진한다고 온 동네 동의서 받기에 정신이 없어서 파출소에 노점단속 해달라고 조르는 일이 거의 없다 보니 직원들의 골칫거리 하나가 자동으로 해결된 셈이다.

***

우리 파출소에 대학생 유급 방범대원이 근무할 때 이야기다. 올해는 제대로 된 화이트 크리스마스가 되려는지 함박눈이 펑펑 쏟아지고 있었다. 성탄절을 며칠 앞둔 길거리는 징글벨 소리가 구세군 자선냄비의 딸랑거리는 반주에 맞춰 울려 퍼지고 포장마차에서 군고구마 익는 구수한 냄새가 코를 찌른다.

오랜만에 흰 눈을 맞으며 관내를 돌아 보니 마음까지도 포근하게 느껴져 기분이 상쾌했다. 순찰을 마치고 옷에 쌓인 눈 덩어리를 툭툭 털며 파출소 문을 열고 들어오니 유급 대학생 방범대원들이 출근하여 근무 준비를 하다가 꾸뻑 인사를 한다.

경찰에서는 방학을 이용하여 대학생들에게 경찰을 이해시키고 시국에 대한 불만을 순화시킬 목적으로 문제 학생들을 유급 방범대원으로 채용하여 경찰서근무를 하도록 했는데 우리 파출소에 온 학생은 서울대생 홍○○, 연대생 김○○, 고려대생 정○○, 시립대생 천○○으로 모두 네 명이었다. 이들은 오후 여섯 시부터 밤 열한 시까지 매일 다섯 시간씩 근무를 하도록 되어 있었다.

출근 첫날부터 우리들이 활동하는 일거수일투족을 감시하는 듯한 그들의 행동에서 경찰을 보는 시선이 곱지 않음을 느낄 수 있었다. 만약에 그들이 방학이 끝나서 근무를 마치고 돌아갈 때에도 지금과 같은 생각으로 돌아간다면 영원히 경찰을 이해하지 못할 것 같은 생각이 들어 며칠을 고민했다.

생각 끝에 직원회의를 열어 대책을 논의하게 되었고 우리들은 일상에서 경찰의 참모습을 보여주면서 그들과 공감대 형성을 위해 노력하기로 다짐을 하고나니 용기가 생겼다.

경찰서에서 내려온 지시도 듣지 않았다. 기왕 우리들과 같이 근무를 하게 되었으니 같이 밤을 새워 보는 것이 어떻겠냐고 그들을 설득해 승낙을 받아냈고 오늘이 그 실행을 약속한 날이었다.

저녁식사를 서둘러 끝내고 그들과 함께 관내를 순찰하기 위해 파출소 문을 나섰다. 조금 전까지 내린 함박눈으로 온통 세상이 하얗게 변해 버렸다. 골목길을 따라 시장입구에 이르렀을 때 홍○○ 학생이 말을 걸었다.

"소장님은 집이 어디세요?"

"부평역 뒤에 살고 있는데 아직 전세방 신세를 못 면하고 있다네."

"소장님 정도에 전세방이라니요?" 깜짝 놀라는 표정이다.

"소장월급 얼마나 된다고 그래. 집사기가 그리 쉬운 줄 알아. 서울은 전세도 비싸서 인천 살고 있는데."

"내가 아는 순경 아저씨는 잘살던데 소장님 혹시 재산 숨겨 놓은 것 아니에요?"

이해할 수 없다는 듯 고개를 갸우뚱하면서 던지는 가시 돋친 말에 은근히 화가 치밀었다.

"학생, 경찰은 모두 다 주민들 괴롭히고 도둑질해 잘사는 줄 알지?"

"아니요, 그냥 농담 한번 해본 건데. 오해하셨나봐. 죄송해요." 그는 멋쩍은 듯 씽끗 웃었다.

"밤새우려면 추울 텐데 옷들은 든든히 입고 나왔나?"

화난 모습 보이기 싫어 얼른 화제를 돌리고 부지런히 앞장을 서서 걸었다. 초저녁인데 벌써 술 취한 사람이 길모퉁이에 쓰러져 있는 것을 발견하고 쫓아가 흔들어 깨워도 요지부동이었다.

그냥 두면 그 자리에서 얼어 죽을 것 같아 힘을 합쳐 일으켜 세웠더니 "야 이 새끼들아! 너희들 잘 만났다. 내 돈 훔쳐 가려고 그러지. 이 도둑놈들아" 하면서 내 멱살을 잡는 것이 아닌가. 땀을 뻘뻘 흘리며 한참 실랑이를 한 후에야 그를 집으로 돌려보낼 수 있었다.

"경찰 일이 쉬운 것 아닌데요." 얼굴에 묻어있는 땀을 닦으며 그들은 씁쓸한 웃음을 지었다.

"학생들한테 부탁할 것이 있는데 들어 줄 수 있겠어?"

"무엇인지 모르지만 가능한 일이면 약속하지요."

"자네들 의견을 듣고 싶어서 그러는데 내일부터 우리 토론시간을 가져 보는 게 어때?"

"그거 좋지요. 그런데 어떤 토론을 하자는 것입니까?"

"내가 지금부터 설명하지."

그들에게 이런 제안을 했다.

근무를 시작하기 전 삼십 분은 경찰업무에 대한 토론을 하고, 끝나는 시간 삼십 분 전에는 학생들이 근무 중에 보고 느낀 것을 발표하는 시간을 갖되, 첫째 경찰관 입장에서 주민들을, 둘째 주민들 입장에서 경찰을, 셋째 학생 본연의 입장에서 경찰과 주민을 보고 느낀 점을 이야기하자는 것이었다.

학생들은 내 제안을 흔쾌히 받아들여 주었다.

이런저런 이야기를 나누는 사이 우리들은 조금 친숙함을 느끼게 되었고, 관내 골목골목을 빠짐없이 순찰 돌며 현장에서 사건처리를 하다 보니 어느새 밤이 다 가고 동쪽에 태양이 솟고 있었다.

이튿날은 밤을 꼬박 새운 탓인지 출근시간을 두 시간이나 넘겨 출근을 하더니 힘든 표정을 지었다.

"경찰 일이 너무 힘든데요. 아저씨들 매일 밤새우고도 괜찮으세요?"

"젊은 사람들이 하룻밤 새우고 그렇게 힘이 없어 어떻게 해. 출근시간도 못 지키고 말이야. 우리는 밤새우기가 일상생활인데 모두 사명감 하나로 버티는 거야. 좀 배워."

슬쩍 핀잔을 주었더니 그냥 웃어 넘겨버리고는 "소장님 어제 약속한 것 시작하시죠" 하고 딴청을 부리며 내 곁에 둘러앉았다.

"학생들, 군인과 경찰이 다른 점이 무엇이라고 생각하는가?"

"군은 적으로부터 침략을 막고 경찰은 사회질서를 유지하지요."

"맞는 말이야. 그러면 무기를 사용하는 방법이 어떻게 다르지?"

"······"

"군은 작전명령에 의해 적이라고 의심되면 총을 쏠 수 있지만 경찰은 다르지. 경찰은 국민의 생명, 신체, 재산을 보호하는 것을 임무로 하고 있기 때문에 거동 수상자를 발견하여도 혹시 선량한 시민일 가능성을 늘 생각해야 하므로 곧바로 방아쇠가 당겨지지 않고 망설이게 돼.

경찰 직무집행법에도 무기사용은 주위의 사정을 합리적으로 판단하여 무기를 사용하지 않고는 다른 방법이 없을 때 최소한의 범위 내에서 사용하라고 규정한 것은 무기사용을 신중히 하라는 뜻인데, 그 판단을 현장에서 하여야 하니 얼마나 어려운가. 합리적 판단의 기준도 애매하고 말이야. 학생들이 경찰이라면 쉽게 사용할 수 있겠어?

경찰은 무기사용뿐 아니라 법을 집행할 때 판단을 잘못하면 시민들이 피해를 보고 그 판단은 현장을 출동한 경찰관이 하여야 하니 정말 어려운 직업이야."

경찰에 대한 공감대를 형성하려고 나는 애를 썼다. 학생들도 흥미를 느끼는지 이런저런 질문도 많았고 어젯밤 보고 느낀 점을 이야기하느라고 시간이 금방 지나갔다.

"오늘 근무는 토론하는 것으로 대신하고 이만 끝내는 것이 어때?"

"소장님 멋쟁이십니다. 오늘 기왕이면 술 한잔 사 주시죠."

"그러지 뭐. 내신 소장 돈 없어 좋은 술 못 사니 그렇게 알아."

졸라대는 학생들의 청을 못 이기는 척 그들을 파출소 옆 선술집으로 안내했다. 돼지갈비 몇 대 구워놓고 소주잔을 주거니 받거니 몇 잔 돌리고 나니 모두들 취기가 오르고 술집 안은 소란스럽기만 했다.

"학생들은 지금까지 경찰은 정권 하수인으로 이순신 모자 쓰고 대학교 앞에서 데모나 막고 그렇지 않으면 죄 없는 사람 유치장에 집어넣는다고 생각했지. 정말 그렇게 생각해?"

"글쎄요…… 다 그렇지는 않겠지요." 고려대생 정○○ 군의 대답엔 가시가 돋친 듯했다.

"너희들 어제 겪어 보고도 몰라. 경찰이 주민들 편안하게 하려고 밤잠도 못 자고 고생하는 거 말이야."

"여기는 소장님이 솔선하니까 직원들이 주민들 위해 열심히 봉사하는 것을 보고 고맙게 생각하고 있지만 솔직히 경찰 보면 기분 나빠요."

서울대생 홍○○ 군이 편을 들고 나서는 것을 보고 경찰에 대한 거부감이 아직은 없어지지 않은 것 같아 안타까웠다. 술도 취한 김에 이놈들 생각 좀 바꿔 보겠다고 큰소리를 쳐보았다.

"야! 너희들 흐르는 물이 역류한다고 그 한가운데서 팔을 벌리고 있으면 물이 되돌아가겠냐, 너희들이 떠내려가겠냐?"

"소장님 무슨 얘기가 하고 싶은 거죠?"

"물은 절대로 되돌아가는 법이 없으니 너희들만 떠내려가다 얼마 안 가서 물속에 꼬르륵 할 것 아니야. 세월이 흐르면 너희를 삼킨 도도한 물결만이 언제 그런 일 있었냐는 듯 유유히 흘러가겠지. 그러면 너희들이 얻은 것이 무엇이 있어. 미련한 짓이지."

넋두리 같은 내 말은 계속되었고 그들은 숙연히 듣고 있었다.

"나라면 그렇게는 안 해. 물이 거꾸로 흐르면 마음이 통하는 사람들을 모아 조약돌을 하나씩 던져서 둑을 쌓는 거야. 둑이 물보다 높아지면 최소한 물이 흐르지 못하도록 할 수는 있지. 너희들 경찰을 둑을 쌓는 동지로 만들 용기는 없어?"

다그쳐 물으며 그들을 바라보았다.

침묵을 깬 것은 시립대생 천○○ 군이었다.

"소장님 참 훌륭한 생각을 갖고 계시네요. 우리 모두 소장님 뜻대로 경찰을 이해하도록 노력하고 힘냅시다. 자! 모두 건배!" 하고 외치며 들고 있던 소주잔을 들어 내 잔에 탁 부딪쳤다.

그날부터 그들은 경찰을 이해하려 무척 애를 썼고 직원으로 착각할 정도로 일을 열심히 했다. 2개월을 함께하던 그들이 떠나던 날 많은 것을 배웠다고 고마워하면서 점심을 넉넉하게 대접하는 친절을 베풀었고 우리들도 학생들의 앞날에 행운이 늘 함께하기를 마음속으로 빌면서 아쉬운 작별을 고해야 했다.

치안본부에서는 대학생을 방범대원으로 활용하는 일에 효과를 보았는지 이번에는 여대생을 선발하여 보조교통요원으로 활용하도록 조치를 취했다.

우리 파출소에는 내가 보조교통을 잘한다고 소문이 나서인지 다른 파출소 제쳐놓고 부천에 있는 성심여대생(현 가톨릭 대학) 이○○ 양을 포함해 모두 여섯 명이나 배려(?)를 해주었다.

사실 나는 보조교통은 물론 주변에 있는 초등학교와 유치원을 찾아다니며 학생들에게 교통질서에 대한 교육을 한다고 부지런을 떤 까닭에 경찰서에서는 일명 교통박사로 알려져서 교통계에서 특별한 지원을 아끼지 않았던 것은 사실이었다.

"여러분과 같이 근무하게 되어서 반가워요. 나 파출소장입니다."

손을 내밀며 악수를 청했더니 내 얼굴은 보지도 않고 차려입은 옷을 바라보며 "소장님 정말 멋있어요!" 하고 소리를 질렀다.

나는 여대생들이 온다고 하여 첫인상 좋으라고 정복을 차려 입었는데, 176센티미터의 키에 날씬한 몸매가 옷에 잘 어울려서 행여 정복을 입고 길거리라도 지나갈 때면 지나가는 행인들이 다 쳐다보고 '야! 경찰 멋있다' 는 소리를 들었으니 보는 눈은 크게 다르지 않아 그들이라고 모를 리 없는 것 같았다.

눈 한번 찡긋 하고 나서 그들을 모아놓고 관내 현황을 설명한 후 동네 한 바퀴 돌아보는 시간을 가져 보았다. 대학생 방범대원과 두 달 동안이나 같이 생활한 경험이 있어서 그런지 내게는 그들이 그리 낯설지 않게 느껴져 처음부터 많은 이야기를 나누었다.

관내를 이리저리 다니면서 지역에 대한 설명을 자세히 해주었다. 이곳은 청계천 판자촌을 정리하면서 박정희 대통령이 정착촌을 마련해 준 곳이며 집 한 채가 2.5평인 구호주택과 6.4평인 간이주택이 있는데 그 속에 5만이 넘는 인구가 살다 보니 생활 형편이 시골 농촌보다도 못한 사람들이 많다느니, 처음 부임하니까 더위를 이기지 못한 주민들이 고무다라에 물 떠놓고 집에서 목욕하는 모습을 차마 볼 수가 없어 순찰을 중지하고 파출소로 되돌아간 일이 있었다느니, 빨랫줄에 있는 팬티가 없어졌다는 웃지 못할 도난신고를 받고 어찌할 바를 몰랐다느니 등등…….

나는 이야기를 들려주느라고 신바람이 났고, 듣는 대학생들은 내 이야기에 정신이 팔려 있었다. 파출소로 돌아온 그들은 내 주변에 모여 앉았다.

"여러분들이 보았다시피 이곳은 가난한 사람들이 모여 살지만 인정은 넘치는 동네인데 그들에게 상처 주는 일은 하지 마세요."

내 말은 호소에 가까웠다.

시골에서 직장을 찾아 올라온 사람들이 공단이 가까운 이곳에 몰려 살고 있고 그중에는 월급 받은 돈으로 부모님 살림에 보태드리고 못 배운 것이 한이 되어 피곤한 몸 이끌고 야간학교 다니며 근근이 살아가는 소년 소녀들이 부지기수다.

그렇지 않아도 용돈이 턱없이 모자라는 판에 무단횡단했다고 스티커 한 장 받아 벌금 내고나면 반 달치 야식할 돈 없어져 버리는데 평생을 경찰 원망할 것이 아닌가.

갈 길은 바쁜데 편도 1차선에 오는 차량 없으면 무단횡단하고 싶은 충동이 생긴다. 그 사람 데리고 가서 광화문 네거리에 세워놓고 무단횡단하라고 떠밀어도 안 할 것이다. 왜냐하면 8차선 넓은 길에 차량은 쉴 새 없이 다니는데 잘못하면 차에 치어 죽을 일을 누가 할 것인가? 그렇다고 광화문 법과 구로동 법을 구별해서 만들기는 더구나 불가능하다.

또 이곳은 택시 정류소가 없는 관계로 원칙대로 주정차 단속을 하면 5만이 넘는 이곳 주민들은 급한 일이 생겨도 2킬로미터를 걸어서 가야 택시를 탈 수 있으니 이런 불공평한 경우가 어디 있겠는가.

그렇다고 원칙만 고수하면서 이들의 고통을 외면해도 되는가?

나는 여대생들에게 여러분들이 경찰이라면 어떻게 하겠느냐고 이렇게 묻고 있었다.

"여러분들은 이곳에서 주정차 위반, 무단횡단하는 사람들에게 법을 위반한 잣대로만 보고 적발하기에 앞서 선도해 주세요. 그래서 여러분들이 떠날 때 단 한 사람이라도 스스로 법과 질서를 지키는 사람 만들어 주는 것에 보람을 느끼고 가세요. 그런 일들이 진정한 경찰의 임무라고 나는 생각합니다. 왜냐하면 법집행은 일선에 있는 우리들이 하고 있으니까요."

긴 내 말이 끝나갈 무렵 갑자기 이○○ 양이 "우리 소장님 맞아요?" 해서 모두들 까르르 웃고 말았다.

그들은 내 말대로 한 건도 적발은 하지 않고 교통질서 캠페인과 선도로 한 사람의 준법자를 만드는 일을 보람으로 알고 하루하루를 열심히 근무하고 있었다.

오늘도 다들 근무를 시작하려고 바삐 서두르고 있는데 이○○ 양이 내 옆으로 다가오며 "소장님 저와 면담할 시간 좀 내 주세요." 하고 부탁을 한다.

"무슨 일인지 얘기해봐."

그는 잠시 머뭇거리더니 심각한 표정을 지었다.

"소장님이 꼭 약속을 지키겠다고 먼저 대답을 해 주셔야 얘기하겠어요."

"약속은 지킬 것이 있고 그렇지 않은 것도 있는데 어떻게 먼저 대답을 하라는 거야?"

"지킬 수 있는 것이에요."

"지킬 수 있으면 뭐가 걱정이야. 얘기하면 되지."

"그래도 먼저 대답해 주세요."

"싱겁긴. 그래 들어 줄 테니 얘기해봐."

내 대답을 듣고 나서야 뒤에 감추고 있던 예쁜 카드 한 장을 불쑥 내밀었다. 받아보니 카드 표면에 '부모와 함께' 라고 쓰인 초청장이었다. 그는 내일이 개교기념일인데 부모와 함께 프로그램에 부모 대신 나와 함께 참석하고 싶다고 했다.

"부모님이 너 대학 보내느라 얼마나 고생하시는데 그 은공도 모르고 나와 가겠다는 거야? 그건 안 돼!"

단호하게 한마디로 거절했더니 그럴 줄 알고 미리 확답을 받으려 했다면서 이 프로그램은 매년 있는데 작년에는 부모님들을 모시고 갔었다고 한다. 이곳에 근무를 하면서 많은 것을 배웠고 이런 기회는 평생 다시 오지 않을 것 같아 며칠을 망설이다가 부탁을 한 것이니 약속을 꼭 지켜야 한다고 어쩌나 매달리는지 그만 허락을 하고 말았다.

이○○ 양과 함께 행사장에 도착을 하니 모인 사람들은 모두 여자들이었다. 남자는 손가락으로 꼽을 만큼 몇 명이 되지 않은 데다 아무리 둘러보아도 나처럼 젊은 아버지는 찾아 볼 수가 없어 안절부절못하면서 프로가 끝나기만을 기다렸던 그때를 생각하면 지금도 저절로 웃음이 나온다.

이○○ 양은 그 당시 단과대학 학생회장이었고 봉사정신도 투철해 일요일이면 영등포 교도소를 방문해서 죄수들을 위한 기도를 빼놓지 않고 다녔던 것으로 보아 지금도 어느 봉사단체에서 고통 받는 사람을 위해 봉사하며 기도하고 있을 것이라고 미루어 짐작해본다.

그들이 떠난 지 반년이 지났을까? 전두환 대통령이 버마를 방문하셨을 때 북한으로부터 테러를 받은 '아웅산 사건'이 일어난 다음날로 기억된다.

이들 여섯 명이 느닷없이 떼로 몰려왔다. 어젯밤에 뉴스를 보고 '우리 소장님' 비상이라서 또 집에 못 들어가겠구나 생각하니 고생하는 것 안타까워 걱정도 되고 궁금하여 위문을 왔다고 했다.

내가 대접한 자장면을 맛있게 먹으며 재잘대던 한 학생이 "소장님 만난 후부터는 경찰이 존경스러워요." 애교 섞인 한마디에 한결 마음이 가벼워지고 어깨가 으쓱해졌다.

언제부터인가 관내 사람들은 나를 보고 '우리 소장님'이라 부르기 시작했다. 가을 김장철에 순찰을 돌 때면 길거리에서 김치를 버무리는 집이 많았다.

소주 한 병 사들고 동네 아낙네들 옆에 털석 주저앉아, "김치 맛이 우리 어머니 솜씨보다 한결 좋은데요." 하면서 소주 한 잔 따라주었더니 붕어새끼 한두 마리 끓여놓고도 나를 빼놓지 않고 불러준다.

경찰의 날에는 동네 아주머니들이 길거리 리어카에서 사과, 배, 귤 등을 비닐봉지에 싸서 앞치마 두른 채 떼로 몰려와 나를 찾더니, "우리 소장님 생일이라서 가지고 왔어요. 맛있게 드시고 우리 동네 잘 지켜 주세요" 수다를 떨고 돌아서는 그들을 보고 가슴이 찡하여 나도 모르게 눈물을 흘렸던 기억이 생생하다.

세월이 많이 흘러 내가 봉화경찰서장으로 근무할 때 팔십이 넘은 분들이 봉고차를 빌려 타고 우리 소장 잘된 모습 보겠다고 몇백 리를 달려왔던 성의에 그저 고마울 뿐이다.

지금은 재건축으로 제법 높은 건물들이 들어섰지만 그곳의 훈훈한 인심은 예나 지금이나 변하지 않기를 바라고 그곳에서는 '우리 소장님'으로 오래오래 남아있기를 마음속으로 빌어본다.

방범대원 길들이기

기동대 근무를 마치고 세곡파출소장으로 발령을 받았을 때의 일들이다.

세곡파출소는 관내에 작은 시장이 하나 있었고, 다방과 통닭집 몇 개 밖에는 업소가 없는 전형적인 주택가 마을이다. 관할도 개봉1동 일부와 고척2동 일부를 관장하고 있어 불편한일이 한두 가지가 아니었다.

부임한 지 벌써 3일이나 지났는데 파출소 방문객이 한 사람도 없는 것이 깊은 산속 암자를 연상케 했다.

"손님이 있어야 장사를 하지 이렇게 손님이 없어서야……" 장사꾼처럼 투덜거리며 직원들 눈치를 살펴도 묵묵부답이었다.

어쩐 일인가 싶어 그간 사정을 알아보았더니 그럴 만한 이유가 있었다. 이곳은 주택이 대부분을 차지하고 있어 도난사건만 하루에 열대여섯 건씩 신고가 들어오는 것 이외에는 할 일이 없는 한가한 파출소이다.

본서에서는 성적이 나쁘다고 야단을 치니 실적 올리기에 급급한 나머지 파출소 옆집 딸이 골목길을 건너는 것을 무단횡단했다고 스티커를 발부하는 일까지 벌어졌다.

오토바이 안전모를 착용하지 않아 적발되어 사정을 하면, "당신 언제 파출소에 와서 커피 한 잔 사 본 일이 있어? 뭘 봐 달라는 거야" 하면서 퉁명스럽게 대하다 보니 파출소에 주민들 발길이 끊긴 지가 오래되었다고 한다.

이래서는 안 되겠다고 생각한 나는 방법을 찾기 위해 고심을 하기 시작해 첫 번째 생각해 낸 것이 손님맞이였다.

때는 7월이라 여름밤은 무척이나 더워서 동네 아주머니들이 바깥바람 쐬겠다고 부채를 들고 밖으로 나오는 것을 보고 돗자리를 구해 파출소 마당에 깔았다.

"안녕하세요. 이리와 앉으시죠."

자리를 권한 후에 얼른 구멍가게로 달려가 음료수 한 병을 사 가지고 왔다.

"이거 냉장고에서 금방 꺼내서 시원할 것 같은데 마셔보세요."

"아이고 고마워라. 이런 걸 뭐 하러 사오셨어요."

생각지도 못한 대접을 받았다는 듯이 어쩔 줄을 몰라 했다. 무슨 일인가 하고 신기한 듯 아낙네들이 하나둘 모여들어 앉을 돗자리가 순식간에 비좁아졌다.

"내 고향에서는 모기를 쫓으려고 쑥을 피웠는데 그 매캐한 냄새가 코를 찌르곤 했는데요."

동네 아낙네도 맞장구를 치며 고향이야기에 밤은 점점 깊어만 갔다.

"내가 새로 부임한 소장이요" 하고 인사한 적 없는데도 그날부터 자연스럽게 주변 아낙네들과 친분이 두터워졌고 나중에는 남편까지 소개해 주어 이젠 제법 아는 사람도 많아졌다.

그뿐인가. 파출소 안에 있는 나를 손짓으로 불러내 가슴 속에 숨긴 양주 한 병 꺼내 놓으면서, 선물 받은 것이니 먹어보라고 내 손에 쥐어주는 이웃 아주머니들의 행동이 누나 모습과 흡사해서 나도 모르게 눈물이 찔끔 나온다.

동네 사람들의 도움을 받아 파출소 앞에 등나무를 심고 쉼터를 만들었다. 쉼터에는 늘 주민들이 가득했다. 지나가다 쉬기도 하고 일부러 놀러오는 사람들도 많아 파출소가 아닌 휴식처가 되어버렸다. 돗자리 깔기 작전은 이렇게 해서 대성공을 거둔 셈이 되었다.

파출소에 부임한 첫날 방범대원들의 신고를 받았을 때의 일이다. 방범대원은 노 대장을 포함해 여덟 명이었다. 노 대장은 관내 지리에 밝아서인지 관내 현황을 브리핑할 때 골목골목에 달린 순찰함의 위치까지 어떻게 설명을 잘하는지 현장으로 착각할 정도로 거침이 없었다.

대장 하나는 잘 뽑았구나 생각을 하고 현장을 답사하러 갔는데 이게 웬일인가. 바로 앞집에 달린 순찰함을 찾느라 땀을 뻘뻘 흘리며 골목길을 이리저리 헤매는 그의 얼굴엔 당황한 기색이 역력했다.

"이 사람아 순찰함 여기 있는데 왜 그렇게 헤매?" 보다 못한 내가 한마디 했다.

"소장님 새로 오셔서 너무 긴장했나 봅니다. 잘하겠습니다."

대답은 잘하는데 그 많은 순찰함 중에 하나도 제대로 위치를 아는 곳이 없었다. 더욱이 밤 시간에 어느 곳을 돌아보아도 방범대원 근무자를 만날 수가 없었다.

잘못되어도 크게 잘못되었다 싶어서 실태 파악에 나섰다. 아니나 다를까 직원들이 남의 일 보듯 하니 출근하면 근무지가 곧바로 집인 양 퇴근해버려도 감독하는 직원이 없으니 살판이 난 것이다.

기가 막힐 일이었다. 이대로는 안 되겠다 싶어 우선 방범대원들의 조기 퇴근을 막을 궁리를 한 끝에 새벽 조기축구를 함께하기로 마음먹었다.

"노 대장. 도난사건이 빈발해 방범대원들이 방범활동비 징수하는 데 어려움이 많지?"

"네, 도둑은 잡아주지 않고 방범활동비만 달라고 하느냐고 야단들이래요."

"그래서 말인데 내일부터 우리 조기축구 할 생각 없어?"

"조기축구라니요?"

"대원들 건강에도 좋고, 내가 주민들에게 방범활동비 잘 내도록 협조도 부탁하고 말이야."

유니폼이랑 축구화를 한 벌씩 구해 주고 반 강제로 이튿날부터 관내 초등학교를 이리저리 다니며 조기축구 회원들과 친선경기를 갖게 되니 일단 방범대원들의 조기 퇴근은 막을 수 있었다.

1단계 작전에 성공한 나는 방범대원들의 근무에 동참한다는 핑계를 대고 한 명씩 순번으로 함께 순찰을 돌기 시작했다. 코를 꿴 망아지 끌려오듯 마지못해 하는 표정이 그들의 얼굴에 나타나도 모르는 척했다.

순찰을 열심히 돌아서 도난사건 예방해주면 주민들이 고마워서 방범활동비를 잘 낼 것 같으니 열심히 근무해 달라는 주문을 하기에 바빴다.

나도 얻는 것이 있었다. 밤거리를 다니다 보니 대문 안 잠근 집이 많이 눈에 띄어 일부러 찾아 들어가 협조를 구하려하면 왜 남의 사생활까지 참견을 하느냐고 짜증을 내었다. 그래도 네다섯 번을 찾아가 문단속을 부탁했더니 나중에는 미안하게 생각을 했는지 대문 열린 집이 눈에 띄게 줄어들었고, 파출소장이 밤새도록 순찰 돈다는 소문이 도둑들에게도 전달이 되었는지 도난신고도 눈에 띄게 줄어들었다.

순찰 도는 대원을 구경하기가 힘들다(?)고 귀뜀을 해주는 주민이 있어 순찰표를 확인해 보니 빠진 칸이 없었다. 그렇다면? 머릿속에 묘안이 하나 떠올라 "그렇지!" 무릎을 탁 쳤다.

설날을 맞아 개봉동 양송이 마을은 아침부터 마을 회관에서 노인들에게 합동세배를 드리고 집집마다 준비한 떡과 과일로 상을 차리고 떡국을 끓여 잔치까지 벌이느라 떠들썩하다. 잔치를 끝내고 동네를 돌며 지신까지 밟고 파출소에 돌아오니 저녁 여덟 시가 넘었다.

"노 대장, 대원들 다 들어오라고 해."

"지금 말입니까?"

"그래 당장 불러들여!"

화난 내 목소리에 놀라 대원들에게 연락을 하느라 법석을 떨고 있는데도 두 시간이 지나도록 나타나는 대원이 한 명도 없었다. 나중에 안 일이지만 오늘은 설날이라고 자진 휴업을 하기로 결의했으니 쉽게 나타날 리가 만무했다. 겨우 밤 열두 시가 되서야 집합이 되었다.

"대원들 고생한다고 하면서 방범활동비를 잘 내어달라고 부탁을 했더니 주민 한 명이 이걸 내게 주면서 이래도 근무 잘하느냐고 따져서 얼굴을 들 수가 없었는데, 이렇게 소장 망신시켜도 되는 거야?"

손에 쥐고 있던 순찰표를 내밀었다. 그 순찰표는 내가 평소 눈여겨 보아놓았던 순찰 날인한 표시가 전혀 없는 순찰표였다.

"오늘부터 내가 직접 근무일지를 짜고 순찰선을 책정하겠어. 여러분들 임무가 순찰 아니야? 앞으로 순찰 결략하면 그만두겠다는 것으로 알고 조치를 취할 테니 그리 아시오!"

단단히 겁을 주고 나서 직접 근무를 감독하기 시작했다. 순찰선을 재조정하여 1개선을 한 시간이 소요되도록 책정하고 순찰표 사인은 매 시간마다 색깔이 다른 사인펜을 사용하되 내가 직접 색깔 조정을 했다.

그것도 수시로 색깔을 바꾸니 요령을 피울 생각조차 못하게 되었고 일주일 후에 거두어들이는 순찰표는 누더기처럼 조각난 종이가 되었다.

방범대원들은 지금까지 편안한 생활에 젖은 습관이 금방 고쳐지지 않아서인지 힘들어했고 나에 대한 불만이 여간 아닌 듯싶었다.

모처럼 휴무를 맞아 집에서 하루를 쉬고 아침에 출근을 하니 파출소 분위기가 이상했다. 어제 근무자인 박길수 경장이 근심스러운 표정으로 직원들과 수군대는 모습이 수상하여서 무슨 일인지 그 내용을 알아보았더니 방범대원들이 직원들 비위를 들춰내서 그냥 넘어가지 않겠다고 벼르고 있다는 것이었다.

어젯밤에 방범대원들이 근무는 하지 않고 다방에 모여 있다는 신고를 받고 출동한 일이 있었는데 이 일을 대원들이 오해하여 직원들까지 소장을 닮아 자기들을 감시하니 그냥 둘 수 없다고 하면서 직원들 비위가 적힌 노트를 꺼내들고 목을 자르겠다고 야단법석을 쳤다는 것이다.

듣고 보니 기가 찰 노릇이었다. 이때 버릇을 고쳐놓지 않으면 안 되겠다고 생각한 나는 노 대장을 불렀다.

"대장은 방범활동비를 징수 안 하지?"

"예, 저는 안 합니다."

"그러면 됐네. 방범활동비 영수증 보관한 것 모두 가지고 와! 박 경장은 직원들 모두 집합시키고."

내 말 한마디에 파출소가 왈칵 뒤집혔다.

"지금부터 직원들은 이 장부를 가지고 담당지역으로 나가서 셋방 사는 사람까지 일일이 다 확인해서 대원들이 영수증 주지 않고 방범활동비 징수한 것을 적발하시오. 박 경장은 파출소 내에서 보고받는 즉시 형사입건할 준비를 하고 직원들은 적발하는 즉시 보고하시오!"

직원들은 고개를 숙이고 말없이 앉아 거동할 기미가 보이지 않는다.

"빨리 안 나가고 뭐해! 그러니까 대원들한테 협박이나 당하지! 그리고 나갈 때는 사표 쓰고 신분증 반납해! 한 건도 적발 못하는 직원은 직장 그만두는 것으로 알고 사표 진달할 테니까."

그제야 슬금슬금 자리를 뜨고 박 경장과 노 대장만 남았다.

"소장님 한 번만 용서해 주세요. 우리가 잘못했습니다."

"뭘 용서해? 시키는 순찰은 돌지 않고 직원 약점이나 잡아서 목 자르겠다는 놈들을 용서해 주라고. 나는 그렇게 못해!"

얼굴이 백지장이 되어 용서를 비는 방범대장의 모습은 처량해 보였지만 이대로 끝날 일이 아니었다.

"노 대장! 대원들한테 전해. 직원들 목 날아가기 전에 아마 모두들 유치장 신세 져야 할 거라고. 그리고 교도소 갔다 와서 자신 있으면 내 비위 캐서 유치장 보내 보라고 해!"

내 얼굴이 험상궂게 변하자 방범대장도 슬그머니 어디론가 사라져버리더니 삼십 분도 안 되어 대원들을 이끌고 파출소 문을 들어서는데 그 꼴들이 말이 아니었다. 허리를 구부린 채로 울상 짓는 놈, 얼굴이 하얗게 질린 놈, 무릎 꿇고 용서해 달라고 애원하는 놈……. 가지각색 놈들의 표정을 바라보고 있노라니 나오는 웃음을 참느라고 애를 먹었다.

애써 화난 표정으로 나가라고 소리를 질러도 막무가내로 용서를 해 줄 때까지 꼼짝도 안 할 기세였다. 한나절을 버티다가 못 이긴 척하고 "갖고 있는 수첩 불태우고 와!" 하면서 용서해 줄 기미를 보였더니 한 놈이 내게 넙죽 절을 하더니 그 자리에서 수첩을 꺼내더니 라이터로 불을 붙였다. 수첩은 순식간에 재로 변하고 대원들은 모두 내 앞에 꿇어앉았고 눈물까지 흘리는 대원도 있었다.

"소장님 고맙습니다!"

"여러분들 그런 못된 짓 하지 말고 우리 모두 한 가족인데 마음 합쳐 서로 돕고 삽시다."

그들의 손을 일일이 잡으며 용서와 위로를 함께 해 주었다.

* * *

우리 파출소 갑부 차석(김종호 경장)은 나이가 오십이 넘었는데 딸만 여섯이다. 그는 알코올 중독자가 되어 1년이면 두 달 이상 경찰병원 신세를 져야 했다.

술만 먹으면 시장바닥 다니면서 연탄집게, 빗자루 같은 자질구레한 물건을 얻어오지를 않나, 만나는 사람마다 술 한잔 사 달라는 것이 인사가 되어버렸으니, 경찰망신 다 시키고 다닌다고 직원 누구도 같이 근무를 하려고 하지 않았다.

건강과 처자식 생각해서 술을 삼가라고 나도 몇 번 충고 했지만 들은 척도 하지 않았다.

경찰 선배에다 집안사정까지 딱하다 보니 심한 말하기 거북해 차일피일 미루었더니 우리 소장 사람 좋다고 선전하고 다니며 술 마셨다. 경찰병원에서 퇴원한 지 일주일이 채 되지도 않았는데 벌써부터 술 마시느라 파출소에는 몇 시간씩 나타나지 않으니 같이 근무하는 직원 생각해서라도 그냥 두어서는 안 될 것 같았다.

"유 순경(유인규 순경), 김 경장 찾아서 데리고 와. 안 오면 소장이 급히 찾는다고 해."

유순경이 밖으로 나간 사이 나는 소주 한 상자를 사다놓고 그를 기다리고 있었다.

"소장 나 찾았어?"

파출소 문을 들어서는 그는 거나하게 취한 모습인데 소주를 한 박스나 앞에 놓고 기다리는 나를 보고 어리둥절한 표정이었다.

"형, 나하고 한잔합시다."

술병을 들고 병째로 한 병을 꿀꺽꿀꺽 다 마시고 나서 다른 병을 들어 그에게 권했다.

"나도 술이라면 남한테 질 생각 없으니 우리 이거 마시고 누가 먼저 죽나 봅시다."

얼떨결에 받아든 술병을 손에 움켜잡은 채 멍하니 나를 바라보고만 있었다.

"형, 그렇게 살지 말고 이 술 먹고 차라리 죽어. 그러면 여러 사람 고생 안 시키고 본인은 먹고 싶은 술 마시다 죽으니 원도 없을 테고 얼마나 좋아. 자 어서 들어!"

들고 있는 술병을 강제로 입에 물리면서 말을 계속 이어갔다.

"여기서 죽으면 온 동네 소문내서 성대하게 장례식 치러주고 퇴직금보다 많은 부의금 받을 자신 있으니 처자식 먹고사는 데는 걱정 없을 거야. 그러니 이거 마시고 빨리 죽어!"

나를 멍하니 쳐다보고만 있던 그의 눈엔 닭똥 같은 눈물이 줄줄 흘러내리더니 급기야는 땅바닥에 주저앉아 엉엉 소리 내어 울기 시작했다.

"원통한 거라도 있어? 울긴 왜 울어!"

나도 어느새 눈에 눈물이 맺혀 있었다.

"소장 잘못했네. 다시는 안 그럴게. 이제 다시는 술 안 먹을 테니 한 번만 용서해 주게."

눈물을 그친 그는 내 손을 잡았다.

"형 정말 약속 지키는지 두고 보겠어."

나도 마음이 아프다는 말 한마디를 남기고 밖으로 나와 버렸다.

그날부터 그를 외근 근무는 시키지 않고 소내 근무만 지정했다. 같이 생활하면서 내가 군에서 있었던 일들을 이야기해주며 순화를 하는 것과 병행하여 직접 감시하는 것도 게을리 하지 않았다.

그러나 그는 습관을 쉽게 버리지 못하겠는지 틈만 나면 구멍가게에서라도 한잔하고 싶어 내 눈치만 살피다가 내가 잠깐 자리를 비우면 파출소 앞 가게로 달려가서 소주 한 모금 마시고 와서 시치미를 떼고 앉아 있곤 했다.

하루는 김 경장이 보이지 않아 짐작이 가는 곳이 있어 앞 가게로 발걸음을 옮겼다.

"소장, 나 우유 먹고 있어. 여기 봐!"

컵에다 따른 우유를 자랑이라도 하듯 내게 보여준다.

"형 고마워! 나하고 약속 지키느라 힘들지?"

그의 옆으로 다가가 의자에 앉았다.

"아주머니, 나도 우유 한 컵 주세요. 이왕이면 냉장고 속에 있는 시원한 걸로요."

받은 잔을 얼른 그의 것과 바꿔치기를 했다.

"형, 이게 더 시원할거야 먹어봐."

그는 얼굴색이 하얗게 변해버렸다.

"이거 술탄 것인 줄 다 알아. 이왕 술 안 먹기로 작정했으면 끝까지 약속을 지켜야지. 자! 들어갑시다."

김 경장과 약속한 지 한 달이 지났다. 그는 용케도 잘 참아주어서 이제는 술을 마시지 않아도 견딜 수 있는 것 같았다.

이제는 되었다 싶어 전출을 상신했더니 개봉파출소로 발령이 났다. 그런데 정작 발령을 받은 그는 나와 같이 근무하겠다고 떼를 쓰며 숙직실에 누워 꼼짝을 하지 않는다.

"형 근무 잘한다고 과장이 좋은 파출소로 전출시켜 주었는데 고맙다고 인사해야지 뭘 하고 있어? 빨리 나와!"

손을 잡아끌어 과장에게 전화를 하게 하고 짐을 챙겨 주었다. 우리 파출소에 3년이나 있었던 그였다. 직원 오토바이 꽁무니에 앉아 내게 손을 흔들며 떠나는 그의 모습을 보니 냇가에 보내는 어린아이 같아 조금은 걱정스럽기도 했다.

지금은 정년퇴직을 했을 것이고 어디서 무엇을 하고 있는지 연락이 두절되어 알 길이 없지만 자식들 시집 잘 보내고 건강하게 살고 있을 거라고 믿으며 안부를 묻고 싶다.

무궁화 꽃이 피었습니다

경위 승진시험을 치르고 나서 며칠이 지난 어느 날이었다. 합격자 발표를 노심초사 기다리고 있는데 경비전화가 걸려왔다.
"나 경비과장인데 박 소장 공부 열심히 했나봐. 5등으로 합격했어."
"예?"
"내가 시험 출제관으로 와서 방금 선 채섬을 마치고 돌아가는 길이라 미리 연락해 주는 거야. 축하해."
"과장님 고맙습니다!"
그동안 얼마나 마음 졸이고 발표를 기다렸는지 모른다. 이번 경위 시험 날짜를 국회의원 선거 개표 날 공고를 할 줄은 생각도 못했다. 우리 파출소는 2개동을 담당하다 보니 선거 때도 여간 바쁜 것이 아니어서 공부할 생각은 엄두도 못 내고 있었는데 예정도 없는 진급시험이라니!
너무 급해 잠을 자지 않으려고 커피를 냉면 사발로 들이켜도 그동안 피곤이 쌓인 탓인지 삼십 분 내로 잠이 쏟아진다. 볼 책도 많고 외울 문제도 많은데 큰일이 아닐 수 없다. 마음만 급해 허둥대다가 시험장에 나가니 손이 떨려서 글씨가 제대로 잘 써지지를 않는다.

이번 시험은 떨어진 것이 틀림없다고 체념은 하고 있었지만 그래도 합격 발표가 기다려지는 것은 시험을 치른 수험생들이라면 같은 마음일 거라고 위안을 하면서 기다렸는데 합격이라니 꿈만 같았다.

우리 파출소는 경사가 났다. 시험응시자 중 애석하게도 정완영 순경만 낙방을 했고 박길수 경장이 경사에, 유인규와 조용태 순경이 경장에 합격을 했으니 5명이 응시해서 4명이 합격을 한 것이다. 조그만 파출소에서 얼마나 큰 경사인가.

나는 순경으로 입문한 지 십 년 만에 무궁화 꽃이 활짝 피었다. 불만이 가득 차서 우리 파출소로 전입 왔던 그들도 진급의 영광을 안고 모두 희망지로 떠나갔으니 구로경찰서 명예를 빛나게 했음은 물론 개인으로는 하늘에서 큰 복을 받은 셈이다.

***

무궁화가 활짝 핀 계급장을 달고 부임한 곳은 도봉면허시험장 학과 2계장이었다. 학과 2계는 2종 학과시험을 감독하는 곳인데 나를 포함한 이선우와 복재규 경사, 강동소 경장 등 직원 네 명과 업무보조를 맡은 장연주 양까지 모두 다섯 명이 근무했다.

모두 부조리를 없앤다고 시험성적이 우수한 직원으로 차출되어 온 직원들이어서 우리들은 이곳에서 쉬는 시간을 이용하여 공부를 하기로 했다. 각자 집에서 객관식 문제 과목당 5개와 주관식 문제 2개씩을 준비해 발표와 토론을 하기로 정하고 약속을 어기는 사람은 벌금 2천 원씩을 내도록 조치를 취하기도 했다. 학과시험이 끝난 2시 이후에는 교실에서 공부를 하고 일과 후에는 어울려 술도 한잔씩 하니 분위기가 아주 좋았다.

소문은 순식간에 면허시험장 전체로 퍼져나가 타 부서의 선망의 대상이 되었다. 그러던 어느 날 오후 경찰법 토론시간 중에 갑자기 시험장장이 나를 찾는다는 연락을 받고 가 보니 기능 2계장으로 발령이 났다는 것이다.

"장장님, 무면허인 나를 기능계장으로 발령 내다니요. 무자격자가 합격증에 도장 찍어주면 이거 신문에 날 일이 아닙니까?"

"박 계장 아직 면허 없어? 난 모르고 있었지. 발령이 났으니 어떻게 하나…… 발령 취소할 수도 없고. 내가 박 계장 면허시험 합격할 때까지 돌봐 줄 테니 빨리 운전 연습하게."

어쩌는 도리 없이 즐거웠던 학과 2계를 떠나서 기능 2계장으로 옮겨야 했다.

기능계장은 학과시험 합격자가 기능시험을 보기 전에 약 십 분에 걸쳐 기능시험요령을 강의한다. 운전 한 번 해보지 않은 내가 떠드는 기능시험요령을 한 마디라도 놓칠 새라 두 눈 똑바로 뜨고 나를 응시하는 수험생들을 바라보니 우습기도 하고 한편으로는 미안한 생각이 들었다.

그래서 면허시험 합격할 때까지 집에 가지 않겠다고 마음 단단히 먹고 필기시험은 주위에서 파는 책을 한 권도 빠짐없이 몽땅 사 가지고 사흘 밤 동안 외워버려 100점을 맞았으나 실기시험은 그렇지가 않았다.

조교들 퇴근을 못하게 하고 밤늦게까지 연습할 때는 조교 못지않게 잘되던 운전이었다. 그런데 정작 시험차량에 올라가니 시험관이란 놈이 시험에 떨어졌다고 소문이라도 나면 어떻게 하나 하는 걱정이 마음속에 있었는지 그만 넋이 빠져 앞이 잘 보이지 않을 정도로 긴장이 되었다.

비몽사몽 꿈속을 헤매다가 "출발하세요!" 조교가 외치는 소리에 깜짝 놀라 정신을 차리고 큰일 났다 싶어 이를 악물고 출발은 했으나 조마조마하기는 마찬가지였다.

주행까지 끝내고 차에서 내리니 온몸이 땀으로 흠뻑 젖었고 상기된 얼굴로 긴 한숨만 몰아쉬었다. 도대체 어떻게 운전을 했는지 통 기억이 나지 않는다. 세상 시험치고 이렇게 당황해 보기는 난생처음이었다.

면허시험장 안에서 시험 감독하느라 차를 운전해 본 것이 지금까지 운전경력의 전부라서 장롱 면허증으로 전락해버린 내 운전면허증을 볼 때마다 정말 소중한 것이라 생각하면서도 웃음이 절로 나온다.

기능 2계장 근무를 무사히 마칠 수 있었던 것은 주행반장(김두중 경사)의 노력 덕분이었다. 김 경사는 전산 자동 시스템 요원으로 3년 동안이나 면허시험장에 있어서 전산 오류는 물론 조작된 카드를 판독할 수 있는 능력을 갖추고 있었다.

그는 조금이라도 의심이 가면 확인을 거듭해 어떤 방법으로든 그의 감시를 벗어날 수 없게 만들었고 나중에는 브로커 계보까지 완전히 파악해 그들까지 활동을 못하게 만드니 한 장의 면허증도 부정으로 발급될 수가 없었다.

그때의 인연으로 지금까지 늘 서로를 염려해주는 귀중한 동지 한 명을 얻는 영광을 내게 안겨주어 하늘에 감사드린다.

* * *

1986년은 아시안게임이 우리나라에서 열리는 해였다. 면허시험장 근무를 하던 나는 올림픽에 참가하는 선수들의 신변보호를 위해 새로 창설되는 부대 소대장으로 임명되었다.

무도 경찰관으로 구성된 우리 부대는 실제로는 그 이름도 악명이 높아 대학생들의 공포의 대상이었던 '백골단' 이었다. 특공훈련까지 받은 데다 개인 무술이 3단 이상인 자들로만 구성된 특수부대로 전의경이 아닌 직원으로 구성되어 있었다.

서울에 있는 대학은 한 곳도 빼놓지 않고 작전에 투입되었고 인천의 5·3사태, 건대사건을 비롯해 성공회, 명동성당 등 시위가 있는 곳이라면 어디든 번개처럼 나타나 순식간에 진압해버리곤 했다.

용감무쌍한 우리의 행동에 모두가 두려워했고 그들 맨 앞에는 늘 내가 있었다. 흰 하이바를 머리에 쓰고 방독면도 없이 맨몸으로 시위대의 최전방에서 돌과 화염병을 뚫고 비호처럼 날아드는 우리들의 모습은 적진을 향해 돌격하는 전쟁터의 병사모습을 방불케 했다.

후퇴는 없고 전진만 있다 보니 시위대 앞에 서서 어물거리다간 우리들에게 잡히기 십상이다. 그래서 시위대들은 우리를 일컬어 '백골단' 이라 부르게 된 것이다.

소대원들은 나를 '대장' 이라고 부르고 내 명령은 곧 지상명령이며 내 명령 이외에는 누구의 지시도 따르지 않는다. 명령에 죽고 살며 의리로 뭉친 우리 부대는 어느 누구도 흉내 낼 수 없었고 아무리 격렬한 시위도 우리가 도착하면 그 시간이 시위종료 시간이나 다름없었다.

임기를 마치고 그곳을 떠난 뒤로도 결혼한 대원들이 신혼여행을 다녀온 후 마누라 앞세워 꿀 한 병 사들고 내게 신고를 하러 왔으니 그들의 의리도 알 만하지 않은가?

시위진압이 유일한 경찰 경험인 그들에게 무엇인가를 남기고 싶었다. 생각 끝에 일선에서 실무를 처리할 수 있는 능력을 가르치기로 마음먹고 우선 책을 읽는 습관을 들이도록 만화책부터 시작을 하여 책에 흥미를 갖게 했다.

한편 기초적인 교통스티커 작성요령에서 점차 피의자 신문조서에 이르기까지 경찰업무 전반을 당장에라도 처리할 수 있도록 꾸준한 노력을 기울인 결과 상당한 성과를 거두어 이곳을 떠날 때는 마음이 뿌듯했다.

* * *

백골단 임무를 마치고 1년 반 만에 다시 구로서로 돌아와 형사폭력반장을 할 때의 일이다. 그 당시에는 스탠드바가 우후죽순처럼 생겨나는 바람에 폭력배들의 세력다툼장이 되었다. 새로 개업하는 곳이 있는 날이면 청룡도, 대창, 칼 같은 불법 무기를 봉고차로 한 대씩 압수하는 어려움도 있었지만 정작 어려운 것은 그런 것이 아니었다.

서장님(조기수 총경)은 오랫동안 감찰부서에서 뼈가 굵어서 그런지 직원들을 매사에 감찰 측면에서 일단 의심부터 했다.

당직 첫날 근무를 마치고 수사 결재서류를 들고 서장 부속실에 앉아 기다리고 있는데 "무슨 변명을 그 따위로 하고 있어! 담당자 오라고 해!" 서장실에서 고함소리가 밖에까지 퍼져 나왔.

조금 후에 담당자가 불려가고 어수선하더니 삼십 분이 넘어서 나오는 조사계장 얼굴이 백지장이다.

"계장님 무슨 일이세요?" 묻는 말에 대답 대신 고개를 좌우로 흔들며 손을 내젓기만 하더니 얼른 부속실을 떠나버린다.

나도 덩달아 주눅이 들어 서장실 문을 열고 살금살금 서장님 앞으로 가 결재서류를 내려놓으니 서장님은 내 얼굴은 보지도 않은 채 서류를 넘기셨다.

"이것은 왜 불구속이죠?"

조금 전에 언제 소리를 질렀냐는 듯 조용한 목소리다.

대답을 잘못했다가는 무슨 불호령이 떨어질지 몰라 주춤거리고 있는데 쳐다보는 서장님 눈빛이 죄인 보는 듯 날카로워 그만 말문이 꽉 막히고 말았다. 얼어붙은 내 모습을 한참이나 바라보던 서장님은 내가 측은하게 보였던지 더 묻지 않고 서류만 검토 후 결재를 해주었다.

'휴~우' 나도 모르게 안도의 한숨까지 쉬면서 서장실을 도망치듯 나왔으나 앞으로가 더 큰일이었다.

며칠을 고민하던 나는 이대로는 안 되겠다고 생각하고 정면 돌파하기로 마음을 굳게 먹고 서장실 문을 두드렸다.

"서장님 드릴 말씀이 있습니다."

"뭐예요?"

"저는 아직 경찰생활도 얼마 안 된 데다 형사는 처음이라서 3일 동안 잠을 안 자며 고민을 해봐도 어떤 것이 구속사건이고 또 불구속사건인지 판단을 못하겠습니다."

물끄러미 나를 바라보던 서장이 입을 열었다. "왜 3일 동안이나 고민을 해요?"

"서장님 어떻게 고민을 안 합니까. 제가 잘못 판단해서 구속시킬 피의자를 불구속시키면 그가 경찰을 얼마나 깔볼 것이며, 불구속될 사람을 구속시키면 그는 경찰을 얼마나 원망하겠습니까. 경찰의 명예를 지키고 법을 공정하게 집행해야 하는 형사를 하기엔 저는 아직 많이 모자라는 것 같습니다."

"내 말은 계장도 있고 과장도 있는데 왜 혼자 고민하느냐고 물은 거야."

말이 떨어지기가 무섭게 들고 있던 서류를 서장 앞에 펴놓고 계장 과장 사인한 곳을 뚫어지게 바라보고만 있었다. 과장 계장 결재 맡아 오지 않았느냐고 하는 무언의 반항이었다.

내 생각을 눈치 챘는지는 모르겠으나 서장님은 말없이 결재를 마친 후에 "다음부터는 고민하지 말고 상의해서 가지고 와요. 결재해 줄 테니" 하면서 환하게 웃고 있었다.

그 후부터는 결재를 맡으러 가면 정말 모르는 줄 알고 나에게는 하나하나를 꼼꼼히 알려주는 인자한 서장님으로 변하셨다.

* * *

추석을 며칠 앞둔 어느 날이었다. 맞은 사람 붙잡아놓고 보내주지 않는다고 떼쓰는 사람, 서로 욕설을 주고받는 사람들 등등…… 술 먹고 싸움질해서 온 사람들로 초저녁은 늘 사무실이 장터를 방불케 한다.

"그냥 돈이나 달라고 할 일이지 왜 남의 대문 부수고 들어가 행패를 부려?"

시끌벅적한 사무실에 정 형사의 목소리가 유독 크게 들려서 고개를 돌려 보았더니 그의 앞에 작업복을 입은 인부차림의 사람들이 대여섯 명 고개를 숙이고 있었다.

"정 형사 무슨 일이야?"

"이 사람들이 남의 집에 대문을 부수고 들어가 행패를 부려서 형사입건하려고 합니다."

정 형사 옆으로 가서 그들에게 무슨 일인지 자세히 물어 보았다. 그들은 집을 다 지어 주고도 임금을 못 받아 며칠 후면 추석인데 고향에 갈 길이 막연하여 집을 찾아갔는데 좀 심하게 한 것 같다고 용서를 빌었다.

"정 형사, 피해자 진술은 받았나?"

"피해자가 곧 온다고 해서 기다리고 있습니다."

"피해자 오면 나 좀 보자고 해."

막 돌아서려는데 정장을 한 신사 한 사람이 정 형사 앞으로 오고 있었다.

"내가 오늘 당직반장인데, 선생님이 피해자 맞습니까?"

"네, 제가 피해자입니다."

"대문이 못쓰게 됐습니까?"

"아니요, 그렇지는 않습니다만……."

"그러면 누구 다친 사람이라도 있습니까?"

"다친 사람 없습니다만 이 사람들이 워낙 행패가 심해서 버릇 좀 고쳐야 됩니다."

"선생님, 이 사람들 임금을 안 주셨다면서요?"

"새로 집을 짓다 보니 돈이 모자라서 미처 임금을 주지 못했습니다."

"선생님, 이 사람들 버릇 가르치기 전에 임금부터 주는 게 순서 아닌가요?"

"그렇다고 남의 집에 행패를 부려도 된다는 말입니까?"

"선생님은 가족과 잘살아 보겠다고 집을 지으셨는데 일한 이 사람들은 남의 집 지어주고 돈이 없어 명절이 되어도 가족 곁으로 갈 수 없으니 무슨 짓인들 못하겠습니까. 입장을 바꿔놓고 생각해 보십시오. 선생님 같으면 어떻게 하겠는지."

"……"

"선생님이 원하는 대로 이 사람들 처벌할 테니 집에 가서서 돈이 없으면 결혼반지라도 팔아서 차비라도 해 주세요. 추석명절은 우리 모두

조상께 제사 드리고 성묘하는 날인데 두고두고 원망 듣지 마시고요."

내 말을 듣고 있던 그는 슬그머니 밖으로 나가버렸다.

"집주인 다시 오면 무조건 잘못했다고 하세요. 명절 때 가족한테는 못 갈망정 유치장 신세는 면해야지요."

고개를 숙이고 있는 이들이 보기 안쓰러워 진심어린 충고를 해 주었다. 한 시간 정도가 지났을까 밖으로 나갔던 피해자가 다시 들어왔다.

"미안합니다. 여러분들이 다짜고짜 대문 부수고 행패만 부리지 않았어도 이렇게까지는 안 했을 텐데 아까는 화가 나서 내가 그만……."

주머니에서 뭉칫돈을 꺼내 일행 중 책임자로 보이는 사람에게 건네주었다.

"이거 좀 모자라는데 추석 지내고 올라오면 곧 다 드리리다."

"사장님 진작 그러셨으면 우리도 그렇게까지는 안 했지요. 미안합니다."

"내 반장님 얘기 듣고 여기저기 힘들게 구해온 돈이요. 명절 잘들 보내세요."

"사장님 고맙습니다. 그리고 죄송하구요."

그들은 고개를 숙이며 고마움과 미안함을 표시했고 집주인도 미안하다는 듯 씽끗 웃으며 그들과 악수를 나누었다.

"반장님, 이 사람들 추석 때 고향갈 수 있게 용서해 주시지요."

집주인의 너그러운 마음이 고마웠다.

"그럼요. 순리가 법이고, 법은 우리들이 만든 것인데요 뭐."

고향에 갈 수 있다는 생각에 그들은 싱글벙글하면서 고맙다고 인사를 꾸벅하고 돌아섰다.

사무실 밖 현관까지 고향 길 조심하라고 배웅을 하고 돌아서는 내 머리 위엔 쟁반같이 둥근달이 미소를 머금고 세상을 환하게 비추고 있었다.

경감시험 수석 합격의 영광

경감진급시험은 말 그대로 전쟁을 치르는 것과 하나도 다르지 않았다. 내가 경위로 진급한 때가 경찰대 1기생이 졸업한 해여서 경감이 되려면 부득이 이들과 경쟁하여야 했다.

형사라는 직업이 시간에 쫓기고 피의자들에게 시달리는 거친 직업이라 생활 리듬이 깨어져 공부할 충분한 시간이 부족했다. 그 후 대공1계장으로 직책을 옮겨서도 젊은 경찰대 출신들이 경감시험 합격하는 데 들러리 서주는 꼴 될까봐 시험을 포기했다.

그러나 마음 한구석에는 내가 이대로 진급도 못하고 전역 할 때까지 경위로 있어야 하는가 하는 의구심이 꿈틀거리고 있어 늘 편치가 않았다.

1988년은 세계 올림픽이 우리나라에서 열리는 해이라 우리 경찰은 어느 때보다도 바쁜 나날을 보내야 했고 시경이 주관하는 대책회의나 교육에 참석하는 것이 빼놓을 수 없는 하루일과 중 하나다.

이 날도 교육을 마치고 모처럼 시간을 내어 올림픽 경비 기획단에 근무하는 정 계장(정 병모 경감)을 위문 차 방문했다.

"윤신아, 이거 가져가라."

이런저런 얘기 도중에 책을 한 보따리 나에게 주었다.

"이거 무슨 책인데 나를 주는 거요?"

"응, 경정시험공부 하던 책인데 난 심사로 될 것 같아. 너나 가져가."

"아니 경감도 안 된 놈에게 경정시험공부라니요?"

"너 경감은 시험만 보면 될 것 아니야?"

"나 시험 포기했는데 누구 약 올리는 거요?"

전철을 타고 경찰서로 돌아오면서 생각하니 여간 고마운 일이 아닌 것 같았다. 든든한 후원자가 있다고 생각하고 진급시험을 보기로 단단히 마음먹었다.

경찰대 출신을 경쟁에서 이기는 방법은 백 점 맞는 방법밖에는 다른 도리가 없다고 생각한 나는 객관식 문제는 꼭 백 점을 맞겠다고 스스로 약속을 했다.

교보문고와 종로서적에서 다시 책을 구입하고 전에 정리했던 서브노트도 모두 사무실로 옮기고 난 다음 집에는 일주일에 한 번만 가기로 작정했다.

형법과 형소법, 행정법은 전에 워낙 꼼꼼히 빼놓지 않고 정리를 해서 미비점만 보완하기로 하고 객관식인 행정학은 처음 접하는 것이라 시간 배정을 배로 했다.

객관식 문제는 답을 미리 고르는 방법을 지양하고 문제에 열거된 답을 하나하나씩 정답과 오답을 고르는 방법을 택했다.

답을 모르면 기본서 책을 읽어 완전히 이해하도록 하는 한편 정답을 미리 예견하는 일은 절대로 없도록 하는 습관을 길렀다. 왜냐하면 오답을 한 번 정답으로 알고 있으면 그것을 고치는 데는 열 배의 노력이 든다는 것을 이미 경험했기 때문이다.

또 술이 만취된 상태로 객관식 문제를 풀어 보았더니 응용이 전혀 안 되어 어렴풋이 아는 문제는 한 시간을 애를 써도 답을 알 수가 없었다. 이런 부분들을 체크했다가 완전히 알 수 있도록 보완하는 일을 게을리 하지 않았다.

시험을 치르고 집으로 돌아오는 길은 불안하기가 그지없었다. 행정법 50점짜리를 망쳤기 때문이다. 어떻게 그럴 수가 있는지 생각만 해도 억울하기 짝이 없었다.

3일 전에 혹시 출제될까 염려되어 요점정리를 해놓은 문제를 기억하지 못하다니! 땅을 치고 통곡을 해도 시원치가 않았다. 아직은 노력이 부족하다는 하늘의 경고였을까? 며칠 밤을 뜬눈으로 새우며 생각을 해 보았지만 풀리지 않는 수수께끼였다.

시험은 망쳤어도 합격하고 싶은 욕망은 누구나 마찬가지가 아닐까. 혹시나 하고 발표를 기다렸다. 이번 시험은 다른 때와 달리 치안본부에서 일괄 출제, 채점, 발표를 한 데다 발표예정일을 하루 미루다 보니 조바심도 더해갔다.

치안본부에서는 합격자를 알고 있다는 소문이 돌았다. 과장(이강년 경정)이 본부 신원반에 16년이나 근무했으니 사전에 연락을 받아 알고 있을 것이라고 믿고 과장실을 들어갔더니 과장은 나를 보고 고개를 돌린다.

아차! 이제는 떨어진 것이 확실하구나 하는 생각에 허전한 마음을 달랠 길 없었다. 술이나 한잔할 생각으로 사무실로 돌아오니 마침 강이석 경장이 퇴근을 하지 않고 사무실에 있었다.

우리 사무실에서는 나를 포함해 서무인 조남신 경사와 홍영희 순경이 모두 시험에 응시한 까닭에 우리들이 시험공부 열심히 하라고 강이석 경장(외근형사)이 내근업무를 도맡아 해주었었다.

"형님, 퇴근 안 했군요. 마침 잘되었네. 우리 술이나 한잔하러 가요. 조 경사, 홍순경도 같이 가지."

그의 손을 잡아끌고 경찰서 앞에 있는 음식점으로 향했다. 돼지갈비 몇 대 시켜놓고 술잔을 기울이면서 조 경사, 홍 순경 눈치를 보니 말로는 시험을 잘 못 봐서 떨어질 것 같다고 하면서도 표정은 그런 것 같지 않았다.

"박 계장님 전화 받으세요!"

내심 혼자만 낙방을 한 것 같아 노심초사하고 있는데 종업원이 전화를 넘겨주었다.

"박 계장, 나 박영수인데 축하해! 자네 합격되었데."

전화통이 울리도록 쩌렁쩌렁한 목소리의 주인공은 대림파출소장이었다.

"네? 그럴 리가요."

"이 사람아 내가 왜 거짓말하겠어. 그것도 서울시경 일등으로 합격한 사람한테 말이야. 여기 기다리는 사람이 있으니 빨리 이리로 와!"

그는 내 대답을 기다리지도 않고 전화를 끊어버렸다.

"조 경사, 대접 좀 하고 있어, 나 잠깐 나갔다 올게."

어리둥절해하는 그들을 남겨둔 채 그길로 대림파출소를 향해 달려갔다.

"야 박 계장 대단해! 어린 경찰대 출신들을 다 물리치고 일등을 하다니. 축하! 또 축하!"

숨을 헐떡이며 문을 들어서는 나를 보고 박 경사는 내 손을 잡고 야단법석을 떤다.

"형, 그럴 리가 없어. 시험 망친 사람보고 합격도 과분한데 일등이라니."

"아니야, 여기 합격자 명단 가지고 왔어. 이리 와서 인사하지."

"반갑습니다."

나에게 인사를 청한 사람은 본부 외사계에 근무하는 김사웅 경위(현 양주경찰서장)로 박 경사와 평소 친분이 있었다. 그도 이번 경감시험에 합격했는데 박 경사와 통화를 하던 중 서울시경 일등 합격자가 나라는 것을 알게 되었고 더욱이 순경출신이라는 소리에 놀라 내 얼굴 보겠다고 합격자 명단을 들고 일부러 찾아 왔다는 것이었다.

"축하합니다. 정말 대단하십니다."

그가 내민 합격자 명단을 보니 분명히 서울시경 12명 합격자 명단 맨 앞에 내 이름과 똑같은 한자가 적혀 있었으나 나는 도무지 믿기지 않았다.

"이름이 같은 사람도 많은데 다른 사람일 겁니다. 절대 내가 아닙니다."

"수험번호가 있지 않습니까. 확인해 보세요."

수험번호를 기억하려 애를 써 보았지만 생각이 나지 않는다.

"우리 내기합시다. 오늘 저녁 술값내기로."

"그래 그거 좋지."

박 경사가 맞장구를 치면서 우리를 술집으로 끌고 갔다.

"술값은 내가 대신 지불할 테니 내일 정식으로 발표 나면 갚기로 하고 오늘은 집사람에게도 소식 알려야 할 것 아니야. 너 빨리 집에 들어가 봐."

한창 술자리가 무르익어 가는데 박 경사가 내 등을 밀어 술집 밖으로 내보냈다.

집에 도착하는 즉시 팽개쳐 두었던 서브노트를 펴 보았다. 이게 웬일일까. 그렇게 생각이 나지 않아 애를 태우던 문제의 답이 내가 쓴 답안지의 내용과 글자 한 자 다르지 않고 일치하지 않는가. 기적이었다. 그리고 사람의 잠재력이 얼마나 무서운 것인가를 깨닫게 해준 귀중한 사건이었다.

문제를 가리지 않고 이것저것 모두 공부해두길 정말 잘했다는 생각이 들었고 오늘이 있기까지 도와준 모두에게 고마움을 마음속으로 전했다.

밤을 뜬눈으로 꼬박 새우고 아침 일찍 출근해 보니 우리 사무실은 경사가 났다. 구로경찰서에서는 전 계급 시험합격자가 4명이었는데 그중 대공1계에서만 3명의 합격자가 나왔고, 그것도 경감 1등, 경위 9등, 경장 1등으로 우수하게 합격을 한 것이다.

합격을 축하하는 전화벨 소리에 업무가 마비될 정도였는데 내 책상 위에는 경위 기본교육 동기 중 유일하게 홍일점이었던 이주자 선배가 보낸 꽃바구니의 장미꽃이 아침햇살에 유난히 반짝이고 있었다.

경기도 7중대장으로 전입해 온 지 한 달쯤 되었을까 경찰고시사로부터 부대로 소포가 배달되었다. 뜯어보니 예쁘게 만들어진 승진시험 합격상패와 함께 합격수기를 써달라는 편지가 들어있었다. 몇 번을 망설이다가 '오늘의 영광이 있기까지는' 이라는 제목을 달고 수기를 쓰기 시작했다. 그 글을 정리해봤다.

1. 머리말

아직은 주어진 직책을 수행하기에 지식과 능력이 부족한 저에게 88년도 경감승진시험에 서울시경 수석이라는 오늘의 영광이 있게 애써 주신 모든 분들에게 감사드리고 능력이 있으면서도 승진하지 못한 선배님들께 송구스런 마음과 아울러 이 영광을 돌려드리고 싶습니다.

승진이란 조직이나 본인을 위해 보람 있고 영광된 일이나 그 열매의 결실이 있기까지는 각고의 노력과 고달프고 험난한 산길을 걸어야 한다는 것을 시험을 치러 보신 분이면 누구나 경험했으리라 믿습니다.

오늘도 쉬지 않고 내일의 영광을 위해 어둡고 긴 밤을 새우며 애쓰시는 분들에게 제 조그만 정성이 도움이 되기를 빌면서 이 글을 씁니다.

하늘은 스스로 돕는 자를 돕는다고 했습니다. 최선의 노력을 하지 않고 좋은 결과를 기다린다는 것은 감나무 밑에 편안히 누워서 감이 떨어지기를 기다리는 어리석음과 다를 바가 없지 않을까요?

공부에는 좋은 방법도 요령도 없다고 생각합니다. 그래서 저는 책을 보든 안 보든 항상 손에 들고 다니는 습관을 길렀습니다.

책을 하루 놓아버리고 다시 잡으려면 일주일이 걸리고 일주일을 놓아버리면 한 달이, 한 달을 놓아버리면 1년 후에도 책을 잡을 수 없다고 생각하면서 오랜만에 친지나 동료와 술을 마실 때도 책만은 손에서 놓지 않으려고 애를 썼습니다.

또한 내가 경쟁에서 이길 수 있는 길은 남이 한 시간 책을 보면 두 시간은 보아야 된다는 각오로 평소 열심히 노력했습니다.

오늘의 영광이 있기까지는 아픔도 있었지만 경감승진시험에 합격될 때까지는 승진시험에 한 번도 실패를 겪지 않고 합격되는 행운을 얻은 것도 이러한 습관과 의지가 도움이 되지 않았나 생각합니다.

2. 성실한 직무수행은 승진시험의 지름길

흔히 승진시험에 합격하는 것은 공부만 열심히 하면 되는 것이라 생각하여 직무를 소홀히 하는 경우가 있는데 저는 그렇지 않다고 봅니다.

승진시험은 다른 시험과는 달리 직무에 필요한 지식을 함양하고 개인을 발전시켜 조직에 필요한 사람을 만드는 데 그 목적이 있으므로 직무를 떠난 승진은 있을 수 없습니다. 그래서 시험문제도 일상직무와 연관된 문제가 대부분입니다.

제가 형사반장을 할 때 갖가지 신고 처리되는 사건을 늘 법전과 판례집 등을 토대로 하여 법률을 적용시키고 혹시라도 우리 경찰관의 법률지식이 부족하여 억울하게 피해를 보거나 부당한 이득을 보는 사람이 없도록 노력했는데 이번 경감승진 출제문제 중 「별건구속에 대하여 논하라」같은 문제는 이러한 직무에 대한 성실성이 없었으면 좋은 답안을 쓰기가 어려웠을 것입니다.

경찰관의 업무는 법을 집행하는 것이므로 늘 법을 연구하고 문제점 및 개선책 등을 발견하려고 노력한다면 그것이 곧 출제문제가 될 수 있으며 버스나 전철 속에서 바닥에 떨어진 지갑을 주워 가진

다면 절도죄가 될 것인지 점유이탈물 횡령죄가 될 것인지를 생각하는 식으로 시간을 활용해 객관식 형법문제 하나를 푸는 것이 되므로 시험날짜가 임박하여 밤을 새우는 고통을 덜어 줄 것입니다.

3. 시험 준비

공부에는 방법이 없다고 생각하고 경위시험 합격 발표 날부터 하루 평균 5시간씩 꾸준히 공부해 왔습니다.

경찰고시의 객관식 문제는 시험문제라 생각하고 문제를 풀고 채점을 해보고, 주관식 문제는 평소에 정리하여 놓은 서브노트와 비교하여 보충할 것은 보충하고 빠진 문제는 암기하기 쉽고 답안 작성하기 쉽도록 추가 서브노트를 했습니다.

다른 과목은 늘 공부하던 과목이라 별 어려움이 없었으나 행정학은 처음 공부하는 과목이라 많은 어려움이 따랐습니다.

기본서는 서른 번을 읽어도 이해가 되지 않는 곳이 많았으나 1년간을 문제집과 함께 번갈아 읽으면서 이해가 가지 않는 부분은 메모하고 외우고 하니까 겨우 윤곽을 알 수 있었습니다.

(중략)

형사소송법이나 행정법의 문제는 1시간에 1문제를 쓸 수 있는 문제로 되어 있어 많이 읽고 요점을 정리하여야 되며 실제 답안을 작성할 때는 책을 그대로 외워서 쓰는 것은 좋은 답안이라 할 수 없습니다.

왜냐하면 출제문제는 그 문제를 얼마나 이해하고 있으며 직무의 필요한 곳에 활용할 수 있는가에 대한 답을 요구하는 것이기 때문입니다.

예를 들어 「경찰 공공의 원칙을 설명하라」는 문제가 출제되었다면 책에 정리되어 있는 대로 1. 의의 2. 성질 3. 내용 등의 순서로 답을 쓰신다면 평범한 답안에 지나지 않지만 서설 부분에 경찰권 발동과 법치주의에 대한 설명과 아울러 경찰권 발동의 긴급성으로 인한 인권침해를 예방하기 위해 조리 상의 한계가 불가피하며 그 조리 상의 한계 중 하나가 「경찰 공공의 원칙」임을 밝혀주면 채점관으로부터 좋은 점수를 받을 수 있으리라 믿습니다.

4. 건강관리

몇 번의 시험을 치면서 무리한 시험공부로 건강을 돌보지 않아 실패의 충격과 함께 병원에 입원을 하고 고생을 하시는 분들을 종종 보아왔습니다.

건강하지 않으면 승진하여도 직무수행이 어렵습니다.

연령이 많으신 분이 시험에 임박해서 무리를 하시면 기억력도 감퇴되어 아는 문제도 생각이 나지 않는 경우가 있으므로 평소에 노력을 게을리 하지 마시고 건강에 신경을 써서 하시고 앞으로는 매년 12월에 승진시험이 정기석으로 실시될 전망이라니 마무리 작업은 8월경부터 하시는 것이 좋을 것 같습니다.

5. 맺는 말

흐르는 세월은 아무도 막지 못하여 지난 세월을 후회해도 소용이 없습니다. 자만하지 말고 성실한 직무수행 속에서 오늘의 뼈를 깎는 아픔이 내일은 웃음으로 회상될 수 있도록 꾸준히 노력해 주시기를 바쁜 업무에도 내일을 위해 고생하시는 동료 여러분께 부탁과 아울러 고생한 보람이 결실로 맺어지기를 기원합니다.
　끝으로 오늘의 이 영광이 있기까지 고생을 함께해 온 가족과 주위 여러분께 다시 한 번 감사드립니다.

글쓰기를 마친 나는 이 글이 수험생에게 도움이 되었으면 좋겠다고 생각하면서 겉봉을 정성들여 싸고 있었다.

쿠니 사격장에서

　　　　　　　기동 7중대장을 맡고 있던 1989년은 각종 시위로 전국이 몸살을 앓고 있던 때인데 우리 부대가 있는 안산에도 공단과 한양대학 분교가 있어 하루도 시위가 없는 날이 없었다.
　한양대학교 학생들 시위를 막고 있는데 화성에 있는 쿠니 사격장으로 즉시 이동하라는 명령을 받았다. 쿠니 사격장은 미군 공군 폭격기가 사격연습을 하는 곳인데 농민들이 피해를 입었다고 관제탑을 점거하는 사태가 열흘 전에 벌어진 곳이다. 미군은 이 지역을 영토로 규정하고 있어 급기야는 국제문제로까지 비화된 사건이었다.
　서둘러 장비를 점검하고 짐을 챙겨 쿠니 사격장에 도착하니 벌써 저녁 여섯 시가 다 되어가고 있었다. 사격장 정문을 통과하여 막사가 있는 곳에 도착 할 때까지 우리를 맞이해주는 사람 하나 없고 부대는 적막감마저 감돌았다.

"개미새끼 하나 구경 못하겠구먼."

내심 서운하여 혼잣말로 중얼거리고 있는데 통역관이 나타나 막사로 안내를 했다. 막사는 군 텐트를 몇 무더기 쳐놓았는데 곧 쓰러질 것 같아 불안하기 그지없다. 이곳에서 생활할 생각을 하니 한심하기 이를 데 없었다.

"여기 책임자가 누구이기에 코빼기도 안 보이는 거요?"

"대장이 한국 경찰 요청한 적 없다고 하면서 관사로 들어가서는 나오질 않는군요."

"자기네들 지켜주러 왔는데 그게 무슨 소리요?"

"한국 경찰은 너무 소극적이라서 믿을 수가 없다는 거예요. 그러니 나도 어찌할 수가 없어서……."

"통역관님 나 좀 봅시다. 대장실이 어디요?"

통역관을 잡아끌고 대장실로 향했다.

"내가 급히 보자고 한다고 대장에게 전하시오!"

"……"

"대장이 올 때까지 대장실에서 꼼짝하지 않을 테니 알아서 하시오."

대장인 듯싶은 미군이 통역관과 얼굴을 내밀었을 때는 얼마의 시간이 흐른 뒤였다.

"나 이곳을 지키러 온 중대장이오."

그를 보니 영 못마땅한 표정인 데다 한국말을 모르는지 통역관 얼굴만 쳐다보고 있다. 나도 불쾌한 내색을 감추려고 애를 쓰고 있었다.

"여기 파이프 가지고 있는 것 있소?"

"파이프를 어디다 쓰려고요?"

깜짝 놀란 통역관이 물었다.

"이양반아, 당신한테 물어본 것 아니야. 당신은 통역이나 똑바로 해!"
나는 통역관에게 화풀이라도 하려는 듯 소리를 '꽥' 질렀다.
"대장이 무엇에 쓰려는지 물어보는데요."
"우리 중대는 경찰로는 유일한 기동타격대인데 여기를 지키는 데 필요하니 120센티미터 되는 파이프를 150개 준비하라고 하시오."
대장의 표정이 금방 환하게 바뀌면서 내일까지는 준비하겠다고 했다. 대장의 안내를 받아 사격장 주변을 빠짐없이 살펴보았다. 사격장 주변은 십여 리가 넘게 철조망으로 경계표시를 하고 그 안에 사격장이 멀리 바다에 있는 작은 섬까지 연결되어 있었다.

사격장 옆으로 관제탑이 우뚝 솟아있고 관제탑 옆 한쪽 편으로 막사와 유류탱크 등 군부대시설이 옹기종기 모여 있었다. 정문과 연결되는 도로 옆 연병장 철조망을 경계로 건너편 포구에는 조그만 고깃배 몇 척이 쇠사슬에 묶인 채 찰랑이는 바닷물에 흔들릴 뿐 주위는 적막하기만 한데, 주변 여기저기에 흩어진 토담집 불빛들이 깜박이고 있었다.

주변 정찰을 마치고 돌아오는 길에 대장에게 우리 부대는 대한민국 경찰 중에 유일하게 공격임무를 맡은 기동타격대이고 패배를 모르는 무적의 용사들이니 이곳 경비는 걱정하지 않아도 된다고 없는 거짓말을 다해가면서 대장을 안심시켰다.

여기는 개활지라 가스탄은 효과가 없어 부득이 오늘 파이프를 구해달라고 한 것이라고 설명을 해 주었더니 대장은 줄곧 내 옆을 떠나지 않으며 진지하게 내 이야기에 귀를 기울이고 있었다.

"이곳을 둘러보니 지역이 너무 넓어서 우리 부대로는 십여 리가 넘는 철조망까지 다 지킬 수가 없겠군요. 우선 막사가 있는 주변만이라도 초병을 세워 경계를 철저히 하는 것이 어떻겠소?"

내 말을 들은 대장은 고개를 끄덕이며 고마워 어쩔 줄 몰라 했다.
"여러분들은 미군 작전지역의 안전을 위해 대한민국 경찰을 대표해서 이곳에 왔다. 우리의 임무는 이곳 경비를 철통같이 해서 훈련에 차질이 없도록 하는 것이다. 이곳에 문제가 발생하면 곧바로 국가 간의 문제가 된다는 것을 명심하고 근무에 충실해 주기를 바란다."
전 중대원을 모아놓고 우리들 임무의 중요성을 강조하고 철저한 근무를 당부하면서 담배꽁초를 아무 곳에나 버린다거나 함부로 이곳저곳을 기웃거려 경찰의 명예를 실추시키는 일은 절대 하지 않도록 교양시키는 일도 잊지 않았다.
행여 일이 잘못되어 대장이 재판을 받는 불행한 일이 생기더라도 승자로서 당당하게 판사 앞에 설 수 있도록 해달라는 당부를 몇 번이고 되풀이했다.
왜냐하면 이곳에는 기름 탱크가 많아 화염병 하나 던지면 불바다가 되는데 피의자를 놓치고 패잔병처럼 되고 싶은 마음은 추호도 없었기 때문이다.
우리들의 숙소가 내무반으로 바뀌고 각종 시설을 보완하여 지내는데 불편이 없도록 애써 준 대장 덕분에 대원들은 부족함이 없는 내무생활에 만족해했고 미군으로부터는 극진한 대접을 받기 시작했다.
이런 소문은 날개 달린 듯 밖으로 퍼져나가 농민들까지 알게 되어 나는 농민들에게 악명 높은 중대장으로 이름을 날리게 되었다.
포구에는 조그만 다방이 하나 있었다. 어느 일요일, 부대 안에도 별다른 일이 없어서 민심동향을 살필 겸 나는 다방을 찾았다.
"어서 오세요. 뭘 드릴까요?"
두 평 남짓한 다방에는 아직 이른 아침이라 종업원들만 잡담을 늘어놓고 앉아 있다가 나를 보고 반가이 맞았다.

"커피 두 잔!"

운전병과 커피를 막 마시려고 하는데 와자지껄한 소리와 함께 건장한 청년 서너 명이 다방 문을 들어오더니 구석에 자리를 잡고 앉아서 나를 힐긋힐긋 훔쳐보기 시작했다.

어림짐작으로 이들이 시위를 주도하는 사람들이라 생각하고 있는데 그중 키가 큰 사내 하나가 내 앞으로 다가와서 "미군부대에 파견 온 중대장님 아니십니까?" 한다.

"그렇습니다만……."

"아이고! 중대장님 여기오시면 큰일 납니다. 빨리 들어가세요."

"네? 왜 나는 이곳에서 차 마시면 안 됩니까?"

"지금 우리 청년별동대가 화성서 정보과 직원 얼굴 보이면 차를 뒤집어 놓겠다고 벼르고 있는데 무슨 봉변을 당하려고 여기 나왔습니까?"

"아~ 그래요? 내가 탄 차가 뒤집히면 죽거나 다치기밖에 더하겠어요. 우리 애들이 지금 사격장 쳐들어오는 사람은 남녀노소를 불문하고 걸어서는 못 가도록 파이프 준비하고 있는데 가뜩이나 대장 잘못되면 가만히 있을까요? 나 죽거나 다치는 것은 괜찮지만 마을이 쑥대밭 되는 것은 내가 책임 못 집니다."

눈 깜짝하지 않고 태연하게 내뱉는 말을 듣고 그는 움찔 놀라는 기색이었다.

"모든 일은 법에 따라야 순리 아닙니까? 공연히 힘자랑할 생각 마시고 정부에 호소하는 게 더 나을 겁니다. 그리고 조심들 하세요. 큰 코 다치지 말고."

"실은 우리 부녀회에서 고생한다고 떡과 음식을 준비해 위문가려고 합니다. 언제쯤 갈까요?"

"에~이 여보시오! 말도 되지 않는 소리 하지도 마시오. 그렇지 않아도 미군이 우리 경찰 믿지 못하는데 불난 집에 부채질하는 꼴 아니오? 위문은 이곳 일이 잘되어서 우리가 여기서 떠날 때 받으리다."

그런 일이 있고 난 후에는 농민들이 우리 중대와는 정면으로 부딪치지 않을 생각을 한 것 같았다.

낮이면 이곳 쿠니 사격장은 농민들 시위가 계속되어 매일 10개 중대 이상 기동부대가 동원되어 농민들 시위를 막았다. 시위는 얼마나 격렬했는지 철조망 안으로 들어올려는 농민들과 이를 막으려는 기동중대 간에 심한 몸싸움이 일어나는가 하면 농민들은 농사지을 때 사용하는 농기구를 들고 나와 대항을 했고 경찰은 최루탄을 사용해 사격장 부근은 전쟁터를 방불케 했다. 심지어는 점심식사를 싣고 오던 도시락 차가 시위대의 손에 뒤집혀 기동대원들이 점심을 굶는 일까지 벌어졌다.

농민시위가 끝나고 기동부대도 철수하고 난 밤이면 우리 중대가 홀로 경비를 하고 있었지만 농민들은 절대로 사격장 근처에 접근하는 일이 없었다.

모처럼 시위가 없는 날이라 바깥바람을 쐬려고 사격장 주변을 산책하고 있는데 '탕! 탕! 탕!' 요란한 총소리가 났다.

무슨 일인가 궁금하여 가보았더니 쿠니 사격장 대장이 사격연습을 하고 있는데 권총을 엎드려서 쏘고 있었다. 총을 쏘는 모습이 너무 어색해 보여서 내가 사격시범을 보여주고 싶은 생각이 들었다.

"내가 연습 좀 해도 되겠소?" 하고 말했더니 그는 나에게 권총을 넘겨주었다. 나는 청와대 시절 사격실력을 발휘하여 속사로 표적을 향해 격발을 시작했다.

'타당! 타다닥 탕!' 연속해서 총구를 튀어나간 총알이 표적중앙을 뚫고 나가자 대장은 놀라서 눈이 둥그레진 채 입을 다물지 못했다. 나는 특공대 대장이라 다른 경찰보다 실력이 조금 나은 편이지만 한국경찰 사격솜씨가 보통 이 정도는 된다고 자랑을 했더니 대장은 엄지손가락을 치켜세우며 나를 존경스런 눈으로 바라보았다. 한국 경찰의 자존심을 살리고 대장의 코를 납작하게 해 놓은 것 같아 어깨가 으쓱해졌다.

이곳에 있는 동안 단 한 마디의 말도 영어로는 하지 않고 통역관을 불러 우리말을 통역하게 하는 자존심을 보였다. 대장이 식사를 함께하고 싶어 할 때면 지휘관은 부하들과 늘 함께 생활해야 사기가 올라간다고 점잖게 사양하는 것도 잊지 않았다.

매사에 당당하고 떳떳한 나의 행동에 대장은 매력을 느꼈는지 더욱 친밀해지려고 애쓰는 모습이 눈에 보였다.

나는 여기에 그치지 않았다. 우리 부대의 신속한 훈련 모습을 일상생활 속에서 보여 주기 위해 대장과 이야기 도중 무전기로 느닷없이 비상 명령을 하달하니 미리 준비하고 있던 대원들의 행동은 비호같았고 작전을 전개하는 모습이 실전을 방불케 했다.

이곳에 주둔하고 있는 미군은 물론 부대를 방문한 주한미공군사령관을 비롯한 많은 장교들로부터 박수갈채를 받고 보니 내가 사격장 주인으로 착각될 정도였다.

사격장에 주둔하고 있는 미군병사들은 우리 대원들과 농구 등 운동을 같이하며 친숙해졌고, 나를 보면 당연히 부동자세로 경례를 하는 것으로 알았다. 우리 경찰의 위상을 톡톡히 세운 셈이다.

울산 현대중공업 파업사태진압을 위해 부대를 떠나게 되었을 때는 대장 이하 모두가 정문까지 도열을 하고 서서 우리를 태운 버스가 보이지 않을 때까지 경례를 한 손을 내리지 않고 있던 모습이 지금도 눈에 선하다.

그해 11월 중순 사격장 파견대장으로부터 안산 경찰서장 앞으로 보내온 다음과 같은 감사의 편지 한 통을 받았다.

이 편지를 받게 해준 모두에게 감사드린다.

감사장

1989년 3월중 쿠니 사격장을 훌륭히 보호해 주신 경기도 경찰국 소속 제7중대 기동타격대 중대장 박윤신 경감께 맡은 임무를 훌륭히 담당해 주신 데 대해 본인의 진실한 감사를 표하는 바입니다. 박 중대장과 그 부하대원의 전문적 기술은 어떠한 한국 경찰 병력보다 우수했습니다. 그들의 군기는 그의 지휘 하에 훌륭했습니다. 지휘자로서 그는 미리 문제점을 예측하고 일어나는 일들을 방어하는 뛰어난 능력을 갖추었습니다. 박 경감과 그 부대원의 존재는 쿠니 부대원들이 과격한 시위 때문에 불편했던 상황을 완화시키는 데 큰 공헌을 했습니다. 그들의 이곳 주둔은 또한 미국 조종사들이 중요한 훈련임무를 완수하는 것을 가능하게 했습니다. 이 훈련은 대한민국의 방위를 유지하는 데 상응하는 전투준비태세 임무를 요하는 중요한 훈련입니다.

박 경감이 이곳에 머무는 동안 제7공군으로부터 많은 고급장교들이 이 부대시설을 방문했습니다. 그들은 항상 중대장과 그 부하들의 군기와 직업적인 모습을 보고 감동을 나타냈습니다. 재삼 박 경감과 제7중대 기동타격대 대원들에게 쿠니 사격장 보호 임무를 멋지게 완수하신 데 대해 저의 깊은 감사의 마음을 전해 주시기 바랍니다. 그들은 서장님께서 자랑스럽게 생각하시기에 결코 부족하지 않습니다. 박 경감은 더 높은 진급과 책임을 맡을 능력 있는 훌륭한 간부입니다.

     1989년 11월 15일 미 공군 중령 잔 C. 앤더슨 파견대장

           * * *

울산중공업 파업사태를 진압하기 위해서 울산에 갔을 때에 일이다. 울산중공업 파업사태는 한총련까지 가세하는 등 울산시를 마비시키는 엄청난 결과로 발전하여 조기에 수습하지 않으면 안 될 지경에 이르렀다.

경찰에서는 처음으로 입체작전을 하기로 계획을 세웠다. 작전이 노출될 것을 염려하여 작전회의는 경남 양산에서 실시하는 치밀함까지 보였다.

작전 내용을 살펴보면 제1진은 육상침투부대 65개 중대로 현대자동차 정문 앞 도로를 집결지로 하고, 제2진은 해상침투 22개 중대로 부산을 출발하여 울산 앞바다에 배를 정박시키고 대기하다가 여명시간을 잡아 공중 헬리콥터에서 경남국장의 명령이 하달되면 작전을 개시하기로 했다. 말 그대로 육해공 입체작전이었다.

우리 부대는 육상침투부대에 속해 있었는데 5개 중대를 1개 제대로 편성하고 제대장에는 각각 경찰서장을 임명하여 지휘하도록 했다.

현대자동차 공장 앞은 진압명령을 기다리는 부대의 버스행렬이 줄을 잇고 있어 끝을 분간할 수 없었고 우리들은 버스 안에서 숨을 죽인 채 명령을 기다리고 있었다.

여명이 밝아올 새벽 5시! '콰쾅!' 굉음을 울리며 조명탄 한 발이 하늘 위에 꽃처럼 아름답게 수를 놓고 있었다. 작전개시다! 순간 쏜살같이

달리는 우리들 버스 창밖으로 헬기에서 뿌려대는 전단지가 눈처럼 펄럭이고 6호차에서 내품는 최루가스 연기 속에 뒤엉켜진 차들이 어지럽게 돌아다니고 있었다.

현장 가까이에는 SY총에서 발사된 최루탄이 포탄처럼 하늘을 날고 이미 도착한 경력들의 군화소리가 새벽의 지축을 흔든다.

멀리 도크에는 상륙하는 해상침투부대원들의 고함소리에 정적은 깨지고 한참 소란을 피운 후에야 우리는 중공업 사내로 진입할 수 있었다. 작전은 성공적으로 끝났으나 시위대원들은 준비했던 볼트 등 쇳조각들을 버리고 만 세대 아파트 주민들 속으로 숨어버린 후라 주모자 검거에는 실패했다.

우리 중대는 주모자들을 체포하려고 만 세대 아파트에 투입되었다가 점심식사를 하던 중에 갑자기 나타난 시위대 수백 명으로부터 기습을 당하여 도시락도 먹지 못하고 후퇴하는 꼴을 당해야 했다.

집결지로 돌아오는 도로 주변에 여기저기 불타는 차량을 보고 있노라니 전쟁 영화 속 한 장면에 내가 서 있는 것이 아닌가 하는 생각이 들었다. 실제로 우리 중대가 숙소로 쓰고 있던 현대고등학교까지 시위대에 기습을 당하는 총알 없는 전쟁터였다.

낮에 경찰에게 물이라도 제공해준 주민들은 밤에 그들에게 습격을 당해 사용하는 건물이 부서지는 상황이 연출되다 보니 주민들도 공포의 나날을 보내야 했다.

현대 중공업 시설을 보호하고 시위대들이 사내로 들어오는 것을 막기 위해 50여 개 중대가 매일 담벼락 밖 도로를 경계로 시위대들과 대치하고 있었다. 우리 중대는 동문 밖을 맡고 있었는데 하루에도 그들이 던지는 돌과 화염병을 두 트럭정도는 방패로 받아내야 하루일과가 끝났으니 고달픈 하루가 아닐 수 없다.

우리들 앞에 200여 명의 시위대가 돌과 화염병으로 무차별 공격을 하고 있을 때였다. 갑자기 날아오던 돌이 멈추었다.

이상하다 싶어 건너편을 바라보니 오토바이 탄 사람을 시위대들 안으로 끌어들이더니 여러 사람들이 한꺼번에 달려들어 발길로 차고 때리는 모습이 보이는데 그냥 내버려 두면 죽을 것 같았다.

"대장님 어디 가시려고요?"

깜짝 놀란 듯 소리치는 1소대장(강선 경위)의 목소리를 못들은 채 황급히 길을 건넜다.

"당신들 지금 경찰관 앞에서 무슨 짓을 하고 있어!"

"이건 경찰 아저씨하고는 관계없는 일이에요. 이놈이 우리들 일을 회사에 일러바치는 나쁜 놈인데 우리끼리 해결할 일이니 아저씨는 빠지세요."

"경찰은 국민의 생명과 신체를 보호하는 일을 하는데 왜 관계가 없단 말이오? 잘못하다가 사람 죽이겠네. 저리 비켜요!"

그들을 밀치고 들어가 쓰러진 사람을 일으켰다.

"당신 뭘 어물거리고 있어. 빨리 여기서 나가!"

혼이 빠진 듯한 그는 눈 깜짝할 사이에 오토바이를 타고 도망치듯 달아나 버렸다. 시위대들은 어이가 없는 듯 내 얼굴만 멍하니 쳐다보고 있었다.

"사람 함부로 때리면 안 돼요. 다음부터는 조심하시오!"

나는 그들을 향해 소리를 지르고 뒤돌아 길을 건너 부대가 있는 곳으로 돌아왔다. 부대 앞에 도착하여 돌아서는 순간 기다렸다는 듯이 조용하던 이곳엔 다시 돌팔매가 사정없이 우리들을 향해 날아오고 있었다.

두 달여 동안 해결 기미가 보이지 않던 울산중공업 사태도 노사 간 원만한 합의로 해결이 되어 그곳에서 철수를 했다.

내가 7중대장의 임무를 수행하는 동안 분당, 평촌, 일산, 산본 신도시 개발에 따른 각종 시위는 물론 수없이 많은 어려운 일들을 겪으면서도 한마음이 되어 무사히 임무를 수행하게 도와준 대원 모두에게 감사한 마음을 담아 지금 어디에서 무엇을 하고 있는지 안부를 묻고 싶다.

자만이라는 병

　　　　　　　　경찰승진시험은 순경부터 경감까지 한 번도 실패한 적이 없이 합격을 했는데 경쟁력이 제일 약한 경정시험에서 처음으로 불합격이라는 쓰라린 경험을 했다.
　나는 그때 경정승진시험을 실패하고 나서야 내가 자만이란 병이 들어 있는 것을 알았다. 기동대를 마치고 강화 보안과장시절은 시골인심이 좋아 세월 가는 줄 모르다가 과천 방범과장으로 전출 와서야 시험걱정이 되었다.
　승진시험공부를 해야겠다고 마음먹고 책을 다시 손에 잡고 보니 경정시험에서 처음으로 접하는 경제원론을 제외한 다른 과목들은 잊혀진 것들이 별로 없는 것 같았다.
　경제원론은 경감 기본교육 때 몇 시간 강의를 받아본 것이 전부이다 보니 생소하게 느껴지는 것은 당연한 것인지 모른다. 그래서 까마득히 잊고 있었던 고등학교 수학책 속의 미적분은 물론 수열까지 익힌 후에 기초부터 시작하다 보니 거의 모든 시간을 경제원론 공부에 허비해야 했다.

경제원론에만 1년이란 세월을 쏟아 붓다 보니 시험 날짜가 임박해서는 응용된 문제도 거뜬히 풀 만큼 실력이 향상되었고 제법 자신이 있었다.

틈틈이 형법 객관식을 비롯한 행정법, 형사소송법 주관식 문제를 확인했는데 워낙 꼼꼼하게 정리된 답안이 머릿속에 그대로 남아 있어 걱정을 할 일이 아니었다.

게다가 경감수석으로 합격했는데 누가 나를 이길 실력이 되겠는가? 시험장에 들어설 때만 하여도 아무런 걱정이 없었는데 오후 행정법 시험문제를 받는 순간 머리가 텅 빈 것 같은 허전함을 느꼈다.

이상했다. 다 아는 문제의 답이 머릿속에서 뱅뱅 돌기만 하고 글로는 표현이 되지 않아 답안지에 쓸 말이 생각나지 않는다. 애써 기억을 더듬어 답안을 작성하고 나오니 마음이 개운치가 않았지만 불합격하리라곤 생각조차 하지 않았다.

주관식 답안이 좀 부실하기는 했지만 작년에 165명이라는 사상초유의 합격자를 냈으니 공부 좀 했다는 사람들은 다 합격했을 것이다.

내가 경감 승진할 때는 전국에 40명밖에 안 되는 합격자가 모두 실력자들이니 우리 말고 합격할 자가 또 누가 있단 말인가? 오만이 극치를 이뤄 앞뒤를 분간 못하고 있는 줄은 미처 깨닫지 못하고 있었다.

"박 과장, 합격자 명단에 자네 이름이 없어. 더 열심히 해야겠어."

서장님(유봉안 총경)으로부터 전화를 받고서야, 아차! 싶었으나 남은 것은 때늦은 후회뿐이었다. 눈앞은 캄캄했고 곧바로 콧잔등은 빨갛게 부어 오른 데다 모두가 나를 보고 비웃는 것 같아 얼굴을 들 수가 없었다. 그렇다! 자만이 병이다! 어쩌다 얻은 행운을 실력으로 착각하고 거들먹거렸던 내가 참으로 어리석기 그지없다.

손때가 반질반질한 서브노트를 모두 태워버리고 처음부터 다시 시작하자고 결심을 했다. 안양 방순대장으로 자리를 옮긴 나는 모든 것을 백지상태에서 다시 서브노트 정리를 시작했다.

주관식 문제정리가 끝나갈 무렵 예상치 않은 시련이 나를 기다리고 있었다. 우리 부대는 군포서 관내 가막사에서 생활을 하고 있었는데 밤새 쏟아진 폭우로 부대 담벼락이 무너지면서 등교하던 초등학교 2학년생 김ㅇㅇ, 조ㅇㅇ, 정ㅇㅇ 등 세 명이 그곳에 파묻혀버리는 사고가 발생했던 것이다.

병원으로 실려 간 아이들은 생명이 위독하다고 한다. 눈앞이 캄캄하고 정신을 차릴 수가 없어 넋을 잃고 있던 나는 병원을 들락거리며 아이들이 죽지 않게 해달라고 하늘에 비는 도리밖에 없었다.

조금 지나니 연락을 받은 가족들이 몰려오고 병원은 온통 난리가 났다. 하늘의 도움이었을까? 중환자실에서 모습을 나타낸 의사가 "다행입니다. 아이들 생명에는 지장이 없어요" 하며 싱긋 웃는다. 불행 중 다행이다 싶어 용기를 얻은 나는 사고수습을 하기 시작했다.

아이들이 회복될 때까지 모든 일에 대한 책임을 지겠다고 부모들을 안심시키는 한편 아이들 병간호에도 정성을 다했다. 경찰서에서도 지원을 아끼지 않아 어찌나 고마운지 몰랐다.

아이들이 건강을 되찾기 시작하자 이제는 부모들과의 원만한 합의가 걱정이 되었다. 궁리 끝에 피해자 부모들을 모두 한자리에 불러 모았다.

"이제 병원에서 퇴원을 해도 된다고 하니 어떻게 하시겠습니까?"

"지금 완쾌가 되었다 해도 사고는 후유증이 있는 법인데……."

"그 점은 염려 마십시오. 사고 경위를 상세히 기록한 기록을 드릴 테니 언제든지 국가를 상대로 소송을 청구하세요. 그러면 국가에서 보상이 가능할 것입니다."

미리 준비한 서류를 각자에게 나누어 주었다.

"그리고 위로금을 드려야 하는데 원하시는 금액을 말씀해 보세요."

"……."

"대답하기 곤란하시면 제가 말씀드리겠습니다. 여러분들 절대로 서운하지 않게 주려고 생각하고 있습니다만…… 제가 가진 것이라고는 중풍으로 십 년이 넘게 거동을 못하시는 어머님과 같이 생활하는 집 한 채 달랑 있는데 한꺼번에 많은 돈 요구하시면 우리 가족 길거리로 나가는 방법밖에는 다른 도리가 없습니다.

그러니 제게 통장을 하나씩 해주시면 원하시는 금액이 될 때까지 매달 월급에서 일정금액을 저축해 드리겠습니다. 그래도 모자라면 퇴직할 때 퇴직금까지 몽땅 드리겠습니다."

"얘기가 안 통하겠구먼. 우리 소송 청구합시다."

조○○ 아버지가 퉁명스럽게 쏘아붙이며 벌떡 일어났다.

"소송? 그렇게 하십시오. 그러면 저도 마음이 홀가분합니다. 소송으로 국가가 배상을 하고 난 후에야 국가가 내게 구상권 청구를 하겠지만 중과실책임이 아니면 내가 보상할 일은 없거든요. 나도 자식 키우는 사람이라 아이들 생각해서 여러분들 오시라고 한건데……."

"우리 생각할 시간을 좀 주세요."

"당장 결정하라는 것 아닙니다. 다만 제 사정도 좀 생각해 주세요."

그날 밤 집으로 찾아가 사정을 하여 김○○ 군과 정○○ 군의 부모로부터는 약간의 위로금으로 합의서를 받아냈으나 조○○ 군의 아버지는 병간호한다는 핑계로 칠순이 넘은 노모를 병원 바닥에서 잠을 재우며 퇴원도 하지 않고 있었다.

사정해서는 될 일이 아님을 직감한 나는 조○○ 군 아버지를 사무실로 불렀다.

"당신 자식 볼모로 잡아놓고 늙은 어머니까지 동원해 나한테 돈 뜯어서 빌딩 사겠다는 거야?"

그들에게 다짜고짜 소리를 질렀더니 움찔 놀라는 표정이다.

"자식한테 교육 잘 시킨다. 그놈 어른 되면 애비 닮아서 부모한테 꽤나 잘하겠다. 시멘트 바닥에 어머니 재우다가 병이라도 나면 나한테 받은 돈 병원비로 다 들어갈 것 아니야. 얄팍한 수 쓰지 말고 어머니한테 잘할 생각이나 해!"

"그런 것이 아니고……."

"아니긴 뭐가 아니야. 당신 아들보다 더 많이 다친 정○○ 군도 벌써 퇴원했는데 당신은 나한테 돈 더 받으려고 자식 퇴원도 안 시키고 있잖아. 자! 이것 받고 합의하든지 마음대로 해! 정○○ 군도 이 돈밖에 받지 않았어."

미리 준비한 이백만 원을 그의 앞에 휙 던져버렸더니 그는 당황한 기색이 역력했다.

"저~ 특진비는 우리가 병원에 주었는데 그 돈은 더 주셔야지요."

"얼마요?"

"30만 원이요."

"그거야 당연히 내가 주어야지요."

그의 손에 돈 30만원을 꼭 쥐어 주면서 그동안 걱정을 얼마나 했겠느냐고 위로하는 것을 빼놓지 않았다. 3개월 동안 애를 먹이던 사건을 마무리 짓고 나니 무거운 짐을 벗은 것처럼 홀가분했다.

그동안 형사입건이라도 되어 옷을 벗으면 어떻게 하나 하고 하루하루 지날 때마다 얼마나 애를 태웠는지 모른다. 모든 일들이 잘 해결되도록 혼신의 힘을 다해준 방순대 지휘요원과 안양경찰서 전 직원들에게 감사드린다.

이번 사건으로 우리 부대는 안양공설운동장으로 숙소를 옮겼다. 공설운동장에는 기아자동차 노조원 등 큰 회사 사원들의 체육대회로 휴일이 되면 소란스럽다. 몇 달을 사건 해결하느라 공부를 못했는데 여간 방해가 되는 것이 아니었다.

응원한다고 꽹과리며 북치는 소리, 노래 부르는 소리 등등…… 조용한 곳으로 피난을 다녀도 시끄러운 소리는 집요하게 따라다니며 나를 괴롭혔다.

다급해진 나는 정면 돌파를 하기로 작정하고 제일 시끄러운 응원석 주변을 택해 앉아서 이런 방해도 이기지 못하면 시험에 합격될 리가 없다는 각오로 책을 펴놓고 공부에 집중했더니 삼십 분 후부터는 시끄러운 소리가 내 귀에는 전혀 들리지 않는 것이 아닌가.

정신일도 하사불성이란 옛말이 생각났다. 공부를 좋은 환경 속에서만 할 수 없으니 마음만 먹으면 어디서든지 공부할 여건을 만드는 것도 결국은 자신이라는 귀중한 교훈을 하나 더 얻었다.

또 시간에 쫓기다 보니 서브노트를 태워버린 것이 후회가 되고 사서 고생을 더하는 것 같아 아쉬움이 남았지만 생각을 고쳐먹었다.

아니다! 그 노트 속에는 고치지 못할 자만의 병균이 득실거리던 것을 지금도 가지고 있으면 또 실패를 할 것이다. 모든 것은 마음먹기 달려 있으니 미련을 갖지 말자! 스스로를 반성하면서 이를 악물고 읽고 쓰기를 얼마나 했던지 손가락에 굳은살이 툭 튀어나와 손가락이 기형이 되어버렸다.

하늘은 스스로 돕는 자를 돕는다 했던가? 두 번 실패 하지 않으려고 마음을 고쳐먹고 최선을 다한 보람이 있어 이듬해 시험에서 합격하는 영광을 얻었지만 그보다 더 귀한 보람은 내 마음속 깊이 자리 잡고 있던 자만의 병을 깨닫고 고칠 수 있는 기회를 하늘이 내게 주었다는 사실이었다.

***

경정 기본교육을 받을 때의 일이다.

"박 과장 과천경비과장으로 가야 할 것 같네요."

같은 교육생인 인사계장(이원재 경정)의 말이다.

"보내주면 가야지요."

정부종합청사, 경마장, 서울 대공원, 안양공설운동장, 서울구치소 등이 과천경찰서 관할이라 경비수요가 어느 경찰서보다도 많은 곳인데 내 경비 실력을 인정받는 것 같아 기분이 좋았다.

과천종합청사에는 노동, 보건복지, 농수산, 산업통상, 건설교통부 등 민원이 많은 부처들로 구성되어 있어 전국 각지에서 올라온 민원인들의 시위로 몸살을 앓고 있었다.

일과가 시작되면서부터 하루 종일 청사 앞에서 이들과 밀고 밀리는 실랑이를 하여야 했고 청사가 쉬는 토, 일요일에는 경마장에서 경마꾼들과 씨름을 하다보면 하루가 어떻게 가는지를 몰랐다.

그뿐이랴. 그 당시 서울구치소에는 노태우 전 대통령이, 안양교도소에는 전두환 전 대통령이 수감되어 있어서 매주 월요일, 목요일은 이분들을 서울지방법원까지 모시고 가는 수행경호는 기본근무 중의 하나이고 경제동향보고, 연초초도순시 경호경비는 물론 각종 외국귀빈의 경호까지 내 몫이다 보니 몸이 열 개라도 부족했다.

약사와 한의사 간의 의약분쟁 때는 사흘 밤낮을 종합청사를 향해 물밀듯이 밀려오는 이들과 뒤엉켜서 과천 시내를 온통 최루탄이 난무하는 전쟁터로 만든 덕분에 보사부장관에게 보약을 뇌물(?)로 받기도 했다. 그래도 가끔 청장님들(이수일, 구홍일, 조석봉 치안감 등)이 현장을 방문하고 식사를 함께하면서 위로를 해주는 것으로 그동안 쌓였던 피로가 말끔히 가시곤 했다.

과천종합청사 앞에서 집회시위 대비를 하고 있던 어느 날, 오전부터 서산 간척지 농민, 충주 농민회 등 굵직한 집회와 씨름을 하다 보니 점심시간이 훨씬 지나서야 도시락을 방송지휘차 안에서 급하게 먹고 나오니 나른하기만 하다.

청사 앞 넓은 운동장에는 4, 5백 명의 집회참가자들이 옹기종기 모여 잡담을 하고 있는 모습이 보였다.

"저 사람들은 또 무엇 때문에 온 거야?"

"한약재 상인들인데 보건보지부에 항의하러 왔다고 그러는데요."

진압담당 홍 순경(홍계영)이 이미 파악을 하고 있었다.

"그래? 어디서 온 사람들인데 집회 신고도 하지 않았지······."

나는 그들이 있는 운동장 쪽으로 홍 순경과 함께 가 보았다. 웅성거리던 사람들은 무슨 일인가 싶어 내 쪽으로 시선을 돌렸고 나는 그들에게 불법집회에 대한 경고를 막 하려는 참이었다.

"자네 혹시 윤신이 아닌가?"

군중 속에서 튀어나와 내 쪽으로 오는 사람을 보고 깜짝 놀랐다. 고향을 떠난 후 한 번도 만나지 못한 옆집 허길남 선배였기 때문이다.

"길남이형, 정말 오래간만이에요. 여기는 어쩐 일로 오셨어요?"

"윤신이 맞구먼, 여기서 근무하는가? 여하튼 반갑구먼."

오늘 집회를 하러 온 사람들은 모두 고향 제천사람들이고 그중에는 우리 집 인근마을 사람들도 꽤 있었다. 고향사람 만나서 반갑다고 음료수도 대접하고 물도 떠다가 주면서 내가 경비책임자인데 준법집회를 해달라고 신신당부를 했다.

처음 시작은 질서를 잘 지키더니 술 취한 몇 사람이 선동을 하면서부터 태도가 싹 바뀌었다.

"여기까지 와서 장관도 못 보고 가면 되겠어. 장관 나오라고 그래!"

"맞아! 맞아! 장관 나오라고 해!"

"야! 우리가 쳐들어가자!" 여기저기서 술렁대기 시작했다.

"여러분 진정하고 질서를 지켜주십시오!"

목이 터져라 소리를 질러보았지만 고향사람에게 어쩌랴 싶었는지 들은 척도 않고 철조망을 넘어 청사 쪽을 향해 우르르 몰려나오고 있었다.

"최루탄 발사!"

SY총에서 불을 뿜으며 날아간 최루탄으로 주변은 뿌연 연기가 솟아올랐다. 최루탄 가스를 마셔본 일이 없는 사람들이라 잔디밭에서 "아이쿠! 캑! 캑!" 하며 목을 움켜쥐고 뒹군 사람, 얼굴에 눈물 콧물이 뒤범벅이 된 사람들로 뒤엉켜 순식간에 아수라장이 되고 말았다.

한참의 시간이 흐른 후에야 이들은 정신을 차리고 다시 한곳에 모일 수가 있었다.

"당신 고향사람들 죽이려고 작정을 했나봐. 어디 이럴 수가 있어?"
"죄송합니다. 그렇지만 내 말 안 들어서 괜한 고생들 하셨잖아요."
미안한 마음이 들어 얼굴을 씻을 물과 빵, 우유를 사다주고 그들의 마음을 달래주면서 최루탄을 쏘게 된 경위를 설명해 주었다.
"자네한테 미안하구먼. 자네 말 안 들어 모두 죽었다가 살아난 기분이네. 어이됐든 고향사람한테 큰 선물 주어서 고맙네."
배가 고팠던지 내가 준 빵을 한입 입에 문 길남이형의 한마디에 모두들 그만 웃고 말았다. 집회를 끝내고 돌아가는 그들은 고향사람 만났다는 기쁨에 모든 것 다 잊어버리고 버스 창밖에 웃는 얼굴을 내밀며 손을 흔들고 있었다.
과천에 오면서 받은 대통령 표창 때문에 해마다 바뀌는 보직을 옮겨 달라는 말 한마디 못하고 어느새 2년이란 세월이 흘렀다. 돌이켜 보면 고생도 많이 했지만 얻은 것이 더 많은 것 같다. 청장이 바뀔 때마다 특별히 나를 불러 마땅한 후임자가 없으니 조금 고생을 더해 달라고 부탁을 했고, 직원들 간에는 시위진압에 대한 지휘는 나를 따라올 사람이 없다고 입을 모아 칭찬을 아끼지 않아 세상을 살면서 꼭 필요한 사람이 되었으니 이보다 더 큰 보람이 어디 있겠는가.

***

광명경찰서 경무과장으로 자리를 옮기고 나니 휴일이면 가족과 함께 시간을 보낼 수 있어서 아이들이 얼마나 좋아하는지 모르겠다.
중풍으로 고생하시는 어머니를 조석으로 문안을 드리고 아내 곁에서 집안일을 돌보기도 하며 아이들과 대화의 시간도 마련하여 모처럼 가장으로서 할일을 하는 것 같아 기분이 좋았다.
한식날이 가까이 다가오니 아버지 생각이 났다. 아버지 산소에 다녀온 지도 꽤 오래되어서 성묘를 가야하겠다고 생각을 했다. 마침 어머니도 딸이 보고 싶다고 해서 누나 집에 모셔다 드리고 온 터이라 시간을 내어 아버님 산소를 다녀올 심산으로 아내와 아이들을 재촉했다.

아버지가 평소 좋아하시던 빈대떡이랑 돼지고기도 몇 점 굽고 우리들 먹을 김밥도 준비하느라 아내는 부산을 떠는데 대학을 갓 들어간 큰아들놈은 여동생들에게 어머니 도와주라고 성화를 부린다.

아버지가 세상을 떠나가신 지도 벌써 십 년이 되었다. 1987년도 종합학교에서 경위 기본교육을 받던 중에 소식을 듣고 달려온 나는 평소 자식 된 도리를 다하지 못한 후회 때문에 무척이나 슬피 울었었다.

부잣집 맏아들로 태어나 어려운 일 한 번 겪어보지 못하신 분이 가세가 기울어 도망치듯 고향을 떠나야만 했고 낯선 타향 땅에서 중풍으로 거동도 못하고 몇 년을 고생하시다 세상을 떠나셨다. 운명하시기 전에 나 죽으면 고향에 묻어달라고 하셨지만 자주 뵙고 용서를 빌고 싶은 생각으로 용인 공원묘지에 자리를 잡아 드렸다.

아침 일찍 서둘러 집을 나섰건만 전철로 수원에 가서 버스를 두 번씩이나 갈아타다 보니 공원묘지 입구에 도착을 한 때는 정오가 훨씬 넘어서였다.

"아빠, 우리도 자가용 있었으면 좋겠다. 그러면 할아버지 보러 자주 올 수 있을 텐데……."

아버지 산소를 올라가며 흐르는 땀을 손으로 닦던 막내딸(정미)이 지나가는 차를 보고 부러운 듯 한마디 하고 내 눈치를 살핀다.

"야! 아버지 우리 학교 보내느라 용돈도 못쓰시는 형편인데 차를 어떻게 사. 우리가 돈 벌어 사드려야지."

큰놈이 막내 옆구리를 쿡 찌르며 하는 소리를 들으니 주변머리 없는 내가 부모 노릇 제대로 못하는 것 같아 미안하기도 하고 한편으로는 아들놈의 마음 씀씀이가 어른이 다 된 것 같아 대견하기도 했다.

내가 강화 보안과장으로 근무할 때 일이 생각이 났다. 아이들 돼지갈비를 사주고 집으로 돌아오는 길에 뒤꿈치가 다 닳은 신발을 신고 있는 아이들을 보고 신발가게에 데리고 간 적이 있었다.

"아버지 우리 고기 사주시느라고 용돈 다 쓰셨으니 절대로 메이커 있는 신발 고르면 안 돼."

가게 문을 들어서려다 큰놈이 동생들에게 당부하는 이야기를 듣고 코끝이 찡한 적이 있었는데 그놈 예나 지금이나 아버지 생각해주는 것은 여전한 것 같아 눈시울이 뜨거워졌다.

가파른 고갯길을 굽이굽이 돌아 산소로 가는 길가엔 활짝 핀 진달래가 우리 이야기를 듣고 싶었는지 꽃잎을 쫑긋 세워 귀를 기울이고 있었다.

산소에 도착한 우리들은 준비한 음식을 차려놓고 아버지께 인사를 드렸다. 내가 순경에 임용된 지 얼마 되지 않았을 때 "너는 원래 군복을 입었으면 장군이 될 팔자를 타고 났는데 경찰이 되었으니 경찰서장은 한번 해 먹을 꺼다" 하시며 내가 경찰이 된 것을 자랑스럽게 여기셨고 경찰서장 될 때까지 매사에 조심하라고 늘 걱정하시던 아버지 생전의 모습이 오늘 따라 더욱 새롭게 떠올라 나의 두 눈에는 눈물이 맺혀버렸다.

"아버지, 제가 꼭 경찰서장 되어서 아버지 소원 풀어 드릴게요. 아버지 지켜봐 주세요."

아버지께 소원을 풀어 드리겠다고 늦게나마 산소에 엎드려 다짐을 했다.

***

내 마음속의 다짐을 아버지가 듣고 들어주셨는지 수원남부경찰서 교통과장을 거쳐 총경 승진 심사에 유리한 고지라 할 수 있는 경기청으로 입성하는 데 성공을 했다.

경기청에서 받은 보직은 보안1계장이었는데 남북이 첨예하게 대립하던 옛날과는 달리 금강산 관광으로 남북의 교류가 빈번해지고 화해와 협력을 지향하는 북방정책으로 보안을 인식하는 국민들의 생각도 많이 달라져 있었다. 게다가 실적을 중요시하는 경찰의 특성으로 인해 탈북자 관리가 우선이 되어버린 보안활동은 누구에게도 인정받을 만한 부서가 아니었다.

경기도 전체에서 보면 일선경찰서보다는 총경 승진에 유리한 고지라고는 하지만 타 부서와 경쟁할 만한 어떤 일도 찾을 수가 없었다. 그래도 경쟁자 속에 내 이름 석자 올려놓은 것으로 위안을 삼고 보직 신고를 마친 날부터 청사 주변에 방을 한 칸 얻어 출퇴근하면서 새벽부터 밤중까지 오로지 일에만 전념하기 시작했다.

"박윤신! 오랜만이야. 자네 지금 어디 근무하고 있어?"

청장님(박금성 치안감)은 나를 알아보고 반가워했다.

"청장님, 어제는 경호경비 행사로 신고를 못 드렸습니다. 죄송합니다."

"이사람 어디 근무하느냐니까."

"네, 보안1계장으로 근무하고 있습니다."

"우리 또 만나는구먼. 자네 청와대에서 같이 배구할 때가 엊그제 같은데 이게 얼마 만인가."

"청장님 한번 찾아뵙지도 못한 저를 기억해 주시니 너무 고맙습니다.

근무 열심히 하겠습니다."

　22특경대 근무할 때 운동을 같이 한 적은 있지만 나를 기억하리라고는 생각지도 못했는데 이렇게 반갑게 맞아주는 청장님이 너무 고마워서 어쩔 줄 몰라 했다.

연천경찰서장을 다녀와서

1999년도 며칠 남지 않았을 때다. 한해를 마감하는 서류를 정리하고 있는데 청장님이 호출한다는 연락이 왔다.

인사계장(이한일 경정)이 나를 기다리고 있다가 연천서장으로 발령이 났다고 뜬금없는 소식을 전했다.

"뭐? 연천서장이라고!"

소리를 지르려고 하니 인사계장이 내 입을 막으며 청장실 쪽으로 등을 떠밀었다.

"연천서장이 내일 명예퇴직을 하는데 자네가 서장으로 가야겠어."

"총경도 아닌 제가 무슨 서장입니까?"

"우선 가서 있으면 내년에는 경정 서장제도가 생긴다니까 내가 본청에 얘기해서 정식으로 임명해줄게."

"그럼 저는 총경 승진은 영영 안 되는 것 아닙니까?"

"야, 인마! 거기 가면 총경 되지 말라는 법 있어? 아무 말 말고 가있어!"

청장님의 호통소리에 놀라 제대로 대답도 못한 채 청장실을 허겁지겁 나오고 말았다.

아침 참모회의를 마치고 나온 과장이 나에게 전하는 말이 청장님께서 군부대 중요행사 참석차 연천에 가시면서 연천서장 명예퇴임식에도 참석할 예정이니 오후 2시까지 연천경찰서에 도착하여 부임신고를 하도록 조치하라는 명을 받았다고 한다.

서둘러 준비를 마치고 허둥지둥 연천으로 출발하다 보니 임진각 휴게소에서 커피를 마시러 차에서 내렸을 때에야 정복 상의를 사무실에 그냥 두고 온 것을 알았다.

마음이 급한 나는 발을 동동 구르고 사무실 직원은 내 옷을 들고 달려오는 호들갑을 떨다 보니 부임 첫날부터 꼴이 엉망이 되어버렸다.

신고시간은 점점 가까워지는데 아직도 갈 길은 멀었다. 조급해진 나는 지름길로 간다는 것이 그만 엉뚱한 길로 들어서고 말았다.

길가에 파출소가 눈에 띄었다. 간판을 보니 연천경찰서 백학파출소라고 적혀 있어서 반가운 마음으로 파출소 문을 열고 안으로 들어섰다. 파출소 안에는 경장 한 명이 여중생 세 명을 앉혀놓고 상담을 하고 있었다.

"나 경기청 보안1계장인데 연천경찰서를 2시까지 가야 하니 길 좀 안내해 주시오."

그는 내 말을 듣는 둥 마는 둥 자리에 앉은 채 창밖 쪽으로 손가락질만 하며 "저쪽으로 가면 됩니다" 하더니 때마침 밖에 순찰차가 멈추고 순경 계급장을 단 젊은 친구가 들어오자 "최 순경. 여기 계신 선생님 길

안내 잘해드려" 한마디 하고는 여학생들에게로 시선을 돌린다.

최 순경이란 자도 다를 바가 없이 밖으로 나와 길 쪽을 가리키며 "저쪽으로 가시면 됩니다" 하는 것이 아닌가.

화가 치밀어 오른 나는 "이봐! 내가 지금 서장 부임신고를 청장님한테 2시까지 해야 되는데 빨리 앞장서!" 하고 소리를 꽥 질러버렸더니 얼굴색이 백지장으로 변하며 멍하니 나를 쳐다만 보고 있었다.

"빨리 앞장서라니까 뭘 하고 있어!"

그제야 제정신을 차린 듯 그는 순찰차 운전석 쪽으로 황급히 발걸음을 옮겼다. 산굽이 길을 돌아 한참을 가다 보니 낯익을 길이 나와 최 순경을 돌려보내고 땀을 뻘뻘 흘리며 달려가 경찰서 정문에 도착하니 시계는 2시 정각을 가리킨 채 멈춰있었다.

'휴~우' 안도의 한숨이 절로 나왔다.

서장실로 들어서니 나를 기다리고 있던 청장님이 신고도 받지 않고 "자네 근무 잘하고 있어!" 짤막한 말 한마디만 남기고 이내 자리를 박차고 일어나 청으로 돌아가 버렸다.

당황한 나머지 나는 고맙다는 인사도 제대로 못하고 떠나는 청장 차량을 향해 "계속 근무하겠습니다!" 소리를 주위가 떠나가도록 외치고만 있었다.

서장이 된 첫날 참모회의 시간이다. 일선경찰서 과장으로 있을 때 참모회의는 늘상 참석했지만 내가 직접 주관하기는 처음이라서 조금은 어색하기까지 했으나 이 세상을 다 얻은 것처럼 기분이 좋았다.

어제 신고를 하러 올 때 고생한 생각이 났다. 이놈들을 혼을 내야 할까 하는 생각이 들었으나 생각을 바꾸기로 마음먹었다.

"방범과장은 직원교육을 평소에 잘 시켰는지 파출소 직원들이 너무 친절하던데요."

과장은 무슨 말인가 하고 어리둥절한 표정으로 다른 과장들 얼굴을 번갈아 쳐다보기만 했다.

"어제 내가 이곳에 오는 도중에 길을 잘 몰라 백학파출소 직원에게 길 안내를 받았는데 내 신분을 밝히지 않았는데도 너무 친절하게 안내를 해주어 감명을 받았어요. 이곳은 군부대가 많아 자식 면회 오는 외부사람들이 많을 텐데 앞으로 다른 파출소에서도 백학파출소 직원들처럼 친절을 베풀었으면 좋겠어요. 그리고 그 직원들 내 대신 칭찬하는 것 잊지 마시고요."

"네! 직원교양 잘 시키겠습니다."

가뜩이나 서장이 바뀌어 바짝 긴장하고 있던 과장은 내 말을 듣고 기분이 좋았는지 어깨가 으쓱해지며 명랑한 목소리로 대답을 했다. 이 소문은 바람을 타고 금방 경찰서 전체에 퍼져나가 긴장감이 돌던 경찰서 안은 봄날을 맞은 듯 따스한 기운이 감돌고 있는 듯했다.

부임 첫날부터 관내 인사 다니랴 종무식, 시무식은 물론 진급심사까지 겹치는 연이은 행사로 눈코 뜰 새 없이 바쁜 나날을 보내느라 정신이 없었다.

"저 조용식입니다. 대장님 언제 그리로 가셨어요?"

전화를 받고 보니 경찰청 보임반장이었다.

그는 내가 안양방순대장 시절 소대장으로 근무했다. 2000년도 총경 보직인사 작업을 하고 있던 중에 내 이름을 발견하고 급히 나에게 전화를 했다는 것이다.

"대장님, 그 자리는 총경에 누락된 사람들이 가야 할 자리인데 왜 그곳에 갔습니까? 거기 있으면 총경 절대로 안 됩니다. 빨리 자리 옮기세요."

"나 오고 싶어 온 것 아니야. 청장이 내 의견 묻지도 않고 그냥 보낸 것이지. 자네가 어떻게 좀 해볼 수 없겠나?"

"알았습니다. 기다려 보십시오."

전화를 끊고 아무리 기다려도 소식이 없어 나 혼자만 애를 태우며 퇴근도 못하고 전화통만 바라보고 있는데 밤늦은 시간에 경비전화 벨소리가 울렸다.

"나 청장인데, 너 거기 있으면 죽어도 총경이 안 된대. 총경 연습 많이 하고 다시 들어와!"

"청장님, 고맙습니다!"

나중에 보임반장을 통해 들은 이야기로는 경무국장(전용찬 치안감)이 그놈 꼭 총경 될 놈인데 신세 망치게 하지 말아달라고 박 청장에게 통사정을 해 겨우 허락을 받아냈다는 것이다. 보이지 않는 곳에서 모두 나를 이렇게 도와주는구나 싶어 눈물겹도록 고마웠다.

연천경찰서를 떠나기 하루 전날이었다. 새벽 다섯 시쯤 되었을까 운전을 하는 김 상경이 초인종을 눌렀다.

"무슨 일이냐?"

"서장님 빨리 나오세요. 저하고 오늘 갈 곳이 있습니다."

"이른 새벽에 어디를 간다는 거야?"

"대광리 쪽에 온천이 하나 있는데 물이 아주 좋데요. 저하고 꼭 가셔야 해요."

"낮에 가도 되는데 새벽부터 웬 호들갑이야. 그놈 참……."

"서장님 가시기 전에 제가 꼭 서장님 모시고 싶어서요."

이놈이 나를 생각해 주는 것이 고맙고 기특하여 따라나서기로 작정하고 그의 뒤를 따라 아파트를 나서니 밖엔 밤사이 내린 눈이 온통 산천을 하얗게 덮고 있었다.

"눈이 쌓여 미끄러울 텐데 갈 수 있겠어?"

"자신 있습니다. 걱정하지 마십시오."

차는 미끄러지듯 어느덧 연천 시내를 벗어나고 있었다. 고갯길 옆을 지나려는데 앞에 순찰차를 세워놓고 눈을 치우는 직원모습이 눈에 들어왔다. 그곳은 급커브 길로 평소에도 사고가 많이 나는 곳이다.

아무도 통행하지 않는 이른 새벽에 사고를 예방하기 위해 애를 쓰고 있는 직원의 모습을 보니 서장이 아닌 주민 입장에서 무척 고마움을 느끼는 것은 무슨 이유일까?

나는 무전기를 잡고 상황실을 불렀다.

"거 380, 여기 미 하나."

"여기 380."

"미 하나인데 수고 많아요. 지금 밖에 눈이 많이 내려 길이 미끄러운 것을 제설 작업하는 순찰차가 있어 고마워서 유전 했어요. 대신 치하종 시 좀 해주세요."

"일 팔."

내가 직접 차를 세우고 격려를 하면 당황할까 염려되어 무전지시를 한 것이다. 대광리 온천까지 가는 길에는 두 곳의 파출소가 있었는데 무전소리를 들었는지 직원 모두가 밖에 나와 눈을 치우느라 땀을 흘리는 모습이 오늘 따라 더욱 아름답게 보였다.

＊＊

올해도 또 승진자 명단에는 내 이름이 없었다. 평소에 늘 웃음을 잃지 않던 아내도 어깨를 축 늘어뜨리고 힘없이 들어서는 내가 불쌍했는지 연신 훌쩍거리며 치마폭에 눈물을 훔친다.

작년에는 믿고 의지하던 어머니까지 세상을 떠나셨다.

"어머니, 나 서장 될 때까지 죽지 마!"

"그래, 너 서장 되는 거 꼭 보고 죽으마."

90을 넘기셔도 자식 걱정은 남달라 아들 서장 되게 해달라고 불편한 몸으로 기도해 주셨는데…….

용인공원묘지 아버지 곁에 모셔드리고는 차마 발길이 떨어지지 않아 몇 번이고 뒤돌아보며 무거운 발걸음을 돌려야 했다.

보안수사대에 근무하는 소진만 경위가 찾아와 우리 부모님 산소에 가고 싶다고 하여 함께 성묘를 갔다. 내린 눈이 녹지 않아 산길은 미끄럽기만 한데 다친 다리를 절룩거리며 내 뒤를 따라오는 그의 모습이 안쓰럽기만 하다.

"발목 다친 줄 알았으면 오지 말걸 그랬어."

"아니야 괜찮아. 승진 발표가 며칠 안 남았는데 총경 시켜 달라고 부모님께 빌어야지 무슨 소리야."

오히려 나를 나무라는 그가 친형제처럼 느껴졌다.

"아마 부모님이 올해는 꼭 형 진급시켜 줄 거야. 나 교회 집사라서 절 안 하는데 오늘 형 때문에 절까지 했으니 말이야."

그런저런 정성으로 올해는 꼭 승진이 될 거라고 굳게 믿고 있었는데 그래도 정성이 부족했나보다. 어쩌랴 내년을 다시 기약하는 수밖에……

무심한 세월은 덧없이 흘러만 가서 보안1계장을 한 지도 벌써 4년이 넘어버렸다.

하루는 아이들이 보고 싶어 모든 일 제쳐놓고 모처럼 광명 집으로 발걸음을 옮겼다. 동네 입구에 들어서니 요즘 빌라가 유행여서 그런지 온 동네가 집을 부수고 지어올린 다세대 주택으로 변해버렸다.

골목길을 돌아 막 우리 집 대문을 들어서려는데 느닷없이 까치 울음 소리가 들렸다.

"까치가 울면 반가운 소식이 있다는데…… 내게 무슨 좋은 일 있으려나?"

주위를 둘러보니 담장 옆 살구나무 가지에 앉아 있는 까치 한 마리가 보인다. 이놈 길을 잃고 도심을 헤매다 여기까지 날아온 모양이지만 내게 좋은 소식 전하러 온 것으로 믿고 싶어 손을 흔들어 반갑게 맞아주었다.

"배고파. 밥 차려!"

모처럼 집에 온 남편이 멋대가리라고는 하나도 없어서 정다운 말 한마디 없이 밥 달라고 투정이니 한심했던지 아내는 아이들과 함께 그냥 웃어넘긴다.

밥상을 차려놓고 막 숟가락을 들려는 참인데 초인종소리가 '딩동댕' 울렸다.

"형 혼자 먹지 말고 같이 먹자고. 형수 된장국 솜씨는 알아주는데 구수한 냄새가 밖에까지 진동하는 걸 보니 오늘 점심은 맛있겠는데."

"나 집에 온 것을 어떻게 알고 여기까지 왔어?"

"내가 누구야. 형! 간첩 잡는 사람인데 그것도 모르면 자격이 없지. 야, 영록아 들어와."

"누구 같이 왔어?"

"응, 형도 알잖아. 우리 과천 근무할 때 파출소장 하던 친구."

길 잃은 까치가 내 소식은 정확히 알려주었나 보다. 한영록 경감은 내가 과천 경비과장을 할 때 간부후보생을 갓 졸업하고 과천으로 초임 발령을 받아 파출소장을 하고 있었는데 지금은 경찰청 보임반장으로 근무하고 있다고 했다.

그는 과천에서 시위진압으로 고생하던 나에게 늘 관심을 가지고 있었는데 총경 진급에 매년 누락하는 것이 안타까워 도움이 될까 싶어서 일부러 왔다고 하면서 진급에 도움이 되는 많은 이야기를 해주었다.

사실 나는 경정까지 시험으로만 진급을 해서 그저 근무만 열심히 하면 진급은 저절로 되는 것으로 알고 있을 뿐 심사진급에 대해선 문외한이었다. 이야기를 듣고 보니 마음만 앞서 허둥대기만 하다가 허송세월을 보낸 것이 후회막급이었다.

한 경감이 돌아간 후 총경이 되면 그의 공로이니 후하게 신세를 갚겠다고 마음속으로 다짐을 했다.

그날부터 나는 정신이 없을 정도로 바쁘게 뛰어다녔다. 상사들이 알아서 해주겠지 하는 안이한 생각은 접어버리고 과장, 부장을 찾아가 근무성적 잘 달라고 떼를 쓰는가 하면 인사계에 들려 내 성적이 얼마나 되는지를 확인도 해보았다.

조금이라도 승진에 도움을 줄 사람 같으면 계급여하를 불문하고 도와 달라고 목을 매었다.

누구를 찾아갈 때는 그냥 가지 말고 꼭 자기소개서를 보여주라는 한 경감 말을 듣고 자기소개서에는 인적사항과 학력, 경력, 특히 승진내역, 주요경력과 수상내역을 간략하게 기재하고 내가 총경이 되어야 하는 이유를 온 정성을 담아 작성하였다.

○ 제가 총경이 되어야 하는 이유
- 75년 순경 공채로 경찰에 투신하여 101경비단, 22특경대, 파출소장, 형사반장, 대공계장, 경무·교통·경비과장 등을 두루 거쳐 각 분야의 경험이 풍부하여 지휘관으로 지휘통솔에 탁월한 기량을 발휘할 수 있고, 비간부로 출발하여 95%가 넘는 경사 이하 직원들의 어려움을 서로 나눌 수 있는 친화력이 다른 간부보다 월등하게 뛰어나며
- 맡은바 직책을 열심히 수행하는 중에도 경정까지 전 계급을 시험으로 승진했고 특히 경감 승진시험에서는 전국의 합격자 40명 중 경대 1·2기생, 간부후보생 등과 경쟁하여 서울시경 1등

으로 합격하는 등 이론과 실무를 겸한 직책수행능력이 타인의 추종을 불허할 만큼 탁월하며

- 경정 승진 후 경기도에서 경비수요가 제일 많은 과천경찰서 경비과장을 2년 재직하면서 경호경비, 요인경비, 경마장다중경비는 물론 의약분업, 농민집회, 장애인 집회 등 수백에서 수만 명에 이르는 크고 작은 집회·시위를 무리 없이 대비하여 경기도에서 경비 1인자라는 칭송을 받아 그 공으로 대통령상을 수상했으며

- 99년 연천경찰서장으로 순경출신 첫 경정서장에 부임했으나 총경 승진후보자에 해당되어 원복되었고 짧은 기간이나마 서장직책을 경험했고 현재 근무 중인 보안1계장을 국가 안위 최후의 보루라는 충성심과 사명감으로 맡은바 임무에 충실하고 있습니다.

- 승진 심사 때마다 출신계급, 지역안배 등을 이유로 탈락했으나 2003년 승진후보 중에는 경력이 제일 많고 경기청에서 98년도 순경출신 1명이 총경으로 승진된 후 수도권 전역에서 순경출신이 총경으로 승진된 사례가 없어 전체 95%를 차지하고 있는 경사 이하 직원들의 사기저하가 심히 우려될 정도이며 스스로 꿈을 접고 자포자기하는 실정입니다.

- 경기청 산하 다수의 비간부들이 선두주자인 저의 총경 승진을 꿈과 소망으로 기대하고 있고 제가 총경으로 승진되면 그들이 무엇을 원하고 있는가, 무엇이 문제인가, 무엇이 애로인가를 적극 수렴하고 함께 고락하여 조직발전에 힘이 되고자 합니다.

몇 번을 고쳐 쓰고 다시 읽어본 후에 잘 정리해서 언제 어디서라도 누구에게든 보여 줄 수 있도록 늘 몸속에 간직하고 다니기로 마음먹었다.

"계장님, 찾아 볼 분이 있는데 같이 가시지요."

최옥균 경사(폭력반 근무)와 간 곳은 이근명(전 본청차장)씨 집이었다. 그가 경기청장 재직할 때 수원남부 교통과장으로 원하지 않는 발령을 내고 나서 "박 과장, 가서 근무 잘하고 있게. 내 꼭 한 번은 자네 도와주지" 하며 나를 위로해 준 적이 있었다.

그는 퇴직 후에도 그 일을 잊지 않고 있다가 최 경사 만난 자리에서 "박 과장 진급할 때 되었지? 그 사람 내가 한 번은 도와주어야 하는데……" 하면서 집으로 같이 한번 오라고 했다는 것이다.

내 소개서를 읽고 있던 그가 나에게 물었다.

"자네 고향이 제천이구먼. 서재관이 잘 알아?"

"고등학교 2년 선배입니다."

"그럼 찾아가 보았나?"

"총경 때까지는 몇 번 만났지만 지금은 계급이 높아져서…."

"바보 같은 사람. 지금 무슨 소리를 하고 있는 거야. 경무국장이면 심사위원장인데 자네 생각 선배한테 얘기도 못해? 우는 아기 젖 주는 법이야. 내가 서재관이 집 알려 줄 테니 오늘밤 당장 가서 기다리고 있다가 옷 벗고 이불 속에 들어가기 전에 만나보고와!"

불청객을 만난 서재관 선배는 시선이 곱지만은 않았다.

"야! 보안계장 주제에 무슨 총경 진급하겠다는 거야!"

"보안계장은 진급하면 안 돼요? 그리고 95%가 순경출신 비간부인데 왜 우리들은 총경이 안 되는 거요?"

"이놈 봐라!"

"선배님은 전국 경찰의 인사를 담당하고 있으니 경찰 간부후보, 경찰대 출신들만 총경 시키지 말고 우리들 비간부들의 사기도 생각해 주세요."

고향 후배 챙겨 줄 거라고 기대하면서 주머니에 있던 자기소개서를 던져놓고 그의 집을 나왔다.

총경심사가 며칠 안 남았는데 경기청에서는 누가 되느냐가 초미의 관심사였다. 직원들끼리 모여서 누구누구는 되고 누구는 올해 안 된다느니 하고 수군거리다 나를 만나면 계장님은 우리의 우상이니 올해는 꼭 승진하여서 우리의 희망이 꺾이지 않게 해달라고 야단들이다.

감찰계장(정광록 경정), 외사계장(전태수 경정), 감찰반장(배점용 경감) 등 순경출신들이 똘똘 뭉쳐 올해는 꼭 순경출신 총경이 나와야 된다고 여간 극성들이 아니다.

본청에서 이미 총경 승진심사가 시작되었다는 소문을 듣고 용감하게 결재판을 옆구리에 끼고 청장실 문을 노크했다.

청장실을 들어서자 청장(이근표 치안감)이 결재를 받으러 온 줄 알고 사인펜을 집어 들었다.

"청장님, 결재가 아니고 드릴 말씀 있어서 왔습니다."
"무슨 얘기야?"
"청장님, 저 우리 집사람에게 선물 좀 주게 해 주십시오."
"무슨 선물?" 고개를 갸우뚱한다.
"부모님 살아생전에 중풍으로 거동을 못하시는 시아버지를 10년, 시어머니는 19년을 대소변 가려내면서 온갖 고생 다해 편안히 작고하시도록 해드렸는데 남편으로서 뭐 하나 해 준 것이 없습니다. 이번에 꼭 값진 선물 줄 수 있도록 청장님 도와주십시오."

"이사람 매일 찾아와 그런 얘기 하나."

대답하는 청장 표정이 너무 밝아 보였다.

이젠 되었구나 하는 생각에 "청장님, 고맙습니다. 저 총경 된 것으로 알고 가겠습니다!"

얼른 부동자세로 거수경례를 올리며 큰 소리를 지르고 나서 이내 돌아서 청장실을 빠져나왔다.

아침에 출근해 보니 내 책상에 놓인 서양란 잎 사이에서 밤새 피어난 꽃송이가 창문으로 스며든 햇살을 품고 있었다. 담배 연기에 찌들어 제대로 크지도 못하고 시름시름 시들어서 직원들이 내다버리려고 하는 것을 죽지도 않은 것을 버려서야 되겠냐며 내 책상 위에다 가져다 놓았던 것이다.

"계장님, 좋은 일 있으려나 봐요. 생전 안 피던 난에 꽃이 피고요."

바닥 청소를 하던 미화원 아줌마가 내게 다가오며 인사말을 건넨다. 그리고 보니 그놈 꽃잎이 영락없는 우리 계급장과 닮아 꽃잎이 다섯 가닥이고 피어난 꽃송이도 네 개씩 뭉쳐 있는 것이 심상치가 않아 나도 모르게 그만 피어난 꽃들을 향해 고개를 꾸벅하고 인사를 하고 말았다.

승진 발표 시간이 점점 다가오니 초조하기가 말할 수 없을 정도여서 자리에 앉아 있을 수가 없다. 이리저리 서성이며 안절부절못하고 있는데 부장(한휴택 경무관)이 나를 찾는다고 전화가 왔다.

"박 계장 이번에는 꼭 승진되어야 할 텐데……."

내 손을 꼭 잡고는 축하인지 위로인지 모를 아리송한 말을 던지는데 내 지레짐작으로는 위로의 말로 들려 정신이 아찔하기만 했다. 부장실을 나오는 내 마음은 착잡하기가 그지없었다.

"올해도 또 안 된 모양이구나. 이젠 어쩌지……."

현기증이 나고 다리가 후들후들 떨리는 것이 걷기도 힘든 것 같다. 힘없이 돌아와 의자에 주저앉는 나를 보는 직원들의 표정도 무겁기만 했다.

고요한 적막이 흐르는 가운데 시간이 얼마나 지났을까 마음의 정리를 하고 싶어 눈을 감고 명상을 하고 있는데 내 책상의 경비전화 벨이 울렸다. 누군가가 위로의 말을 하려는 것 같아 전화 받기가 두려웠다. 계속 울리는 전화 벨소리를 모른 척할 수가 없어 "보안1계장입니다" 모기 소리만큼 작은 소리로 전화를 받았다.

"계장님 목소리가 왜 그래요? 승진 축하드립니다. 지금 팩스 내려가고 있으니 받아보세요."

본청 한 경감 목소리에 너무 놀라 전화기를 바닥에 떨어뜨리고 말았다. 사무실 안이 떠나갈 듯한 직원들 환호의 목소리도 내 귀엔 제대로 들리지 않았다.

"내가 총경이 되다니······."

정신이 하나도 없었다. 모두에게 고마울 따름이었다.

"청장님, 집사람에게 정말 귀한 선물 주셔서 감사합니다. 이 은혜 죽을 때까지 잊지 않겠습니다."

청장님 앞에서 코가 땅에 닿도록 인사를 했다.

들뜬 마음 가라앉히느라고 애를 쓰고 있는데, "승진 축하하네. 자네 경찰청장 되는 것보다 더 값진 일 해냈어" 칠순이 훨씬 넘은 나이에도 쩌렁쩌렁 울리는 소리로 나에게 축하전화를 해 주시는 최홍규 대장님(초대 22 특경대장)의 목소리가 귓전에 맴돌며 내 곁을 떠나지 않는다.

그렇다. 나에게는 경찰청장이 되는 것보다 더 값진 승진이었다. 이 귀중한 승진을 위해 애써 주신 모든 분들께 허리 굽혀 감사의 인사를 드리고 싶다.

일요일에 나는 아내와 함께 용인 공원묘지를 찾았다. 사무실에서 몰래 가지고 나온 정복에다 총경 계급장을 달고 부모님 묘소에 인사를 올렸다. 못난 자식 출세 시켜주어서 고맙고 두 분 저세상에서나마 기뻐해 달라고…….

오늘 따라 산소 주변엔 나를 축하해 주려는 듯 나뭇가지에 매달린 어제 내린 함박눈이 바람에 날려 춤추듯 온 천지를 뒤덮고 있었다.

자장면 서장님

　　　　　어깨에 총경 계급장을 달고 서장으로 부임한 곳은 봉화경찰서였다. 그곳에서 있었던 수많은 일들이 아름다운 추억이 되어 지금도 가슴을 설레게 하고 있다.

　봉화는 그야말로 청정지역이었다. 관사에서 하룻밤을 자고 일어나 창문을 열어 보니 살아 있는 맑은 공기가 송이송이 날아서 나에게로 다가오는 것이 눈에 보이는 듯했다.

　서울시 면적의 두 배가 넘는 이곳에는 해발 1000미터가 넘는 산이 열 개가 넘고 밖에 나가면 보이는 것이 높은 산 맑은 물이다. 게다가 4만이 채 되지 않는 인구가 살다 보니 사람구경 하기가 쉽지 않고 고개 너머 띄엄띄엄 보이는 집들이 한가롭기만 하다.

　봉화경찰서장으로 명을 받고 떠나면서 그 먼 길을 기차 타고 또 버스 갈아타고 오라고 하기가 민망해서 친구에게 부탁하여 아내에게 아반떼

승용차를 사 주면서 총경 승진 선물이라고 큰소리를 쳤다.

아내는 새 차도 아니고 몇 년 된 중고차인데도 그래도 좋다고 얼마나 기뻐하는지 몰랐다. 서툰 운전 솜씨는 생각도 하지 않고 겁도 없이 한 달에도 몇 번씩 고속도로를 쌩쌩 달려 한걸음에 봉화까지 오는 걸 보면 어지간히 차를 운전하고 싶었던 모양이다.

이제는 흰머리가 희끗희끗하고 얼굴에 잔주름이 많은 걸 보니 아내도 많이 늙었나 보다. 남편이 재미라곤 하나도 없는 데다 어려운 일은 다 팽개쳐놓고 오직 일에만 매달려 집에는 누구네 집 손님처럼 얼굴 잊어버릴 만하면 한 번씩 나타나는 그런 나를 믿고 평생을 살아온 아내가 더없이 고마웠다.

늦게나마 정신 차리고 잘해 주어야겠다고 생각은 하고 있지만 마음뿐인 것 같아 아내 얼굴 쳐다보기가 더욱 민망스럽다.

"여보, 고마워! 이게 다 당신 덕인 줄 알고 있어. 앞으로 잘할게."

"뭘 잘해 줄 건데?"

"……"

천성이 너무 고와 뜻 없이 던진 말인 줄은 알지만 그래도 가슴이 뜨끔했다.

봉화서장으로 부임하던 날은 수요일이었는데 새벽에 수원을 출발하여 오후 두 시에 대구에 있는 경북청에 신고를 마치고 오후 다섯 시에 취임식을 하다 보니 하루해가 다 갔다.

이튿날은 관내 인사, 금요일은 안동에 있는 각 기관에 부임인사를 다녀야 하는 데다 다음 주 목요일부터는 지휘관 워크숍에 참석해야 하니 파출소 초도방문을 할 시간은 다음 주 월, 화, 수요일 3일밖에 없다고 미리 일정을 잡아놓았다.

내가 처음 순경 계급장을 달고 새내기 경찰이 되었을 때의 소원은 지서장이었고 서장은 꿈도 못 꾸었는데 어지간히 출세도 했구나 하는 생각에 마음이 부풀어 잠이 오질 않았다.

밤새 뒤척이며 옛날 일들을 더듬다가 문득 초도방문을 하면 어떻게 해야 할까 생각해 보았다.

파출소에서는 서장 초도방문이 1년 중 제일 큰 행사이다. 내가 경험한 바로는 서장 첫 방문 때에 서장 눈 밖에 나면 그 서장 떠날 때까지 괴롭다고 초도방문 며칠 전부터 유리창 닦고 청소하느라 다른 일들은 뒷전이었고 시간 맞추느라 관내 유지들 바쁜 일도 못 보게 한다.

내가 겪은 그런 일들을 후배들에게는 물려주고 싶지 않았다. 그래서 토요일 아침에 경무계장(유태수 경사)을 조용히 불러 지금부터 파출소 초도방문을 하겠다고 했더니 깜짝 놀랐다.

"서장님 오늘은 토요일이라 관내 기관장들도 없을 텐데요. 그리고 직원들 준비도 안 돼 있고……."

"기관장들은 다음에 천천히 만나면 되고 파출소는 있는 그대로 보면 되지. 그래야 직원들 청소하는 수고 덜어 줄 것 아니야."

"하긴 그렇습니다만……."

"자. 출발하지."

그날 우리는 아무에게도 알리지 않고 하루 종일 관내를 절반도 넘게 휘젓고 다녔다.

예고도 없이 찾아온 서장을 보고 파출소장과 직원들이 처음에는 무척 놀랐으나 관내 현황 정도를 물어보고 지역을 위해 열심히 일해 달라는 당부를 하자 모두들 안도의 한숨을 내쉬며 기뻐했다.

일요일도 파출소 초도방문을 마칠 생각으로 강행군을 했다. 춘양 파출소에 도착하니 열두 시가 넘었다. 휴일이라 파출소 전체 인원이 소장과 직원 두 명이 고작이었다. 경찰서 전체가 125명이고 파출소 3부제를 실시하다 보니 인원이 턱없이 모자라 야간에는 모든 파출소가 2명 이상 근무하는 곳이 거의 없었다.

점심을 사 주고 싶은데 밖으로 나가면 파출소를 지키는 직원은 한 명 남아야 하겠기에 음식점에서 배달해 먹기로 했다. 춘양면은 군에서 봉화읍 다음으로 큰 곳인데도 겨우 자장면 집 한 곳만 문을 열어 자장면을 시켰는데 생각보다 맛이 좋아 순식간에 한 그릇 다 먹고 나서 옆 사람 먹는 모습 기웃거리기까지 했다.

파출소를 방문해 첫날부터 자장면으로 식사를 같이 했으니 그 후 다른 파출소를 방문할 때도 다른 것 사 주면 차별한다고 할까 싶어서 으레 직원들과 자장면으로 식사를 하다 보니 봉화군 자장면은 한 곳도 빼놓지 않고 다 먹어보았고 주민들은 나를 일명 '자장면 서장'으로 부르게 되었다.

경북청장님(금동준 치안감)이 우리 서 초도방문을 했다. 그는 이곳 봉화가 고향이라 경찰서 방문을 오전 중에 서둘러 마치고 오후에는 어릴 때 공부하던 초등학교랑 태어난 동네를 방문하는 시간을 가졌다.

그가 동네 어귀에 도착하니 동네 가운데 자리 잡은 마을 회관에는 그를 영접하러 인근 동네에서까지 주민들이 몰려와 십여 호밖에 되지 않는 동네가 미어터질 듯 인산인해를 이루고 있었다.

어떤 아낙네는 청장님이 차에서 내리자 "니가 금동준이가? 오랜만이구먼. 인물이 훤하네. 사람 출세하고 볼일이다" 하며 인파를 제치고 나와 손을 잡고 호들갑을 떤다.

동네사람들과 인사를 나누던 그는 아버지 산소에 성묘를 한다고 잠

시 자리를 비웠다. 술과 안주를 준비해 놓고 마을 회관 안과 밖을 꽉 메운 사람들이 청장과 같이 술 마시겠다고 목을 길게 빼고 기다리는 것이 보기에 딱해 팔을 걷어붙이고 이들에게 술을 한 잔씩 권했다.

  무료하게 기다리던 주민들은 내 술잔을 받아들고 경찰서장에게 술잔 받은 것은 평생에 처음이라며 잔을 내게 다시 권하는 바람에 그만 내가 먼저 취해버렸다. 모두들 주거니 받거니 마신 술이 취하기도 하거니와 서상 술잔 받았다고 기분이 좋아서 노래를 부르고 제법 분위기가 무르익어간다.

  "서장영감. 노래 한마디 하게."

  "그거 좋지. 오늘 서장 노래 한번 들어보자고요. 여러분 어떻습니까?"

  이장이 맞장구를 치며 얼른 마이크를 나에게 건네준다.

  "좋지요. 세상 좋아졌구먼. 서장 노래를 다 들어보고. 자! 빨리 불러요!"

"안개 낀~ 장충단~ 공원~ 누구를 찾아~왔~나……."

내 목소리에 맞춰 상다리를 젓가락으로 치며 장단을 맞추는 사람이 있는가 하면 아예 일어나 덩실덩실 춤까지 추니 잔치는 최고에 달한 듯싶다.

"앵콜! 앵콜!" 노래가 끝나자마자 또 한 곡 더 부르라고 야단들이다.

때맞추어 청장님이 성묘를 마치고 돌아왔다.

"앵콜은 다음으로 미루고 주인공인 청장님께 마이크를 넘기겠습니다."

얼른 청장님 손에 마이크를 넘겨주었다. 분위기를 눈치 챈 그는 노래 한 곡을 부르고 작별인사를 했다.

"청장 니는 잘 가거래이, 우린 서장하고 더 놀아야 겠데이."

떠나는 청장님은 만류하지 않고 나만 붙잡고 늘어진다.

"삼각지 로~타리에~ 궂은비는~ 오~는~데……."

젓가락 장단에 맞춰 1절을 부르고 난 나는 다음에 와서 꼭 2절을 부르겠다는 약속을 하고 동네 사람들과 아쉬운 작별을 고했다.

청장이 다녀간 후로 주민들이 서장 좋은 사람 보내 주어서 고맙다고 시도 때도 없이 청장실에 전화를 한다고 하니 청장고향에서 서장 하는 것도 큰 복 중에 하나인 것 같았다.

***

명호파출소에 감독순시를 나갔을 때의 일이다.

"면장 사무실에 있나 알아봐."

"네?"

"면장 있으면 면사무소 방문하려고 그래."

"면장을 이리로 오라고 할까요?"

"아니야. 내가 가서 보아야 해. 면장한테는 괜히 내가 간다고 하지 말고."

박카스 통을 들고 면사무소를 들어서니 직원들이 무슨 일인가 싶어 힐긋힐긋 나를 쳐다본다.

"안녕하세요. 새로 부임한 경찰서장입니다."

직원들에게 일일이 박카스 병마개를 따서 하나씩 주고 있는데 면장이 허겁지겁 달려왔다.

"서장님께서 여기까지 어쩐 일이십니까? 제 방으로 가시지요."

"지역에 새로 와서 아직 낯도 설고 해서 주민들 위해 항상 고생하는 직원들에게 인사라도 드릴 겸해서 왔습니다."

면장은 당황했는지 담배를 거꾸로 물고 불을 붙이는 손은 가늘게 떨고 있었다.

"실은 당부할 것이 있어 왔습니다."

"무슨 일인지 말씀하시지요."

"면장님 알다시피 경찰인력이 너무 모자라 관내 치안활동에 어려움이 많습니다. 면에서 좀 도와주세요."

"저희들이 도와 드릴 것이 있습니까?"

"그럼요. 관내활동 하다가 경찰과 관련된 일이 있으면 연락을 주세요. 그것이 우리를 도와주는 것입니다."

"서장님, 걱정하지 마십시오. 파출소와 협조를 잘하고 있습니다."

"잘 부탁드립니다."

생각했던 것보다 반응이 좋아 각 파출소마다 면사무소는 물론 우체국·농협 등지를 빼놓지 않고 다니며 치안에 협력해 줄 것을 요청했다.

그들은 서장이 직접 방문을 한 것은 처음 있는 일이라고 기뻐하면서 치안활동에 적극 협조할 것을 약속했다.

＊＊＊

경찰 조직구조가 바뀌는 대변혁이 일어나고 있었다. 도로가 발달하고 차량이 급격히 늘어남에 따라 범죄는 광역화, 기동화 되어 이를 효율적으로 대처하기 위한 방안으로 파출소를 대단위로 묶어 지구대를 발족시킨 것이다.

도시와는 달리 시골 파출소는 '우리 파출소'라는 지역개념으로 뿌리를 내려서 주민들로부터 우리 김 순경, 우리 차석, 우리 소장으로 불리는 가까운 이웃이었다.

주간에 민원 담당관 1명을 배치하기는 했으나 밤에는 불 꺼진 파출소를 바라보는 지역 주민들은 불안함과 섭섭함을 감추지 못하고 있었다. 경찰서에 찾아와 우리 파출소는 없애지 말아달라고 사정하는 사람들도 많았고 시골사정은 생각도 안 해 준다고 불평을 하는 이들이 점점 늘어만 갔다.

이들의 서운함을 덜어 줄 수 있는 방법이 없을까 하고 며칠을 고민하던 나는 한 가지 방법을 생각해 냈다. 경찰서에는 분소가 두 곳이 있는데 부부가 분소에서 생활을 하면서 파출소 역할을 잘 해내는 것을 보아온 터라 직주일체형(職住一體形) 치안센터를 만들기로 했다.

파출소 이층을 리모델링하여 직원이 가정살림을 할 수 있도록 만들고 자식이 출가하고 두 부부밖에 없는 직원과 초등학교 학생을 자녀로 둔 직원으로 자격을 엄격히 제한하여 민원 담당관 지원자를 모집하여 배치했다.

"박 소장(박영국 경사), 이층방 잘 꾸며 놓았지요? 두 분 지낼 만합니까?"

"네, 아주 좋습니다. 꼭 신혼살림방 같은데요."

"내가 신경을 좀 썼습니다. 이제 이곳을 집이라고 생각하세요. 이층은 거실이고 일층은 응접실로 사용하시되 비 오는 날이면 빈대떡 부치고 막걸리 사다가 동네잔치 벌이세요. 주민들을 이웃이라고 생각하면 방문객도 많아서 외롭지 않을 겁니다."

"네, 열심히 하겠습니다."

"이사 온 집에 그냥 올 수가 없어서…… 이것은 부자 되라고 가져온 겁니다."

나는 가지고 온 하이타이와 휴지 한 꾸러미를 내밀었다.

"서장님, 뭐 이런 것까지 신경을 쓰셨어요. 감사합니다. 꼭 부자 되겠습니다."

"그냥 부자가 아니고 주민들에게 많이 베풀 수 있는 마음의 부자 되라는 얘깁니다. 그리고 기왕이면 신혼살림 깨가 쏟아지게 잘 하시고요. 하! 하 !하!"

"서장님, 농담도 잘하시네요. 호! 호!"

옆에 있던 박 경사 부인이 한마디 거들었다.

"사모님도 건강하고 복 많이 받으세요."

손을 흔들고 있는 두 부부를 남겨 놓은 채 내가 탄 승용차는 재산면 소재지를 벗어나 다음 행선지인 봉성 치안센터를 향해 달리고 있었다.

이 제도를 실시한 후에 지역 주민들은 파출소에 가는 것이 이웃집 드나들 듯 부담이 없다고 했다. 아주머니들은 민원 담당관 부인에게 놀러 가고 아이들은 민원 담당관의 어린 아들과 친구가 됐다.

민원 담당관은 동네 농사일도 도와주고 어려운 일 상담해주는 친근한 이웃으로 자리 매김하여 지역 주민들로부터 대단한 호응을 받았다.

***

　태풍 '매미'가 제주도 남쪽 먼 바다까지 북상을 했는데 오늘 밤 안으로 우리나라에 상륙을 한다는 뉴스를 듣고 바짝 긴장을 했다.
　태풍경로가 호남을 거쳐 이곳으로 지난다고 한다. 이곳 봉화는 작년에도 태풍으로 큰 피해를 입고 복구 작업도 아직 마무리를 못했는데 다시 피해를 입으면 회복하기 힘들다고 걱정들이 태산 같다.
　저녁을 먹고 사무실에 앉아 TV에서 눈을 떼지 않고 실시간으로 전하는 태풍 뉴스를 듣고 있으려니 벌써 태풍은 김천을 지나 울진 쪽으로 이동을 하고 있는데 잠시 후면 영양·봉화 쪽을 통과할 거라고 한다.
　밖을 내다보니 칠흑같이 어두운 밤에 바람 한 점 없는 것이 곧 무슨 일이 일어날 것만 같다. 시계는 밤 1시 반을 가리키고 있었다.
　갑자기 고요한 침묵을 깨는 전화 벨소리가 울렸다.
　"서장님, 저 소천 치안센터 권영웅 경장인데요. 남회룡에 산사태가 나서 집이 사람과 함께 없어졌다고 이장한테 연락이 왔습니다."
　"집이 사람과 함께 사라졌다고?"
　깜짝 놀라 차를 타고 소천으로 향했다.
　"그다음 더 연락 온 것 없었나?"
　소천에 도착하자마자 다급한 목소리로 권 경장에게 그곳 소식을 물었다.
　"네, 이장 집은 물론 마을 전체가 전화 연락이 안 됩니다."
　"어서 나와 같이 가보자고!"
　그를 재촉하여 현장을 향해 달려갔으나 출발한 지 얼마 되지도 않았는데 하천이 범람하여 흐르는 물이 온 천지를 집어 삼킬 듯 요동을 칠

뿐 건너갈 다리는 보이지 않았다.

소천 치안센터로 되돌아오니 전기마저 나가버렸다. 사무실에 촛불을 켜놓고 답답한 마음으로 이장 전화를 기다리느라고 밤을 새웠다.

동이 트자마자 국토관리 사무소에서 장비를 지원받고 동네사람들을 모아 남회룡으로 가기 시작했다. 다행히 불었던 물이 빠져 다리를 막고 있던 통나무를 제거하니 통행이 가능 했다.

산에서 흘러내린 토사에 막힌 길을 불도저로 흙을 밀어내고 끊겨진 도로는 보수를 하자니 마음은 급한데 가는 길은 제자리걸음이었다. 소천에서 평상시에 한 시간이면 갈 수 있는 길을 점심때가 훌쩍 넘어 도착했다.

마을 입구에 들어서니 지붕은 온데간데없고 뼈대만 남은 집들이 여기저기 서 있고 밤새 굴러온 바윗덩어리가 길목마다 어지럽게 널려 있다. 어젯밤 참상이 어떠했는지 충분히 짐작할 수 있었다.

마을 위쪽에 기둥이 뽑혀나가 반쯤 기울어진 건물이 하나 있는데 그곳에 사람들이 옹기종기 모여 있는 것을 보니 아마 어젯밤에 동네사람들이 이곳으로 피난을 했던 것 같았다.

"서장님 오셨습니까? 제가 남회룡 이장입니다."

"이장님. 무사해서 다행입니다. 이렇게 피해가 막심해서 어쩐답니까?"

"하늘이 도운 것이지요. 어젯밤에는 다 죽는 줄 알았습니다. 그런데 애석하게도 저기 살던 일가족이 모두 없어졌습니다."

이장이 손으로 가리키는 곳을 보니 집이 형체를 알아볼 수 없게 다 부서져 있었다.

"몇 식구가 살고 있었는데요?"

"며칠 전에 군대 간 아들이 휴가를 와 다섯 식구가 있었어요. 그 사람 병든 노모 모시느라 고생 많이 했는데 별일 없어야 될 텐데……."

아직 생사를 모르니 살아 있으려니 믿는 모양이었다.

"주위를 한번 찾아봅시다."

피해를 입은 집은 마을 위쪽에 자리 잡고 있어 산으로 피신할 수도 있겠다고 생각해서 우리들은 날이 어두워지도록 찾아보았지만 그들을 발견하지 못했다. 이곳은 중계소가 없어 휴대폰이 되지 않는 곳이라서 살아 있어도 연락이 되지 않는다.

다행히 귀대하는 아들을 따라 소천역을 나갔던 어머니와 아들은 살아 있었다. 소방서에서 물길 따라 안동댐까지 며칠을 수색해 보았지만 집에 남아 있던 할머니와 아버지 그리고 여고생인 딸은 어디에서도 발견되지 않았다.

남회룡은 마을 전체는 물론 주위의 논밭까지 피해가 심하다 보니 한 달이 넘도록 복구 작업을 했다. 경찰서에서도 매일 그곳으로 전 직원이 출근을 해 복구 작업을 도왔다.

남회룡으로 가는 길에 한참동안이나 산굽이를 돌고 돌다 보니 산중턱 외딴곳 도로변에 집이 두 채 있는 것이 눈에 띄었다. 그중 하나는 이층 건물로 흰 페인트가 벗겨진 지 오래된 것으로 보아 빈집같이 보였다.

"저건 뭐하던 건물이야?"

"전에 파출소였는데 폐지되어 지금은 비어 있습니다."

"왜 파출소를 없애버렸지?"

"이곳에 있던 탄광이 폐쇄되면서 없어졌습니다."

권 경장(소천 민원담당)이 이곳 사정을 자세하게 나에게 이야기해 주었다. 이곳에 탄광이 있을 때는 인구가 많아 역 주변에 시장이 생기고 사건사고도 많았는데 탄광이 폐쇄되면서 살던 사람이 모두 떠나가 농사짓는 주민들만 남게 되어 파출소가 있을 필요가 없게 되었다는 것이다.

"이곳에 파출소가 있었으면 태풍이 오던 날 그렇게 애를 태우지는 않았을 텐데……."

나는 이곳에 분소를 만들기로 결심을 했다. 마을 사람들의 탄원서를 받아서 경찰청에 건의서를 올리는 한편 군수(유인희), 군 의장(김천일)을 동원해 청장에게 압력(?)을 넣는 등 가진 수단과 방법을 다 동원했다.

애쓴 보람이 있어 청장님의 승낙을 받아내는 데 성공을 했다. 승낙을 받자마자 건물을 고치고 단장을 한 다음 개소식 날짜를 잡았다. 분소장은 이곳이 초임 순경이었던 오용환 경사를 임명했다.

주민들은 마을회관에 모여서 개소식 때 쓸 음식을 준비하느라고 바쁘게 움직였다. 개소식 날은 아침부터 동네 주민들이 모여들고 군수를 비롯해 각급 기관장들이 속속 도착을 하여 앞마당에 준비한 자리가 비좁았다.

'봉화경찰서 분천지소'라고 쓰인 간판을 걸 때는 군수도, 이장도, 주민들도, 나도 모두 뜨거운 박수소리 속에 감격의 눈시울이 뜨거워졌다.

먼 들판에서는 익어가는 벼이삭들이 오늘을 축하하려는 듯 고개 숙여 인사를 올리고 있었다.

- 분천분소 개소식 치사 -

오늘은 날씨도 이 기쁜 날을 축하하려는 듯 그토록 농민의 마음을 안타깝게 했던 지루한 장마도, 너무나 큰 상처를 준 태풍 매미도 뒤로한 채 따듯한 햇살과 함께 천고마비의 가을 들녘에 서 있습니다.

저는 경찰 30년의 생활 중 오늘같이 기쁘고 감격스러운 날은 없었고 앞으로도 없으리라 생각합니다.

태풍 매미가 전국을 뒤덮던 날 밤 남회룡에서 산사태로 일가족이 실종된 것 같다는 신고를 받고 새벽 2시에 소천까지 들어왔으나 하천물의 범람으로 길은 끊기고 전화도 불통된 채 오로지 남회룡 이장님의 소식만 안타깝게 기다리며 밤을 새웠던 기억이 지금도 지워지지가 않습니다.

그때 분천분소를 부활시켜야겠다는 신념으로 상부에 건의를 드렸더니 고향인 봉화에 남다른 애착을 가지신 청장님께서 쾌히 승낙해 주셨고 또 유인희 군수님, 김천일 군의장님께서 애써 주신 덕으로 오늘 이처럼 좋은 날을 맞게 되었습니다.

그러나 애써 주신 분들의 정성이 우리 지역 주민들의 바람보다야 크겠습니까? 지역을 편하게 지켜달라고 개인 사유지를 국가에 헌납하셔서 파출소를 신축한 지 몇 개월 되지도 않아 주민들 성의는 아랑곳없이 경찰관들이 훌쩍 떠나버린 불 꺼진 파출소를 바라보는 주민들의 원망과 서운함이 얼마나 컸겠습니까?

그러나 이제 다 잊으시고 안심하십시오. 잃어버린 땅을 다시 찾는 각오로 우리 경찰이 이 지역으로 다시 돌아왔습니다. 첫 분소장으로 부임하는 오용환 경사는 이곳이 초임지이고 여기서 결혼도 하여 남다른 인연이 있습니다.

저는 오 경사를 이곳으로 보내면서 오 경사가 이곳이 내 집이고 내 고향이며 이곳 주민들이 내 부모 내 형제라는 마음으로 두 부부가 지역을 위해 열과 성의를 다하리라 믿어 의심치 않습니다. 이런 마음 흐트러지지 않도록 격려의 박수 부탁드립니다.

저는 봉화지역의 치안을 맡은 경찰서장으로 이 자리를 빌려 감히 여러분께 약속드리겠습니다.

우리 봉화경찰서 직원 모두는 일심동체가 되어 우리의 고객이자 주인이신 지역 여러분들의 진정한 민중의 지팡이가 되도록 최선을 다하겠다고 말입니다. 참석해 주신 여러분들의 가정에 행복이 늘 가득하기를 기원합니다.

개소식을 마친 우리들은 동네로 내려가 하루 종일 한바탕 잔치를 벌였다. 사람이 사는 곳은 어디나 경찰을 필요로 하고 그들에게 조금만 관심을 쏟으면 이렇게 좋아하는 것을 보니 경찰 된 것이 마음 흐뭇하고 자랑스럽게 생각되었다.

봉화경찰서장으로 재직 중에 나를 '최고의 명지휘관'으로 만들어준 영원히 잊지 못할 사건이 하나 떠오른다.

청량산 도립공원에서 대형교통사고가 발생하여 며칠 동안 MBC 뉴스데스크는 물론 각 언론과 세상을 떠들썩하게 했던 대형사건이 발생했을 때이다.

사건을 어떻게 수습해야 될지 몰라 쩔쩔매고 있는 나에게 직원들이 계급과 직책을 생각하지 않고 할일을 이것저것 가르쳐준 결과로 얻은 이름이다.

때는 2003년 10월 21일 경찰의 날이었다. 외부인사도 초청하지 말고 자체 행사만 가진 후에 불우이웃을 돕는 등 자원봉사를 하라는 상부의

지시를 받았으나 고생하는 직원들에게 생일날 봉사활동을 하라고 하기엔 너무 민망해 부서별로 각자 단합대회를 갖도록 배려를 했다.

나는 군수·군의장이 점심을 함께하자는 것도 거절하고 경찰서에 남아 몇몇 회원들과 테니스 시합을 하고 있었는데 오후 세 시 반이 조금 지났을 무렵이었다.

"청량산 입구 계곡으로 버스가 추락한 것 같습니다."

휴대폰으로 남부지구대장(임병호 경위)의 다급한 목소리가 들려왔다.

"뭐? 버스가 추락해."

"방금 신고를 받아 아직 현장을 가보지 못했습니다."

"빨리 현장으로 출동하고 다시 보고해!"

대형사고일 것이라고 직감한 나는 타격대를 출동시키고 황급히 청량산을 향해 달려갔다. 경찰서에서 청량산까지는 아무리 빨리 달려도 삼십 분이 훨씬 더 걸리다 보니 마음이 여간 급한 것이 아니었다.

게다가 서장이 되어가지고 자세한 상황도 모르고 버스가 추락한 것 같다고 청장에게 보고할 수가 없어 수행원에게만 귀띔을 해주었다. 달리는 차 속에서 버스 추락사고가 확실하고 현재 2명이 사망했다는 지구대장의 보고를 받자마자 청장한테서 전화가 왔다.

"박 서장, 어떻게 되었어?"

"방금 두 명이 사망했다고 하니 사고는 확실한 것 같습니다. 현장에 도착하는 대로 자세한 보고를 드리겠습니다."

"뭐, 두 명씩이나 죽어?"

짜증스런 청장 목소리를 못 들은 체하고 편도 1차선 좁은 길을 시속 100킬로미터 이상을 달려 현장에 도착해 보니 두 명이 아니었다. 아직

구급차가 도착하지 않아서 길바닥에 눕혀져 있는 시체만도 열대여섯이 넘었고 전신에 피를 흘리고 신음하는 사람도 살았는지 죽었는지를 분간하기가 힘들었다.

20미터 계곡 반대편으로 추락해 비스듬히 누워 있는 관광버스 속으로 바윗덩어리가 튀어 들어오고 휴지조각처럼 찌그러진 몸체를 보니 비행기 추락사고를 연상케 해 모골이 송연해지고 등골이 오싹했다.

우리 직원과 자율방범대원들이 땀을 뻘뻘 흘리며 부상자를 열심히 나르고 있는데 버스 안에서 신음소리가 들리는 것을 보면 다친 사람이 아직도 많이 있는 것 같았다.

"승객이 몇 명이나 되지?"

"매표소에 확인해 본 바로는 모두 31명입니다."

"사망자는?"

"아직 정확히 파악이 안 됐습니다만 15명은 넘는 것 같습니다."

어느새 달려왔는지 구급차 '앵앵' 거리는 소리가 요란하게 들리고 몰려온 신문과 TV방송기자들이 터뜨리는 카메라 플래시 불빛에다 구경꾼들까지 몰려들어 해 저무는 청량산 입구는 그야말로 아수라장이 되고 말았다.

나는 도대체 무엇을 해야 할지 모른 채 넋을 잃고 서 있었다.

"서장님 청에 보고해야지요. 그리고 직원 비상소집도 하구요."

보다 못한 사고조사계 직원(김영섭 경사)이 내게 일러주는 말을 듣고야 정신을 차렸다.

"김 경사, 상황실장에게 직원 비상소집하라고 전해줘."

비상소집은 그에게 부탁을 하고 청장에게 현장상황을 보고 했다.

"청장님, 현장에 와 보니 관광버스가 계곡으로 추락해 사망자가 현재 열 명인데 중상자가 있어 더 늘어날 것 같습니다."

"알았네. 내 현장으로 가지."

부상자와 사망자를 봉화 혜성병원을 비롯한 영주, 안동병원으로 후송을 마친 후 소집된 직원들로 하여금 현장보존을 하는 등 각자 임무를 분담시켰다.

이 사고로 단풍관광을 왔던 대구 달성시장 상인들 31명 중에 19명이 사망하고 산 사람도 중상을 입었다.

청장이 헬기를 타고 현장으로 달려오고 봉화군에는 사고대책본부를 설치하는가 하면 도로교통안전협회·국립과학수사연구소·경북경찰청 감식반 등이 사고 원인을 분석하고 대책을 마련하느라 이틀밤낮을 고생했다.

"서장님, 병원에 직원 보냈어요?"

"사망자들 대구로 이송하겠다고 가족들이 난리인데 검사지휘 받아야지요."

"헬기가 곧 도착한다는데 연막탄 준비했어요?"

"현장 보존할 수 있도록 직원 배치해서 일반인 출입금지 시키세요."

내가 무엇을 할 것인지 생각이 나지 않아 멍하니 서 있을 때면 어김없이 순경들도 계급 생각하지 않고 할일을 일러주는 덕택에 실수 없이 사고를 처리할 수 있었다.

사건이 수습된 후에 최고의 명지휘를 했다고 여러 사람에게 칭찬을 받은 자신이 부끄럽고 한편으로는 도와준 직원 모두에게 감사한 마음을 말로 다 표현할 수 없어 아쉬움이 남는다.

이 사건 이외에도 춘양면에 대형 산불이 나서 헬기를 26대나 동원해 사흘밤낮을 진압해야 했던 때는 물론, 겨울이 지나 찾아온 따뜻한 봄날을 비웃기라도 하듯 3월말에 난데없이 쏟아진 50센티미터가 넘는 폭설로 축사가 무너지고 길이 막혔을 때도 직원들이 밤잠을 설치며 애써 준 덕분에 1년 반 동안 봉화경찰서장 임무를 무사히 마치게 되었다.

  모든 사연을 추억으로 남긴 채 정들었던 청정 봉화를 떠나 내 고향 제천으로 떠날 수 있게 도와준 주민과 직원들 모두의 마음에 행복이 가득하기를 기원한다.

박카스 서장님

제천은 내 어릴 때 고향이다.
고향에서 경찰서장으로 근무한다는 것은 꿈에 그리던 소원을 이룬 것이나 다름이 없었다. 나를 키워준 이곳에 보은을 하고 싶어서 경찰생활을 그만두기 전에 꼭 한번 근무하고 싶었는데 경찰서장으로 금의환향하다니 얼마나 기쁜 일인지 몰랐다.
제천 경찰서장으로 부임한 지 한 달이 지난 어느 날.
"여러분들 음주운전자는 꼭 찾아내 처벌해야 합니다. 그렇게 하는 것이 그들 자신은 물론 다른 사람의 억울한 피해를 막는 길입니다.
그런데…… 나도 농사짓는 집에 태어나서 겪어본 일이지만 시골 농사짓는 사람들은 막걸리로 허기를 때우는 버릇이 지금도 남아 있어 농사일 힘들 때면 지금도 새참으로 술을 마십니다.
옛날에는 지게나 우마차로 농사를 지었지만 지금은 차가 없으면 농사를 지을 수 없습니다. 논밭에서 일 마치고 오는 농부들에게 음주측정기 들이대고 선생님은 알코올 수치가 면허정지에 해당된다느니 면허가 취소라고 하면서 단속을 해 대면 요즘 65세가 청년인 농촌 노인들 손발 다 잘라놓는 꼴이 되는데 누가 농사짓겠습니까?

여러분 목적과 수단을 혼동하지 마십시오. 농촌지역은 밤 열 시 이후에 농사짓는 사람은 하나도 없으니 농촌지역 음주단속은 열 시 이후에 하고 도심지에서 할 일 없이 술 먹고 휘청거리는 운전자나 철저히 단속하세요."

직장 교육시간에 나는 전 직원에게 농촌지역 음주단속에 대한 교양을 했더니 소문이 퍼져 알지도 못하는 농촌 이장들의 감사 전화가 끊이지 않았다.

고향에서 서장직책을 수행하다 보니 바쁜 일이 더 많았다. 40여 년 동안이나 찾아보지 못했던 동네 어른들께 인사를 드리고 동창들 집까지 찾아가 만나는 일도 쉬운 일이 아니었다.

농촌지역에 농산물 도난 사건이 발생하면 꼭 현장을 방문했는데 봉양면 팔송리에서 고추를 도난당했다는 보고를 받고 현장을 찾았을 때 일이다.

남의 땅 빌려서 농사를 지은 고추를 헛간에 보관했었는데 아침에 일어나 보니 하나도 없이 누군가가 싹 쓸어가지고 갔다면서 팔순이 넘은 할머니가 눈물까지 글썽거린다.

"원주에 사는 손주 공책이라도 사 주려고 그동안 고생해서 지은 농사인데……."

주름살투성이 손으로 나를 꼭 잡고, "서장님! 잃어버린 고추 꼭 찾아 주세요!" 애원하는 할머니의 모습이 안타까워서 "할머니, 걱정하지 마세요. 꼭 찾아 드릴게요" 하고 돌아선 내 눈엔 나도 모르게 눈물이 고였다.

경찰서로 돌아와서 관내에 고추 농가를 일일이 파악하도록 지시하는 한편 외부차량이 농촌지역을 들어오면 빠지지 않고 검문을 하게 했다.

며칠 후에 관내 일대를 돌아다니며 고추만 전문적으로 훔친 절도범을 잡아 다른 피해 농가는 현물을 찾아 되돌려주었으나 할머니 집 고추는 이미 처분을 한 뒤라서 돌려주지 못한 것이 마음에 걸렸다.

추석을 며칠 앞두고 마음이 편치 않아 그의 집을 일부러 방문하여 10만원이 든 봉투를 전달했다.

"할머니, 올 추석명절은 좋은 일만 있으시고 오래오래 건강하게 사세요."

고마움에 애써 눈물을 감추던 그의 얼굴이 어머니처럼 지금도 가끔 떠오르곤 한다.

추석명절을 며칠 앞두고 방범비상령이 내려져 농촌 면단위에도 농협이나 우체국 같은 금융기관에 강절도 예방을 위해 직원들을 배치했다.

차량 트렁크 속에는 항상 박카스가 준비되어 있었다. 금융기관을 방문할 때는 경찰과 은행직원은 물론 은행을 찾아온 주민에게까지 일일이 병마개를 따서 나눠주며 격려하고 홍보하는 일을 하루도 빼놓지 않았다.

논밭에서 일하는 농부들을 만나면 얼른 박카스 한 통 들고 일하는 곳으로 갔다.

"벼이삭을 보니 올 농사 풍년인가 봅니다."

"······."

"안녕하세요. 경찰서장입니다."

새참을 먹으려고 했는지 국수를 담아놓은 광주리가 보였다.
"국수 맛있겠는데요."
"좀 드시겠어요?"
"고맙습니다."
한 그릇을 한입에 '후루룩' 들이켰다.
"잘 먹었습니다. 그럼 수고 많이 하세요."
농부처럼 입 언저리를 손으로 씩 닦고는 그 자리를 떠났다.
수산에 있는 농협을 방문하고 돌아오는 길이었다. 창밖을 보니 길에서 조금 떨어진 곳에 정자가 하나 있는데 그곳에 노인들이 7, 8명 모여 앉아 막걸리를 나눠먹고 있는 모습이 보여서 정자가 있는 곳으로 차를 돌렸다.
"어르신네들 안녕하세요? 저는 제천경찰서장인데요. 멀리서 여러분들을 뵈니 갑자기 작고하신 아버지 생각이 나는군요. 음료수라도 대접하고 싶어서 일부러 찾아왔습니다. 저도 고향이 제천입니다."
박카스를 한 병씩 따서 나눠주었더니 모두들 고마워서 일어나 인사를 하고 야단들인데 팔순이 좀 넘은 한 노인은 자리에서 꼼짝도 하지 않고 눈물을 흘리고 있었다.
"할아버지……"
지레짐작에 소식이 없는 자식 생각하는 것 같아서 입을 다물고 말았다.
"아이구! 이거 황송해서 어쩌나. 오래 살다 보니 경찰서장이 주는 박카스도 얻어먹어보고…… 하여간 고맙구려."
인사도 받는 둥 마는 둥 얼른 뒤돌아 차에 올랐지만 경찰서에 도착할 때까지 마음이 편치 않아 나도 괜한 눈물을 흘려버렸다.

　밀린 결재를 하려고 컴퓨터를 켜 보았더니 경찰서 홈페이지 구석에 있는 '칭찬 합시다' 코너에 다음과 같은 글이 올라와 있었다.

　- 칭찬 합시다 -
　처음으로 경찰서 홈페이지에 들어왔습니다.
　오늘은 농협에 갔었습니다.
　그곳에서 인자하신 이웃 어른 같은 분을 보았습니다. 농협에 잠깐 볼일을 보러 오신 분들께 손수 음료수를 쥐어주시며 웃는 모습이 인상에 남았습니다.
　저는 처음 뵙는 분이라 몰라뵈었습니다. 저뿐만 아니라 모르시는 분들이 많으셨을 겁니다. 물론 저에게도 음료수를 권하셨지요.
　잠시 후 그분이 제천경찰서장님이시라는 걸 알았습니다. 사복을 입으셨고 처음 뵙는 시민들은 당연히 몰랐을 겁니다.
　무슨 일로 농협에 들리셨는지는 모르지만 분명 인자하신 이웃 어르신으로 알았습니다.

　서장님 정도의 자리에 계신 분이 그토록 검소한 차림과 높으신 지위 드러내지 않고 시민들 보살피는 모습이 정말 보기 좋았습니다.

　건강하십시오.

　경찰의 날을 며칠 앞둔 오후시간이었다. KBS라디오방송 충주지국에서 인터뷰 요청이 왔는데 매일 오전 9시에 방송되는 계명산의 아침이라는 프로에 제천경찰서장 취임 100일을 맞은 소감을 취재하여 경찰의 날 방송하겠다고 한다.
　취임 후 별로 한 일도 없는 나에게 소감을 말하라니 쑥스러워 사양을 했으나 고향서장 하는 소감이 남다를 거라고 끈질기게 물고 늘어지는 기자에게 설득당해 승낙을 했다.
　전화로 인터뷰하는 말들이 그대로 방송된다고 하니 잘할 수 있을까 하는 두려움이 앞섰고, 경찰의 날 아침에 실제로 인터뷰할 때는 엉뚱한 말을 물어보아 당황하고 말도 더듬거렸지만 그래도 많은 시민들이 내 이야기를 듣고 있다고 생각하니 가슴이 뭉클하기도 했다.

　- KBS전화 인터뷰 -
　아나운서: 오늘이 10월 21일 경찰의 날인데요. 흔히 민중의 지팡이로 비유되는 경찰. 지역치안과 방범 그리고 각종 사건사고를 해결하는 만능 해결사이기도 하죠. 최근 경찰은 근엄하고 딱딱한 경찰상 대신 친근한 이미지로 변모하고 있는데, 자! 이런 변화에 앞장서고 있는 제천경찰서의 박윤신 서장 만나보겠습니다. 박서장님!

서장: 예, 안녕하세요. 제천서장입니다.

아나운서: 축하드립니다. 지난 16일로 취임 100일을 맞으셨다지요?

서장: 예.

아나운서: 소감이 어떻습니까?

서장: 제가 고향인 제천서장으로 취임할 때만 해도 남다른 애착으로 고향을 위해서 무엇이든지 다할 수 있을 것 같았는데 실제로 치안을 맡고 있는 서장이란 역할이 만만치가 않은 것 같네요. 100일이면 짧은 기간도 아닌데 아직 취임 첫날처럼 마음만 앞섰고 뭐 별로 해 놓은 것이 없습니다.

아나운서: 네 아직 첫 마음 그대로이신가 봐요. 고향에서 근무를 하게 돼서 감회가 남다를 것 같은데…… 요즘 제천에서는 일명 서장님을 박카스 서장으로 부르고 있다고 하죠. 왜 그렇습니까?

서장: 예, 그렇게 부르고 있습니다.

아나운서: 무슨 이유가 있습니까?

서장: 무슨 특별한 이유야 있겠습니까. 그저 일선에 고생하는 직원들과 함께 하고 싶어서 근무지를 찾아가 격려할 때라든가 노인정을 방문할 때 또 들판에서 일하는 농민들을 만날 때마다 박카스를 일일이 따서 드리다 보니까 아마 그런 얘기가 나온 것 같습니다.

아나운서: 그러면 이렇게 방문을 하실 때에 박카스를 가지고 가시겠네요.

서장: 예 예.

아나운서: 호~호호호. 박카스 한 병으로 서로 사이가 아주 가까워질 것 같습니다. 이렇게 친근한 경찰상 외에 완벽한 제천의 치안에도 관심 쓰고 계시리라 싶은데 지금 제천에 가장 큰 치안 관심사는

어떤 겁니까?

서장: 네, 저희들 경찰의 임무는 국민의 생명과 재산을 보호하는 거지요. 지금 농촌에는 농산물 수확이 한창인데 농산물 도난 사건이 가끔 발생해서 일 년 동안 애써 지은 농산물은 물론 농민들의 땀과 정성까지 잃는 것 같아서 아주 안타깝습니다. 그래서 외근 순찰시 고추 농가 등을 직접 방문 순찰해서 농축산물 도난예방에 많은 관심을 갖고 있습니다.

아나운서: 그런 일만큼은 정말 꼭 막아주셨으면 좋겠어요.

서장: 예 예, 열심히 하겠습니다.

아나운서: 경찰로 주민을 생각하시는 것뿐 아니라 서장으로 직원들을 대할 때도 남다른 철학이 있으실 것 같아요. 어떻습니까?

서장: 저는 경찰생활을 순경으로 시작해서 그런지 모르겠습니다만 서장도 직원들과 같은 생각을 가지고 현장에서 함께 발로 뛰는 서장이 되어야 하고 직원들이 늘 즐거운 마음으로 일할 수 있는 분위기를 만들어 줄 때 직원들이 소신껏 일할 수 있고 시민의 사랑받는 경찰이 되리라고 믿고 있습니다.

아나운서: 경찰이라는 조직의 특성을 생각하면 그런 수평적인 관계가 조금 어렵지 않을까 싶기도 한데…….

서장: 그렇지도 않습니다. 늘 같이 나가서 대화를 나누고 직원들하고 함께 하다 보면 같은 생각이 있고 공통점이 있어 아주 편하고 서로 의욕적으로 일을 할 수 있습니다.

아나운서: 앞으로의 계획 그리고 시민들에게 경찰의 날을 맞아서 하시고 싶은 얘기가 있으실 텐데, 한 말씀 해주시죠.

서장: 예, 제천시민은 우리의 주인이자 고객이십니다. 우리제천경

찰은 시민이 우리에게 무엇을 원하는지 또 시민을 위해 무엇을 할 것인지를 고민하면서 오늘도 제천시민이 편안한 하루가 되도록 맡은바 임무에 최선을 다하겠습니다.
아나운서: 앞으로도 보다 더 시민과 함께하는 경찰이 되어 주셨으면 좋겠습니다. 오늘 말씀 잘 들었습니다.
서장: 감사합니다.
아나운서: 경찰의 날을 맞아서 박윤신 제천서장과 얘기를 나누었습니다.

* * *

한나라당 의원 연찬회가 청풍리조트에서 열렸을 때의 일이다. 전날 저녁부터 한나라당 박근혜 당대표와 국회의원은 물론 이를 취재하기 위한 각 언론사 취재진까지 합하면 족히 300여 명이 넘는 인원이 속속 호텔로 들이닥쳐 각 방마다 자리를 잡고 행사준비에 바쁘다.

과거사법 제정 법안이 한나라당에서 반대를 해서 국회를 통과하지 못한다면서 '올바른 과거 청산을 위한 범 국민위원회'와 '민간인 진상규명 범 국민위원회' 회원들이 한나라당에 압력을 넣기 위해 집회를 하겠다고 신고를 해왔다.

말이 집회지 시위를 벌이겠다는 심산이다. 그것도 밤을 세워가면서……. 집회 장소가 호텔 정문인데 화장실도 없는 허허벌판이라 한겨울에 밤을 새우기는 불가능하고 대소변도 500여 미터 떨어진 호텔 화장실을 이용하여야 하는 불편을 겪어야 한다.

그들이 집회를 하다가 화장실 간다고 호텔로 들어가 그 안에서 전단지나 뿌리고 난리를 치면 직원들이 밤새워 경비한 보람도 없이 공연히 정치권에 말려들어 곤욕을 치를 것이 뻔하다.

고민을 하던 나는 이들에게 편의시설을 제공해 주기로 마음먹고 시청에 협조를 얻어 난방이 잘 되는 버스 한 대와 간이 화장실을 설치하고 커피·녹차 등 음료수는 물론 끓는 물과 야식을 할 라면까지 준비를 하도록 했다.

이들이 집회를 시작하기 전에 그들에게 이곳은 날씨가 추워 나이든 사람들이 밤을 새우면 감기 들기 십상이니 우리가 준비한 버스에서 쉬도록 유도한 뒤 그들에게 질서를 잘 지키겠다는 약속을 받아냈다.

"내가 전국을 다니며 집회를 해보았지만 이런 대접 받기는 생전 처음이오. 서장 정말 고맙소."

칠십이 넘은 노인 한 사람이 내게 인사를 하더니 일행들을 향해 소리를 쳤다.

"여러분, 우리를 위해 고생하는 경찰서장 이하 경찰들에게 박수를 보냅시다. 자! 박수!"

"서장님 고맙습니다!" 함성과 함께 박수가 터져 나왔다.

나도 한 걸음 그들 쪽으로 다가가서 인사를 했다.

"여러분들이 질서를 잘 지켜 주신다니 고맙습니다."

촛불집회를 밤새 하겠다고 단단히 준비를 해온 이들이지만 내 행동에 감동했는지 촛불집회는 밤 열 시를 넘기지 않겠다고 했다.

그리고 경찰들 힘들게 하는 일은 절대 없도록 스스로 질서를 잘 지켜 행사를 진행하겠으니 경찰관들은 물론 서장도 고생하지 말고 휴식을 취하라고 어떻게 성화를 부리는지 하는 수 없이 초병 몇 명만 남겨놓고 배치된 기동대 대원 모두를 쉬게 하고 나도 숙소로 돌아오고 말았다.

잠에서 깨어나니 벌써 창문 사이로 찾아온 아침 햇살이 눈부시게 아름다운 청풍호반을 비치고 있었다. 두 팔을 힘껏 올려 기지개를 켜고 난 나는 밖으로 나와 집회현장을 돌아보니 그들은 아직 버스 안에서 곤한 잠에 취해 미동도 하지 않고 살을 에는 듯 몰아치는 남한강 상류의 찬바람만 내 얼굴을 스치고 지나갔다.

전국을 누비며 어지간히도 경찰을 힘들게 했던 시위꾼(?)들이 이곳에 와서는 잘 길들여진 양떼처럼 얌전해졌으니 이만하면 집회관리는 성공을 거둔 것 같아 기분이 상쾌했다.

한나라당 연찬회는 이틀 동안이나 계속되었지만 순조롭게 잘 진행되고 있어 경비를 책임지고 있는 나로서는 여간 다행한 일이 아니었다.

"서장님, 이 글 좀 읽어보세요. 집회관리 잘해 줘서 고맙다고 네티즌들이 난리 났어요."

호텔 정문 관리실에서 커피를 한 잔 마시고 있는 나에게 정보2계장(김기복 경위)이 인터넷 댓글을 한 뭉치 들고 와서 호들갑을 떤다.

"웬 수선을 그렇게 떨고 그래?"

"어제 연합뉴스 민웅기 기자가 집회현장을 취재하면서 '시위도 할 만하네요' 라는 제목으로 배포한 글을 네이버에서 지방안테나에 게재한 것을 보고 네티즌들이 이렇게 야단들입니다."

댓글 뭉치 속에는 '충북 제천의 경찰분들 좋은 모습 보여 주셨습니다. 이제는 성숙된 시위문화가 자리 잡아야죠. 임들에게 감사하다는 말을 꼭 하고 싶네요. 대한민국 파이팅!' '시민 전체의 이름으로 감사드려요. 제천경찰 만세!' 등 경찰을 칭찬하는 댓글이 헤아릴 수 없이 많았다.

구글에 올린 댓글에는 이런 섬뜩한 글이 적혀 있었다.

'박윤신! 그 이름을 똑똑히 기억합시다. 간첩을 때려잡아야 할 경찰

이 빨갱이 놈들에게 아부나 하고 이거 되겠습니까? 대한민국의 이름으로 처단합시다!'

　이 글을 읽으면서 나는 나라를 지극히 사랑하는 사람들이 전후사정 살피지도 않고 이런 글을 올리는 것이 애국하는 것이라고 생각한 모양이라고 자위하면서도 너무 심한 것 같아, '나도 여러분들만큼 조국을 아끼고 사랑하는 국민의 한 사람입니다'라고 마음속으로만 그들을 향해 외치고 있었다.

　그래도 여기 경비사항이 상부에도 알려져 경비를 잘해 주어서 고맙다는 충북청장(최석민 치안감)의 치하를 받고 나니 마음이 한결 가벼워졌다.

***

　송전탑 설치반대집회 때의 일이 생각난다.

　강원도 평창에서 송전탑 설치를 반대하기 위해 농민들 500여 명이 한국전력공사 중부지청을 찾아왔다. 이들에게 정성껏 면담을 주선하고 따뜻한 보리차와 커피·녹차 등을 대접하면서 청풍문화재 단지도 구경시켜 준다고 하니 고마워서 어쩔 줄 몰라 했다.

　소낙비를 맞으면서도 질서정연하게 집회를 진행해서 경찰과 복장만 달랐지 어느 편이 집회를 하는 쪽인지 구분이 가지 않을 정도였다.

　점심시간에는 그들 중 나이가 비교적 많은 사람들이 점심을 같이하자고 나를 잡아끄는 통에 함께 길바닥에 주저앉아 도시락을 펴놓고 소주잔까지 주거니 받거니 하며 세상 돌아가는 이야기꽃을 피우고 있는데 "서장님, 내 잔 받으세요" 하고 동네 이장이란 사람이 우리 자리에 끼어들었다.

　"서장님, 국회의원 출마하세요."

"네~에? 국회의원이라니요?"

난데없이 국회의원 출마하라는 이장 말에 나는 깜짝 놀랐다.

"내 동생이 여기 살아서 이곳에 자주 오는 편입니다. 주변사람들 얘기 듣다 보면 서장님 훌륭한 사람이라고 소문이 자자하던데 국회의원 나오면 당선될 게 확실합니다. 이번에 꼭 출마하세요."

"국회의원 아무나 하나요. 농담이라도 그런 말씀 하지 마세요. 지나가던 개가 웃겠어요."

"아닙니다. 서장님 같은 분이 국회의원 되어야 우리 같은 사람 편에 서서 일할 것 아닙니까."

"천만에요. 저는 평생을 경찰밖에 한 일이 없는데 무슨 과분한 말씀을…… 정치는 정치하시는 분들께 맡기고 우리는 소주나 마십시다."

이장 입막음은 해놨지만 그렇게 듣기 싫은 말은 아니라서 기분이 좋았다. 우리들은 이웃처럼 다정하게 둘러앉아 주고받는 술잔을 멈출 줄 몰랐다.

집회가 끝나고 버스에 오르면서도 헤어지는 것이 못내 아쉬웠는지 차창 밖으로 손을 흔드는 모습들을 보니 일가친척을 멀리 보내는 것 같은 생각이 들어 마음이 허전했다.

지금쯤은 송전탑에 관한 일들이 그분들이 바라던 대로 일이 잘 풀리고 모두 건강하게 잘 있는지 안부를 물어보고 싶다.

***

고향인 제천에 돌아와서 가장 보람 있었던 것은 6대조 할아버지 산소를 20년 만에 다시 찾은 일이었다. 나는 선조들 산소에 성묘를 자주 가지 못했다.

매년 벌초는 장손인 아버지가 도맡아 하셨는데 중풍으로 거동을 못하게 되자 친척들 힘을 빌리곤 했는데 그들마저 고향을 떠나고 나니 산소 관리가 엉망이 돼버렸다. 6대조 산소는 선산이 아닌 제천 자작리에 있다 보니 돌보는 사람이 없어 20년째 방치되어 있었다.

제천경찰서장으로 부임해 자작리 노인정을 방문했을 때 큰형 친구인 신윤응 씨를 만나 그분의 도움으로 산소를 다시 찾은 것이다. 그는 큰형이 살아있을 때 같이 성묘를 다녀온 적이 있어서 우리 6대조 산소를 지금도 기억한다면서 나에게 알려주었다.

아마 선조들이 이런 날이 오기를 기대하고 나를 서장을 만들어 주신 모양이다.

봉화에서 족보를 다시 만들 때도 그러했다. 우리 집은 형편이 어려워 20년에 한 번씩 만드는 족보를 두 번씩이나 만들지 못해서 아버지가 조상님들께 큰 죄를 지었다고 세상을 떠날 때까지 아쉬워하던 모습이 늘 내 가슴 한구석에 남아 있었다.

내가 족보를 만들어 아버지 소원 풀어드리겠다고 마음먹고 백방으로 알아봐도 밀양박씨 귀정공파 대종회를 찾을 수가 없어 애를 태우고 있을 때였다.

봉화서장으로 있을 때 경찰서를 찾아온 노인들에게 차를 대접한 일이 있었는데 노인 중 한 사람이 내 명찰을 유심히 보더니, "본이 어디요?" 하고 물었다.

"밀양박씨 귀정공파(糾正公派)입니다."

"귀정공 몇 대손이요?"

"25대손입니다."

"내가 21대손이니 나보고 대부라고 부르게."

그에게 40년 전 족보 책을 보여주며 족보를 만들지 못한 사연을 이야기했더니 본인이 귀정공대종회 고문을 맡고 있다고 하면서 서울에 있는 대종회에 연락을 취하여 회장을 비롯한 임원진과의 만남의 자리를 주선해 주었다.

휴가를 내어 대종회를 방문해 그동안 빠져있던 우리 가족들의 이름을 족보에 추가하여 추록을 만들기로 약속을 받아냈다.

시월 초이틀에는 경기도 이천에 있는 12대 영해공(寧海公) 안국(安國)할아버지의 시제에 '아헌관'으로 제수되어 당당히 제를 올리는 제주가 되기도 했다. 그뿐인가 밀양박씨 종친회장까지 소문을 듣고 찾아와 격려를 해주니 밀양박씨 후손으로 확실한 자리매김을 하게 되었다.

이런 일들은 지하에 계신 조상님들의 지극한 사랑을 내가 한 몸에 받고 있는 것 같아 제천경찰서장을 하는 1년 동안 일부러 시간을 내어 선산을 자주 찾았고 허물어진 증조부·조부 산소까지 새로 곱게 단장을 해드렸다.

제천을 떠나 경기청 보안과장으로 자리를 옮겼을 때 일이다. 경기청 보안과는 3년 전 내가 총경 승진을 할 당시 근무했던 곳이기도 해 시집간 새댁이 친정으로 돌아와 집안 식구들을 만나는 기분이었다.

'(주) 21세기뉴스' 사에서 창립11주년 기념 제3회 21세기 한국인상(韓國人賞) 치안행정부문에 선정되었으니 시상식에 참석을 해달라는 요청이 왔다.

한국경제신문 등 6개 언론사를 경영하고 있는 21세기 뉴스 사에서 전국경찰 중 한 명을 선발하는 대상에 내가 유일하게 선정된 것만으로도 기쁜 일이 아닐 수 없다.

너무 뜻밖이고 영문을 몰라 내가 어떻게 그런 상을 받게 되었느냐고 물어보았더니 봉화·제천서장을 할 때 주민들과 함께한 일들이 공적으로 평가를 받았다는 것이다.

　영광의 대상(大賞) 상을 받게 해준 봉화·제천 시민들에게 머리 숙여 고맙다는 인사를 드리고 싶다.

황금비늘을 가진 물고기

　　　　　　추석을 며칠 앞두고 나는 평택 K-6 미군기지 안에서 몇 가구 남지 않은 주민들의 미군기지 이전반대 집회를 관리하고 있을 때였다. 인사계로부터 부천중부경찰서장으로 발령이 났으니 내일 아침에 부임 신고 준비를 하라는 연락을 받았다.

　생각지도 못했던 일이라 당황했다. 이튿날 준비도 제대로 하지 못하고 찾아온 곳이 부천중부경찰서이지만 이곳은 참으로 나와는 기이한 인연이 있는 곳이다.

　인생의 전환기를 맞게 해준 곳이 바로 이 부천이 아니던가. 복숭아꽃이 아름답게 피는 복사골! 그 뜰 앞에 누렇게 익은 벼가 고개 숙여 고향의 향수를 느끼게 했던 부천이 지금은 높은 빌딩과 아파트가 들어선 대도시로 변모한 모습에 세월의 무상함을 느꼈다.

　부천중부경찰서장으로 부임한 지 며칠 되지 않아서 나는 예전에 근무했던 동사무소와 한일단조 공장터를 찾아보았다. 동사무소 자리는 노인정으로 사용하고 있어 옛 모습을 볼 수 있었다. 그러나 한일단조 자리는 앞에 흐르던 조그만 냇가도 지금은 복개를 하여 도로로 변해버리고 그곳엔 다른 공장들이 옹기종기 모여 있을 뿐 옛 모습을 찾을 수 없어 아쉬움이 남았지만, 내 이곳을 고향으로 생각하고 뼈를 묻으려 했던 옛날을 회상하니 감개가 무량하기만 하다.

나를 아껴주던 한기웅은 십여 년 전에 벌써 고인이 되었고 함께 순경 시험에 응시했던 서최곤은 그 후 개인택시 사업을 하다가 3년 전에 세상을 떠났다 한다.

나를 경찰로 입문하게 이끌어주고 마지막을 경찰서장으로 이곳에서 마무리하도록 배려해 준 모두에게 감사드리며 이 자리를 빌려 고인들의 명복을 빈다.

부천으로 오는 차량 속에서 나는 언젠가 『좋은생각』이라는 책에서 읽은 적이 있는 '황금비늘을 가진 물고기' 라는 이야기가 생각났다.

연못에 황금색 비늘을 가진 물고기가 살고 있었다. 다른 물고기들은 그를 부러워하며 곁에 가려고 했지만 그의 자세가 너무 도도해 아무도 접근하지 못했다.

황금물고기는 자신의 비늘이 다칠까봐 다른 물고기들이 다니지 않는 길로 골라 다녔다. 마을의 축제도 멀리서 바라보기만 했다.

그는 늘 혼자였다. 황금물고기는 자신의 외로움을 달랠 만한 친구가 하나도 없어 슬펐다. 그즈음 다른 연못에서 이사 온 물고기가 그의 아름다움에 반해 말을 걸어왔다. 외로워하던 황금물고기는 그를 반갑게 맞았고 둘은 곧 친구가 되었다.

어느 날 이사 온 물고기가 황금물고기에게 부탁했다.
"친구야, 너의 아름다운 비늘을 하나만 내게 주렴. 그것을 가지고 싶어."
그러자 황금물고기는 선뜻 자신의 황금비늘 하나를 내 주었고 좋아하는 친구를 보면서 그도 기뻐했다. 그것을 본 연못의 다른 물고기들은 너도나도 황금물고기에게 몰려와 비늘 하나만 달라고 졸랐다.
마침내 비늘을 다 주고 난 황금물고기는 보통물고기처럼 되었지만 주위에 많은 친구들이 생겨 더 이상 외롭지 않았다.
그 뒤 어느 날 밤 연못을 지나던 사람은 연못 전체가 황금색으로 반짝이는 것을 보고 깜짝 놀랐다.
연못 속 물고기들이 하나씩 가지고 있는 황금비늘이 저마다 아름답게 빛나고 있었던 것이다.

이곳이 경찰의 마지막 근무지가 될지도 모른다고 생각한 나는 이제부터 동화 속 황금비늘을 가진 물고기가 되기로 마음먹었다. 그래서 오늘도 후배들에게 무엇 하나라도 남겨 주기 위해 뛰는 걸음을 멈추지 않고 있다.

올해 1월 30일에는 승진시험 공부를 하는 직원들을 모아놓고 내가 순경에서부터 경정까지의 시험승진 경험담을 얘기해 주는 강의시간을 가졌다. 두 시간 동안이나 계속되는 강의였지만 직원들이 관심을 가지고 들어주어 고마웠다.

요즈음은 강의내용을 CD에 담아 순경교육을 받는 교육생들이 실습을 나오면 하나씩 나눠주기도 하고 우리서 직원들이 모이는 곳이면 어

디든지 달려가 내가 경험한 일들을 들려주곤 한다.

2월 17일에도 '출근하고 싶은 일터 만들기'를 위한 워크숍을 할 때 직원들에게 '여러분들은 행복한 일꾼입니다' 라는 제목으로 강의를 했다.

여러분들은 행복한 일꾼들입니다.

만약 자동차 외판원이라 생각해 보십시오. 열심히 뛰어다녀야 자동차를 팔 것이 아닙니까?

세금을 냄으로써 여러분 월급을 주는 시민들이 112신고를 해서 여러분에게 도움을 요청합니다.

월급 주는 사장이 사원에게 도움을 요청합니까?

여러분들은 주민을 잘 섬겨야 합니다. 그러기 위해서는 내가 순경이 되어서는 안 되고 순경직책을 수행하여야 합니다. 왜냐고요? 내가 순경이 되면 주인을 머슴처럼 부려먹으려는 못된 습관이 생기기 때문이지요.

나도 서장직책을 수행하려들지 않고 내가 서장이라고 생각하면 여러분들이 모두 내 부하로밖에는 보이지 않아 지시만 하려고 하는 건방진 사람이 되기 쉽습니다.

우리 모두가 주민과 한마음이 될 때 사랑받는 경찰이 될 수 있습니다.

우리 경찰은 지시로 일관된 수직문화에 길들여져 있습니다. 이제 우리 모두는 상관과 부하의 관계가 아닌 직장동료로서 우리 맡은 직책을 열심히 수행합시다.

그렇게 된다면 출근하고 싶은 일터가 될 것입니다.

***

3월 7일에는 1단위 부대 편성을 하려고 모인 직원들에게도 주민과 공감대를 형성하는 데 도움이 되는 특강을 하기도 했다.

여러분 경범죄 처벌조항에 노상방뇨 규정을 왜 만들어 놓았습니까?

여러 사람 보는 데서 흉한 것을 내놓으면 보기에 흉하고 공공장소에 실례를 하면 냄새 때문에 생활에 불편을 느끼는 사람이 많아서 이를 예방하기 위한 것 아닙니까.

그런데 아무도 보지 않는 시골길에서 소변을 보는 것도 노상방뇨 아닙니까. 그때 경찰이 경범죄에 해당된다고 단속을 한다면 과연 옳은 법집행이라고 할 수 있을까요?

도시에서도 법집행을 하다보면 내용만 달랐지 그런 일들이 많이 일어날 수 있습니다.

여러분 법은 순리입니다. 순리대로 집행하세요. 법집행에 앞서 늘 상대편 입장에서 내가 만일 저런 일을 당했다면 어떻게 했을까 하는 생각을 해보세요.

돈 많은 사람들은 여러분들을 필요로 하는 경우가 많지 않습니다. 여러분을 필요로 하는 대부분의 사람들은 서민들입니다. 우리를 욕하는 사람도 그들이고 칭찬하는 사람도 그들입니다. 그들의 생각 속에 뛰어들어 공감대 형성을 할 줄 알아야 합니다.

그렇게 할 때 우리 경찰이 빛이 날 것입니다.

부천중부경찰서는 관할인구가 50만이 넘다 보니 사건사고도 많아 바쁜 나날을 보내야 했다.

나는 관내에서 일어나는 각종 사건 현장을 방문하여 피해를 입은 주민들에게 일일이 음료수를 대접하고 위로를 하면서 범인을 꼭 잡겠다고 약속했다. 그리고 현장에 출동한 직원들 격려하는 것도 빼놓지 않았다.

그러다 보니 주민들은 물론 직원들까지 무척 고마워했고 사건 현장에 내가 없으면 모두가 서운한 생각을 하기까지 했다.

어느새 부천에 온 지도 9개월이란 세월이 흘렀다. 그래도 직원들이 열심히 근무한 덕택으로 미제사건 없이 말끔히 처리된 것이 다행이다.

지역방송인 드림시티에서 인터뷰 요청이 왔다. 나는 쾌히 승낙을 하고 인터뷰에 응했는데 6월 20일부터 2주 동안 인터뷰 내용이 방영되었다.

- 드림시티 인터뷰 '만나봅시다' -

아나운서: 안녕하세요? '만나봅시다'의 고유경입니다. 여러분 혹시 우리 주변에 경찰이 없으면 어떨까 상상해 보셨나요. 경찰이 없다면 해 떨어진 후에는 집 밖에 한 걸음 나가는 것조차 두려울 것 같은데요. 그래서 오늘 만나봅시다에서는 부천지역의 치안을 담당하고 있는 부천중부경찰서의 박윤신 서장님 만나보도록 하겠습니다. 먼저 인사부터 나눠 볼게요. 서장님 안녕하세요?

서장: 안녕하십니까? 부천중부서장입니다.

아나운서: 서장님은 특별히 부천중부경찰서를 지원하게 된 동기가 있다는 데 말씀해 주시겠어요?

서장: 저는 부천과는 많은 인연이 있습니다. 군대를 제대하고 첫 직

장을 구한 곳이 부천이고 주민들의 권유로 경찰에 입문하여 순경으로 이곳에서 근무하기도 했습니다. 경호실 사복 경호요원으로 발령이 나서 이곳을 떠났지만 진급을 할 때마다 근무를 하고 싶었던 곳입니다. 이제 내년이면 정년퇴임을 하게 되는데 마지막 근무를 부천시민과 함께 하고 싶어서 지원을 했습니다.

아나운서: 부임하신 지 9개월이 지났다고 하셨는데 부임 이후 소감은 어떠신가요.

서장: 처음 부임하니 옛날 복숭아꽃이 피고 벼이삭이 누렇게 고개 숙인 논밭이 아파트 숲으로 변해버려 세월이 무상함을 느꼈습니다. 부천은 서울과 인천을 연결하는 교통의 요충지이며 도시의 확장으로 치안수요가 많아져 다소 부담감은 있지만 특별한 의미가 있는 이곳의 치안책임자가 되어 개인적으로는 커다란 영광인 동시에 막중한 책임감을 느끼고 있습니다.

아나운서: 서장님의 지휘 스타일은 어떤 것입니까.

서장: 지휘를 하는 데 가장 중요한 것은 직원들과 대화를 통한 공감대 형성이라고 생각합니다.

공감대가 형성되면 즐거운 직장분위기가 이어져 시민들에게 더 많은 서비스가 제공될 것이라 믿고 직원들과 대화하는 데 많은 시간을 보내고 있습니다.

아나운서: 치안을 운영하면서 가장 보람됐던 일과 어려웠던 일은 어떤 것이 있는지요.

서장: 네, 우리서는 어느 경찰서보다도 치안수요가 많습니다. 그래도 원만하게 치안을 유지하고 있는 것은 직원들이 열심히 노력한 결과라고 생각하고 늘 직원들에게 고마움을 느끼고 있습니다.

이런 직원들이 그 공적을 인정받아 작년에 10여 명이나 특별승진 하게 된 것이 가장 보람된 일이었습니다. 그렇지만 힘든 일도 많았습니다.

112신고는 하루 300건이 넘고 5대 범죄 발생건수는 전국 1위를 달리고 있습니다. 또 관공서가 관내에 밀집해 있어 각종 집회시위가 빈발하고 있습니다.

특히 주말이면 밀려오는 신고사건에 힘들어하는 지구대 직원들을 볼 때마다 안쓰러운 마음뿐입니다. 인원보강을 위해 노력은 하고 있지만 여의치 않아 어려움을 많이 겪고 있습니다.

아나운서: 요즘 좀도둑들이 극성을 부린다고 하는데 이에 대한 대책은 있는지요.

서장: 요즘 생계형 범죄가 늘어나고 도난사건이 빈발하고 있는 것은 사실입니다. 우리 경찰서에서는 도난사건 범죄수사대를 발족시켜 범인 검거에 노력하고 있고 예방에도 중점을 두어 취약지 집중순찰, 목 근무, 형사 잠복근무를 실시하여 도난예방에 최선을 다하고 있습니다.

앞으로 더욱더 열심히 노력하겠습니다.

아나운서: 2007년도 아직 절반이 남아 있는데 특별한 계획이라도 있으신지요.

서장: 앞으로 시민들이 안심하고 생업에 종사할 수 있도록 체감치안 만족도를 향상시키도록 노력하겠습니다.

그리고 사건수사 과정에서 시민의 인권이 존중될 수 있도록 최선을 다하고 직원 자체사고에도 신경을 써서 높은 청렴도를 유지하는 한편 공정한 공권력 행사로 평온한 지역사회를 만드는 데 앞장서겠습니다.
아나운서: 마지막으로 시민들에게 당부드리고 싶은 말씀은 없으신지요.
서장: 우리 부천중부경찰서 직원들은 부천지역 치안을 위해 최선을 다할 것입니다.
시민 여러분들께서는 밤새워 일하는 직원들에게 격려와 충고를 아끼지 마시고 앞으로 변함없는 협조 부탁드리겠습니다.
아나운서: 오늘 나와 주셔서 감사합니다.
서장: 감사합니다.

청소년 지도 육성회에서 학교폭력 예방교육 강사 양성과정 교육생들에게도 초청강사로 특강을 했다.

　　학생교육은 나 하나만의 문제가 아닙니다.
　가정, 학교, 사회가 공동책임의식을 가지고 모두가 정성을 다할 때 이들이 건전하게 자라서 나라에 일꾼이 될 겁니다.
　자식을 물질로 풍요롭게 해준다고 부모 할일을 다한 것이 아닙니다.
　아이들은 가정으로 돌아가고 싶은 마음이 생겨야 됩니다. 아이들 마음속에 부모가 자리 잡을 수 있도록 따뜻하게 돌봐줄 때 그런 생각을 하게 됩니다.
　또 나부터 솔선하는 모습을 보여 주어야 합니다. 내 행동이 올바르지 못하면 자식들은 그것을 배웁니다.
　지금 사회는 극도의 이기주의로 오염되어 있습니다. 이 오염된 사회가 우리 청소년들을 괴물로 키우고 있어도 모두 관심이 없습니다. 이 오염된 사회를 정화시켜야 합니다.

　여러분들이 세상에 소금이 되어 그 일을 해 주십시오. 그렇게 할 때 장래 나라를 책임질 청소년들이 밝게 자라날 것입니다.

나는 요즈음 멍하니 하늘을 쳐다보는 이상한 습관이 생겼다. 내년 6월이면 정들었던 직장을 떠나야 한다는 강박관념 때문이 아닌가 싶다.

33년 동안이나 몸을 담았으니 그럴 만도 하다. 이곳을 떠나면 또 다른 세상에서 새 출발 하여야 하는데 무엇을 해야 좋을지 모르는 두려움도 한몫을 했으리라 생각된다.

따사로운 햇볕에 오곡이 무르익어야 할 가을의 문턱에 다가섰는데, 오늘도 안타깝게 찌푸린 날씨에 비까지 내린다. 그래도 하늘은 구름이 걷히면 푸르러질 것이다.

연못 속 물고기들이 하나씩 가지고 있는 황금비늘이 저마다 아름답게 빛나 세상 사람들을 깜짝 놀라게 해주기를 기원하면서 나는 황금비늘을 다 나누어주고 보통 물고기로 돌아가려고 한다.

그러면 친구가 많아서 외롭지도 않을 것이다. 새로 펼쳐지는 세상이 아무리 험하다 해도 멀리서 손짓하는 친구들 따라 기쁜 마음으로 달려갈 것이다. 지금까지 살아온 추억들을 가슴속에 고이 간직한 채로…….

이 아름다운 세상을 지금까지 살게 해 주었듯이 다가오는 새로운 세상에서도 태양은 밝게 빛나리라!

늘 멀리도 가까이도 아닌 곳에서 나를 돌봐준 모두에게 다시 한 번 감사드리고 그들에게 하늘의 영광이 함께하길 기원하면서 이 글을 마치고자 한다.

글 끝자락에서

언제부터인가 나는 세상이 아름답게 보이기 시작했습니다.

돌이켜 보면 작은 일에 울고 웃는 인생살이가 나만의 것이 아니고 암울했던 젊은 시절이 이 세대를 살아온 모두가 겪었던 시대적 운명이긴 하지만 유독 내 머릿속에서 사라지지 않았던 것은 무슨 이유였을까?

긴 터널을 벗어나 태양이 비치는 밝은 세상이 보일 때부터 주변은 아름답게 보였고 늘 내 곁을 떠나지 않은 옛 친구들과 친지들이 무척이나 고맙다는 마음을 갖게 되었습니다.

그들 모두에게 감사드립니다.

먼 하늘나라에서 자식 잘되라고 차마 눈을 감지 못하고 지켜 봐주시는 부모님께도 이 시간을 빌려 문안드리고 싶습니다.

이제 몇 달 후면 또 다른 인생의 길을 걸어야 하지만 이제는 외롭지도 슬프지도 않습니다.

오직 기쁨과 어릴 때 동심으로 저 푸른 하늘을 날고 싶을 뿐입니다.

아직은 못 다한 이야기들이 많이 쌓여있습니다.

꺼져가는 불씨를 살리듯 정성껏 나를 도와준 고마운 수없이 많은 사람들을 지면에 다 옮기지 못하는 아쉬움이 남아 있습니다.

천길 나락으로 떨어져 허우적거릴 때면 혜성처럼 나타나 내 손을 잡아주곤 홀연히 사라져 버린 사람들!

그래서 이 아름다운 세상을 보고 살게 해준 고마움을 아직은 잊을 수 없어 내 머릿속을 맴돌고 있지만, '못 다한 이야기들' 속에만 남길 수밖에 없는 안타까움에 용서를 빕니다.

세상을 살아가면서 신세 갚을 궁리를 안 해 본 것도 아니지만 이때다 싶으면 벌써 저 먼 고갯마루에서 나를 보고 손짓하는 것 같아 나에게는 하늘이 기회를 용납하지 않나 봅니다.

오래오래 건강하시고 행복하시라고 말로밖에 할 수 없는 내가 조금은 원망스럽습니다.

나도 이제부턴 '한 알의 밀알이 땅에 떨어져 죽지 아니하면 한 알 그대로 있고 죽으면 많은 열매를 맺느니라' 라고 새겨진 요한복음 12장 24절의 말씀처럼 되려고 무던히도 애를 쓰고 있습니다.

나만 유독 사람들의 도움으로 황금비늘을 가진 물고기가 되었으니 이제 나도 남들에게 내가 가진 황금비늘을 나누어주고 싶어서입니다.

아직은 끝나지 않은, 아니 앞으로 다가올 또 다른 인생길에서도 늘 지금처럼 아름다운 세상이 되기를 기대해 봅니다.

2007년 10월 중순에 글을 마치다.